Silvia Regelein

AF544587

Richtig rechnen lernen – so klappt's!

Arbeitsblätter für ein gezieltes Rechentraining mit Selbstkontrolle

1. Klasse

Kopiervorlagen mit Lösungen

Gedruckt auf umweltbewusst gefertigtem, chlorfrei gebleichtem
und alterungsbeständigem Papier.

2. Auflage 2021
© by Brigg Verlag KG, Friedberg
Alle Rechte vorbehalten.
Das Werk und seine Teile sind urheberrechtlich geschützt.
Jede Nutzung in anderen als den gesetzlich zugelassenen Fällen bedarf der vorherigen schriftlichen Einwilligung des Verlages.
Hinweis zu §§ 60 a, 60 b UrhG: Weder das Werk noch seine Teile dürfen ohne eine solche Einwilligung an Schulen oder in Unterrichts- und Lehrmedien (§ 60 b Abs. 3 UrhG) vervielfältigt, insbesondere kopiert oder eingescannt, verbreitet oder in ein Netzwerk eingestellt oder sonst öffentlich zugänglich gemacht oder wiedergegeben werden. Dies gilt auch für Intranets von Schulen.
Illustrationen: Bettina Weyland
Layout/Satz: PrePress-Salumae.com, Kaisheim

ISBN 978-3-95660-**335**-8

www.brigg-verlag.de

Inhalt

Geometrie △ Sachrechnen □

Sachrechnen

Geld

Zeit

Jahreszeiten

Zusammenfassung – Test

Geometrie △ Sachrechnen □

Einführung

Liebe Kollegin, lieber Kollege,

sind Sie auch auf der Suche nach lehrplangerechten und neuen Kopiervorlagen, die Sie schnell und problemlos einsetzen können? Hier werden Sie fündig. Die Kopiervorlagen in diesem Band resultieren aus meiner langjährigen Unterrichtspraxis und wollen zu Ihrer Arbeitsentlastung beitragen. Das Material umfasst gemäß den Bildungsstandards (vgl. Kultuskonferenz: Bildungsstandards im Fach Mathematik für den Primarbereich, München 2005) alle wesentlichen mathematischen Lerninhalte des 1. Schuljahrs aus den Bereichen Zahlen und Operationen – Muster und Strukturen – Größen und Messen – Daten, Häufigkeit, Wahrscheinlichkeit (Stochastik).

Zur besseren Übersicht werden die Bereiche Größen und Sachrechnen sowie Aufgaben mit Bezug zur Jahreszeit am Schluss des Bandes dargestellt. Der Bereich Raum und Form der Geometrie ist in einem eigenen Band zusammengefasst: Silvia Regelein, Richtig Geometrie lernen – so klappt's! (1. und 2. Klasse). Doch werden geometrische Aspekte wie etwa „Muster und Strukturen" und auch das Sachrechnen durchgängig berücksichtigt, um bewegliches und vernetztes Denken zu fördern.

Neu an den Kopiervorlagen: Alles auf einer Seite!

- **Lösungsstreifen zur Selbstkontrolle**

Jede Seite hat am Rand einen senkrechten Streifen mit übersichtlichen und schnell auffindbaren Lösungen aller Aufgaben. Vor Beginn der Arbeit knicken die Kinder den Lösungsstreifen um. Zum Überprüfen und Reflektieren der bearbeiteten Aufgaben klappen sie ihn wieder auf. So führt das Material bereits die Kinder der ersten Klasse behutsam zur Selbstkontrolle, damit sie nach eigenem Tempo weitgehend selbstständig lernen und ihren Erfolg sofort überprüfen können.

- **Erkennungsbild**

Rechts oben im Lösungsstreifen finden Sie auf den meisten Seiten ein Bild zur Auflockerung. Darüber hinaus hat dieses Bild weitere Funktionen:

- Wenn die Kinder verschiedene Seiten bearbeiten, gibt das Bild Ihnen und den Kindern einen *raschen Überblick.*
- *Differenzierung:* Gleiche Inhalte auf verschiedenem Niveau sind mit dem gleichen Bild gekennzeichnet. So haben z. B. Minusaufgaben bis 10 und Minusaufgaben bis 20 das gleiche Tierbild und die Kinder können je nach ihrem Kenntnisstand parallel entweder bis 10 oder bis 20 rechnen.
- Mitunter hat das Bild einen *thematischen Bezug,* z. B. die Hand mit den fünf Fingern bei Seiten zur „Kraft der Fünf".
- Nach Abschluss der Seite kann das Kind das Bild ausmalen und einem Partnerkind eine kurze, selbst ausgedachte Rechengeschichte mitteilen.

- **Aufgaben zur Differenzierung für leistungsfähige Kinder**

Fast alle Seiten enthalten leicht einsetzbare Zusatzaufgaben mit Stern ☆, die direkt an die vorherigen Aufgaben anschließen und kaum weitere Erklärungen erfordern. Natürlich können alle Kinder versuchen, diese Sternaufgaben mit leicht erhöhten Anforderungen zusätzlich zum „Pflichtpensum" mit dem Basiswissen zu lösen. Darüber hinaus bieten auch viele Aufgaben im „Pflichtteil" eine Differenzierung an, indem sie sich auf verschiedenem Niveau lösen lassen und die Kinder z. B. zu den Aufgaben mit Rechenmaterial legen oder im Kopf rechnen. Die Kopiervorlagen zur Addition und Subtraktion bis 10 und 20 sind analog aufgebaut, sodass Sie sie parallel einsetzen können, je nachdem wie weit das Kind den Zahlenraum beherrscht.

Auf den Anfang kommt es an!

Die höchst unterschiedlichen Lernvoraussetzungen der Kinder am Schulanfang stellen für Sie eine große Herausforderung dar. Mithilfe der Kopiervorlagen können Sie diese schwierige Anfangssituation besser strukturieren und erfolgreich meistern.

- **Vorkenntnisse feststellen und mathematische Basiseinsichten trainieren**

„Ihre" Kinder können nur dann erfolgreich lernen, wenn Sie an die unterschiedlichen Vorkenntnisse anknüpfen. Deshalb werden zu Beginn elementare Basiseinsichten ermittelt, die ggf. zu vertiefen sind. Wichtige pränumerische Grundlagen sind:

Das Verstehen von Relationen

- Das Kind muss die Begriffe für Raum-Lage-Beziehungen richtig anwenden können, da Zahlbeziehungen und arithmetische Operationen oft räumlich veranschaulicht werden (vgl. Richtig Geometrie lernen – so klappt's! 1. und 2. Klasse)
- Es muss zeitliche Relationen erkennen und den Dreischritt einer Handlungsabfolge „zuerst – dann – nachher" als Voraussetzung für arithmetische Operationen vollziehen können (vgl. S. 9).

– Das Kind muss Größenrelationen (kleiner, größer als) erkennen und Gegenstände nach der Größe ordnen können (vgl. S. 10).

Das Klassifizieren

– Das Sortieren und Zusammenfassen von Gegenständen nach einem vorgegebenen Merkmal und das Benennen mit einem Oberbegriff ist die Voraussetzung, dass das Kind eine Menge mit einer Zahl bezeichnen kann (vgl. S. 95).

Der Mengenbegriff

– Der Mengenbegriff bildet die Grundlage für die Zahlbegriffsbildung.
– Das Kind sollte zwei Mengen mit der Eins-zu-Eins-Zuordnung vergleichen und angeben können, welche Menge größer bzw. kleiner ist oder ob beide Mengen gleich groß sind (vgl. S. 8).

- **Einüben von Arbeitstechniken und Arbeitsformen**

Zusätzlich zu den fachlichen Grundlagen und sozialen Verhaltensformen muss das Kind am Schulbeginn eine Fülle fachübergreifender Arbeitstechniken erlernen, z. B.:

– Es muss lernen, sich auf einem Arbeitsblatt zu orientieren und oben links mit dem Bearbeiten zu beginnen. Eine übersichtliche Gestaltung des Arbeitsblatts ohne verwirrende Illustrationen hilft das Erlernen der Raumeinteilung, Beispielaufgaben zeigen dem Kind, wie es auch in seinem Heft den Platz einteilen kann.
– Es muss lernen, die Ziffern lesbar in Kästchen zu schreiben. Die üblichen Kästchen (7 x 7 mm) sind oft zu klein für die in der Regel noch ungelenke Kinderschrift. Hohe Kästchen (1 cm x 7 mm) erleichtern den Kindern das Schreiben der Ziffern.

Die wenigsten Kinder können die Arbeitsaufträge am Anfang lesen. Deshalb zeigt bei jeder Aufgabe ein Beispiel, was zu tun ist. Auch Farben und Lagebegriffe werden anfangs bildhaft veranschaulicht.

Überblick über die verwendeten Piktogramme:

Sonne		gelb	oben
Luftballon		lila	links
Schweinchen		rosa	vor
Kleeblatt		grün	unten
Rose		rot	rechts
Hose		blau	hinter

Da es gerade zu Beginn besonders wichtig ist, eine Aufgabe kindgemäß und präzise zu erklären, finden sich in der Anfangsphase im Lösungsstreifen Arbeitsanweisungen für Lehrkräfte und Eltern.

Es ist ein bewährter Grundsatz, neue Arbeitsformen mit bekannten oder einfachen Inhalten zu vermitteln und neue Inhalte mit bekannten Arbeitsformen zu erarbeiten. Die Anfangsseiten führen deshalb die Kinder mit dem für viele einfachen Inhalt „Zahlen bis 10" in die neuen Arbeitsformen ein und leiten sie so zu zunehmend selbstständigerem Arbeiten an.

Gesicherte Grundlagen schaffen!

Die Kinder werden nur geläufig rechnen können, wenn sie über einen tragfähigen Zahlbegriff verfügen und die grundlegenden Operationen Addition und Subtraktion verstanden haben. Nach dem Motto „Weniger ist mehr." wurden nur wenige Arbeitsmittel und einfache Darstellungsformen gewählt. Die Abbildungen auf den Kopiervorlagen leiten die Kinder an, das Rechenmaterial bei Bedarf gezielt als Hilfe zu nutzen. Die durchgängige Fünfergliederung („Kraft der Fünf") soll die Kinder zu einem raschen Bestimmen von Punktmengen und Erkennen von Zahlen „auf einen Blick" hinführen.

Beziehungen erkennen und Strategien entwickeln

Bevor die Kinder die Eins-plus-eins-Sätze bis 20 automatisieren können, müssen sie systematische Grundkenntnisse erwerben, Beziehungen erkennen und Strategien entwickeln. Neben Übungsaufgaben bieten die Kopiervorlagen deshalb auch Aufgaben an, bei denen Gesetzmäßigkeiten und Regeln zu entdecken sind und die zum Weiterdenken auffordern wie z. B. beim Fortsetzen von Aufgabenreihen. Damit die Kinder solche Zusammenhänge zwischen den Aufgaben untersuchen und nutzen können, wird der Gleichungsbegriff intensiv erarbeitet.

Hinweise zum Einsatz der Kopiervorlagen

Die Kopiervorlagen geben Ihnen zum einen für Ihren Unterricht und die Gestaltung Ihrer Klassenarbeiten wertvolle Impulse. Zum andern ermöglichen wiederkehrende und selbsterklärende Aufgabenformate ein zunehmend selbstständiges Lernen und einen flexiblen Einsatz des Materials zum Sichern und Üben

– im Klassenunterricht,
– in offenen Arbeitsphasen,

- als Hausaufgabe, zum „Nachlernen“ bei Krankheit und für Nachhilfelehrkräfte,
- für Vertretungsstunden
- sowie für jahrgangsübergreifendes Lernen in kombinierten Klassen.

Zu Beginn sollten Sie die Kinder in das selbstständige Arbeiten einführen und das Verfahren der Selbstkontrolle nachhaltig einüben:
- Vor dem Bearbeiten zuerst den Lösungsstreifen sorgfältig umknicken.
- Nach dem Bearbeiten der ersten Aufgabe den Lösungsstreifen aufknicken und Zahl für Zahl genau vergleichen. Richtige Ergebnisse werden abgehakt, falsche durchgestrichen.

Machen Sie den Kindern deutlich, dass die vorgegebenen Lösungen ihnen Freude über ihren Erfolg vermitteln und ihnen helfen wollen, „ihr eigener Lehrer zu sein“, Fehler selbst aufzuspüren, mit anderen Kindern darüber zu sprechen und aus ihnen zu lernen.

Bevor das Kind den Lösungsstreifen aufklappt, kann es zusätzlich einschätzen, wie sicher es die Aufgabe bearbeitet hat. Dazu macht es nach jeder Aufgabe einen farbigen Punkt, z. B. einen grünen Punkt für „Das fiel mir leicht. Das konnte ich gut.“, einen roten Punkt für „Das fiel mir nicht leicht. Das muss ich noch üben.“ und einen gelben Punkt für „Das war zwar schwierig, aber ich schaffte es.“

Liebe Kollegin, lieber Kollege, ich wünsche Ihnen viel Freude und Erfolg bei der Arbeit mit diesen Kopiervorlagen.

Silvia Regelein

Name: ______________________ Datum: ____________

Mehr – weniger – gleich viele

① 

Male an | rot | gelb

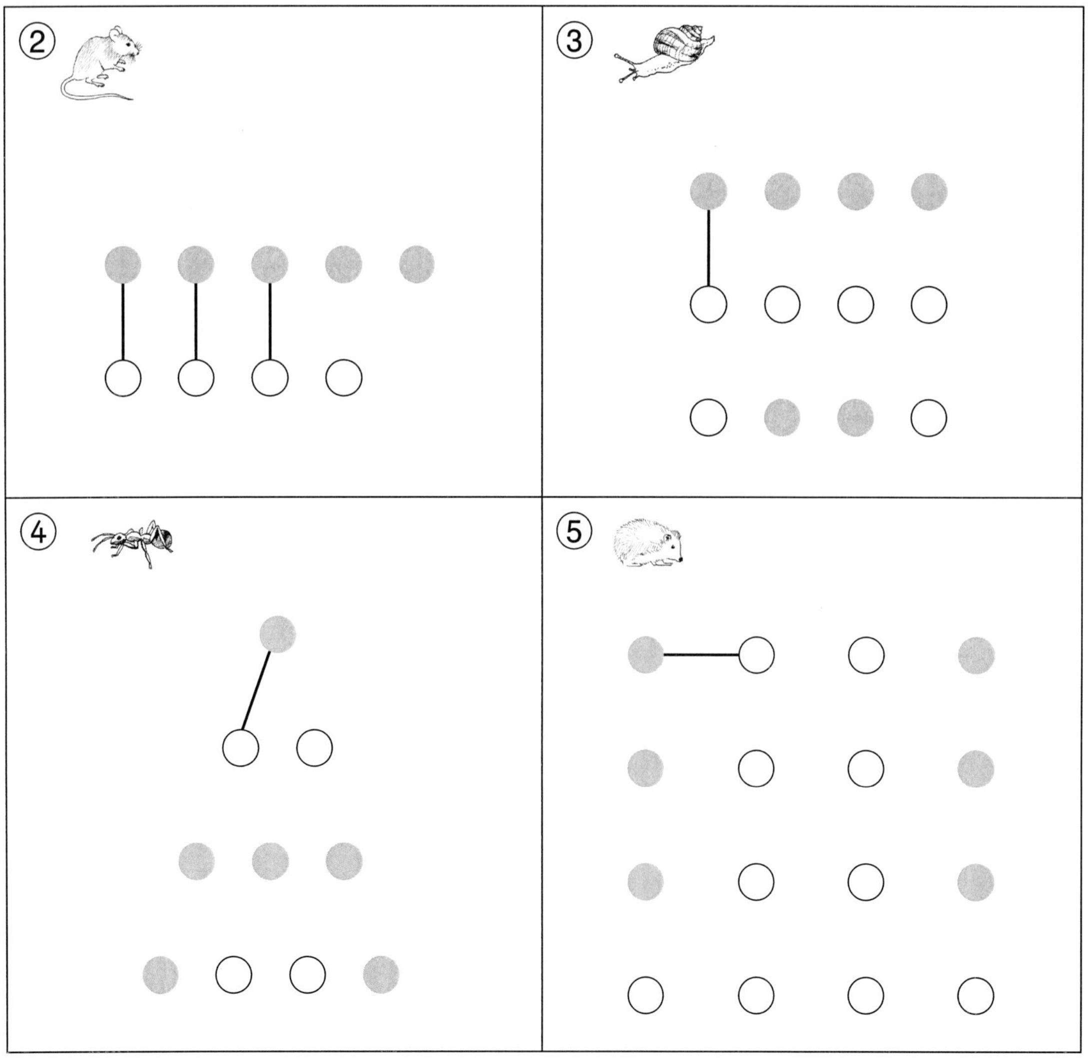

②

③

④

⑤

Knicke zuerst diesen Streifen um.

Aufgabe 1
Ist für jedes Kind e[…] Ball da?
a) Lege auf jeden Ball ein Plättche[…] Schiebe zu jede[…] Kind einen Ball/[…] Plättchen.
b) Mach von jede[…] Kind zu einem B[…] einen Strich.
c) Es sind mehr B[…] als Kinder. Es sind weniger Kinder als Bälle[…]

Aufgabe 2 bis 5
Male an: rot wie di[…] Rose, gelb wie die Sonne.

Sind es mehr rote Bälle oder mehr gelbe? Mach von jedem roten Ball zum gel-[…] ben Ball einen Stri[…] Zu jedem Bild sprechen:
2, 4 Es sind mehr rote Bälle. Es sind weniger gelbe Bälle.
3 Es sind gleich viele/genauso viele rote und gelbe Bäll[…]
5 mehr gelbe Bäl[…]

Silvia Regelein: Richtig rechnen lernen – so klappt's! · 1. Klasse · Best.-Nr. 335 · © Brigg Verlag KG, Friedberg

Name: ______________________ Datum: ____________

Zeitliche Reihenfolge

Male zu jedem Bild den passenden Würfel.

⚀ zuerst ⚁ dann ⚂ nachher

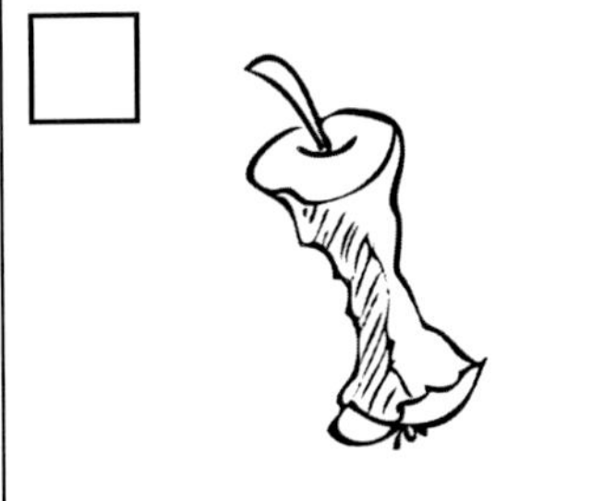		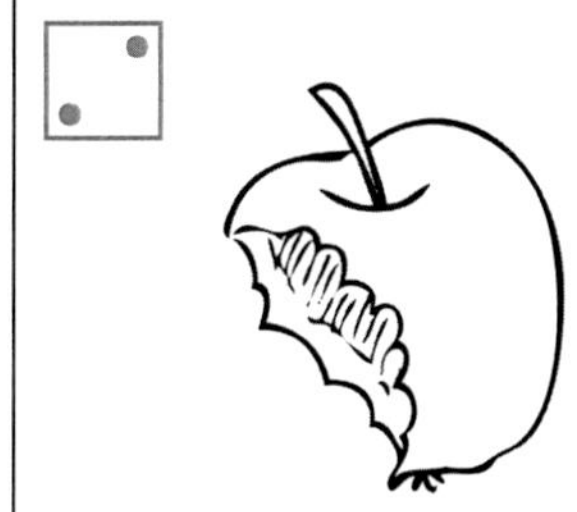
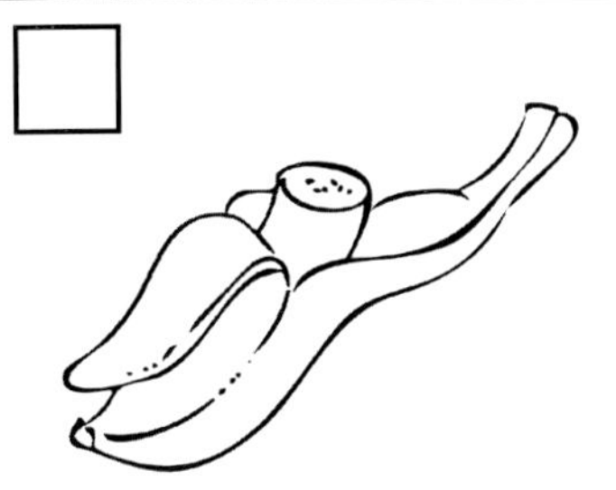	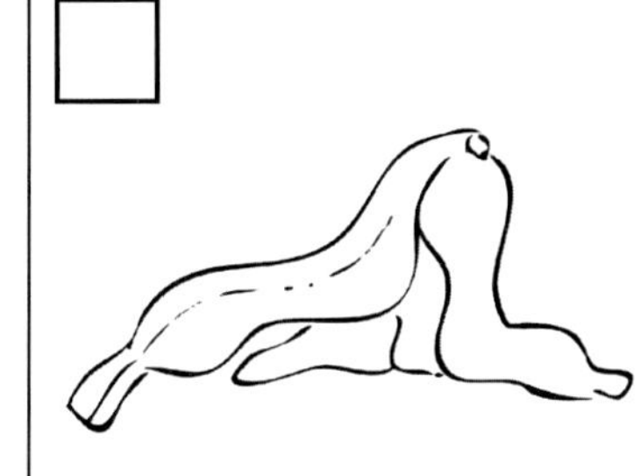	
		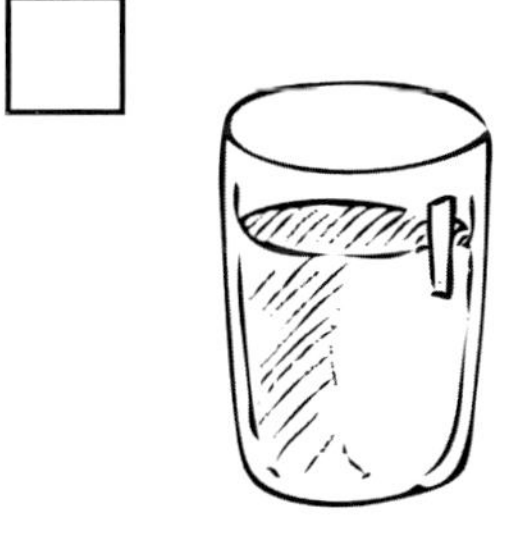
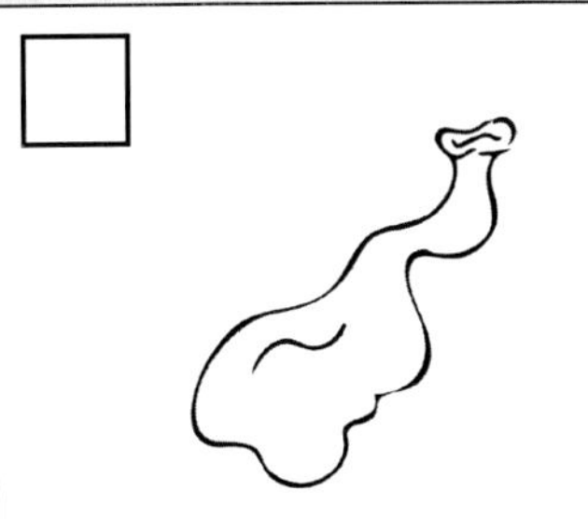	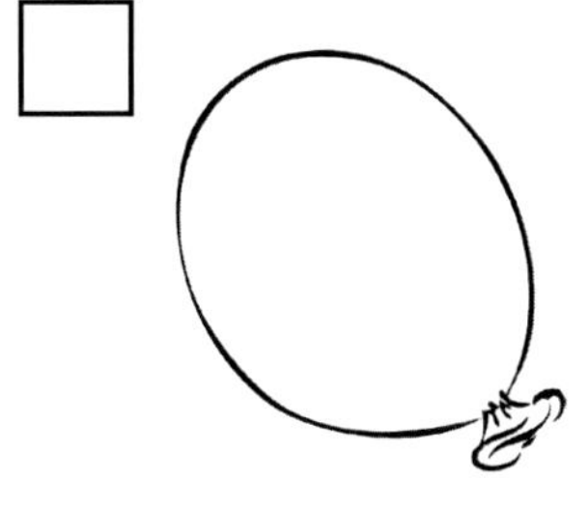	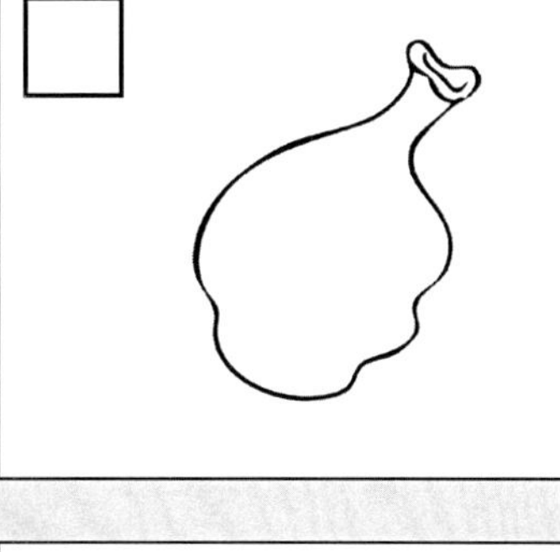
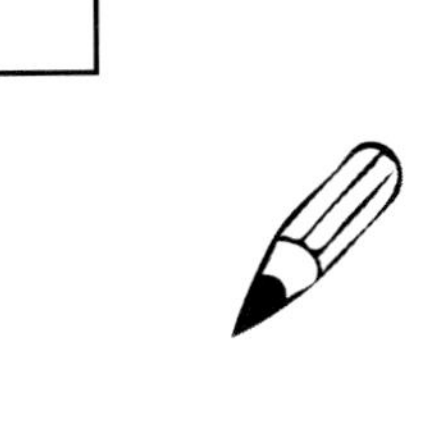		

Knicke zuerst diesen Streifen um.

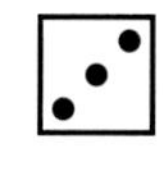 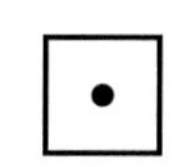

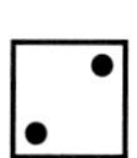 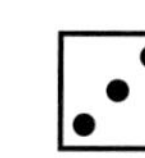 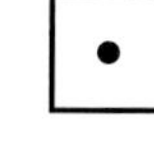

 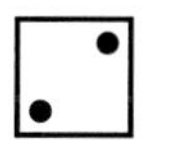

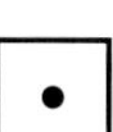  

 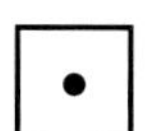 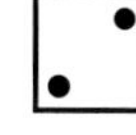

Male auf die Rückseite drei Bilder: Zuerst – dann – nachher

Name: ______________________________ Datum: ______________

Größer – kleiner

kleinstes Tier — größtes Tier **X**

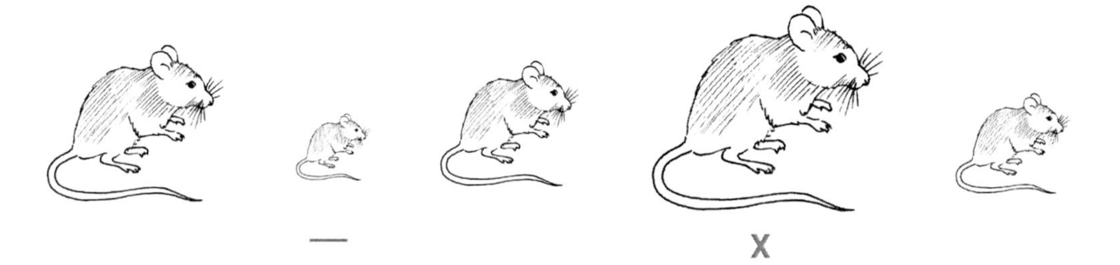

	—		X	
••••	•••••	•	•••	••

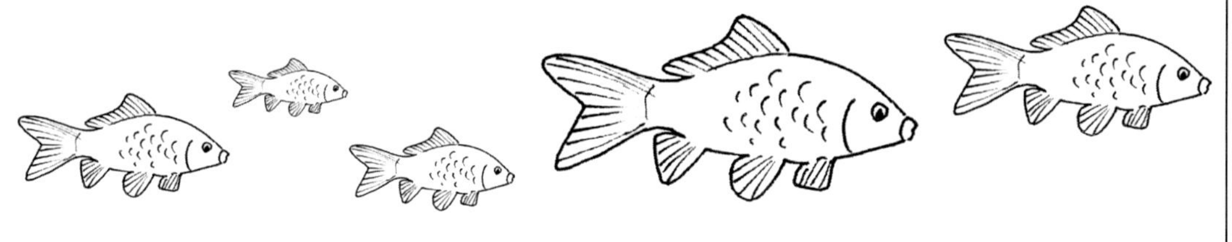

Ordne nach der Größe und male Punkte •.

Knicke zuerst diesen Streifen um.

	—		X	
••••	•	•••	•••••	•

X				—
•••••	•••	••	••••	

—		X		
•	•••	•••••	••	••

			—	X
••••	•••	••	•	•••

	—		X	
•••	•	••	•••••	••

	X	—		
••••	•••••	•	•••	•

Silvia Regelein: Richtig rechnen lernen – so klappt's! · 1. Klasse · Best.-Nr. 335 · © Brigg Verlag KG, Friedberg

Name: ______________________ Datum: __________

Gleich viele – mehr – weniger

① gleich viele ●

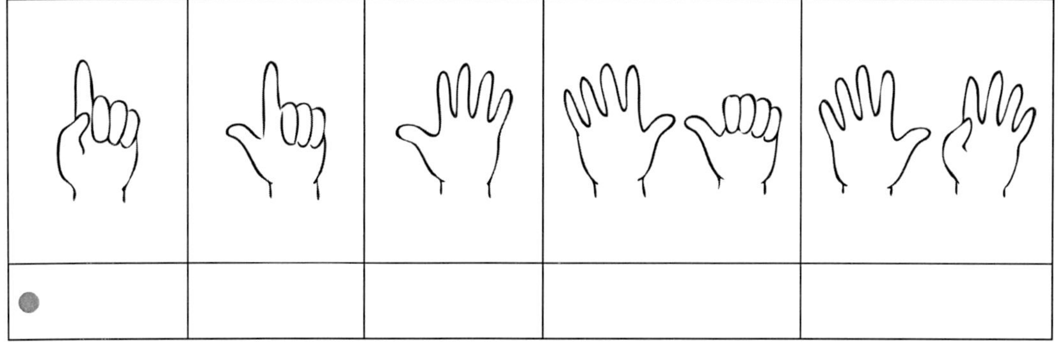

●				

② ● ○ ○ mehr

● ○ ○				

③ ● ● ● ● ~~●~~ weniger

● ● ● ●				

Knicke zuerst diesen Streifen um.

Aufgabe 1
Wie viele Finger sind gestreckt?
Zeichne ebenso viele Punkte darunter.

Aufgabe 2
Wie viele Finger sind gestreckt?
Zeichne zwei Punkte mehr darunter.

Aufgabe 3
Wie viele Finger sind gestreckt?
Zeichne einen Punkt weniger darunter.

☆
Male die Hand oben sorgfältig aus. Male noch mehr große Hände auf die Rückseite und ziehe ihnen bunte Handschuhe an.

Knicke zuerst diesen Streifen um.

Name: ______________________ Datum: ____________

Gleiche Anzahlen bis 6 erkennen

Welches Haus hat genauso viele Fenster? Kreuze im Dach an.

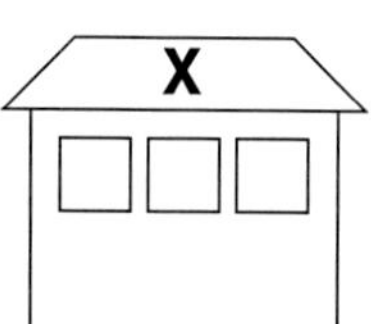

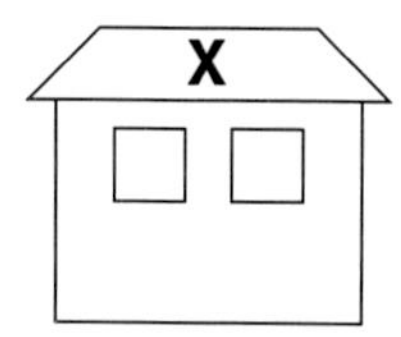

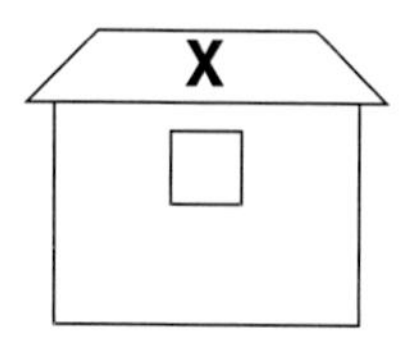

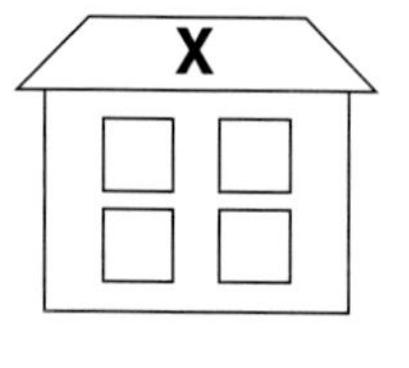

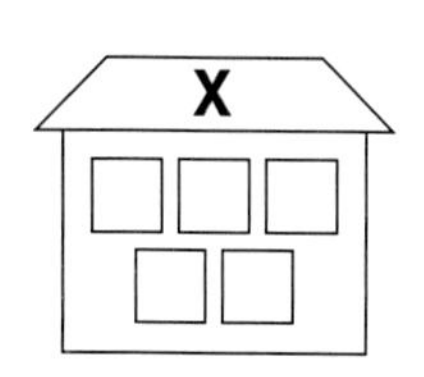

Silvia Regelein: Richtig rechnen lernen – so klappt's! · 1. Klasse · Best.-Nr. 335 · © Brigg Verlag KG, Friedberg

Name: ______________________________ Datum: ______________

Knicke zuerst diesen Streifen um.

Gleiche Anzahlen bis 10 erkennen

Welches Haus hat genauso viele Fenster? Kreuze im Dach an.

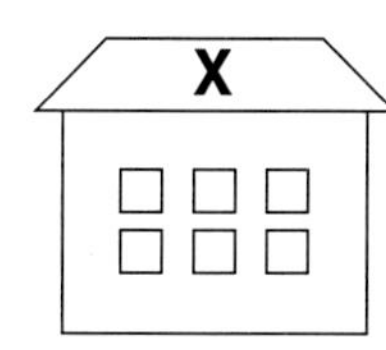

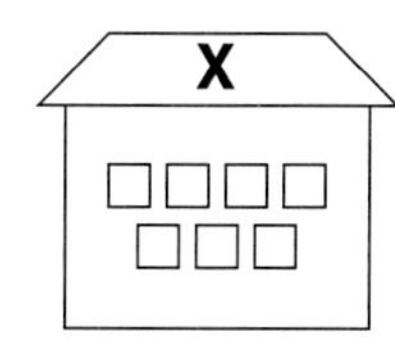

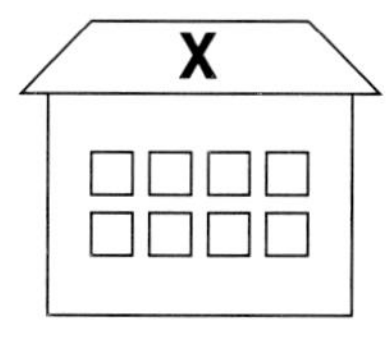

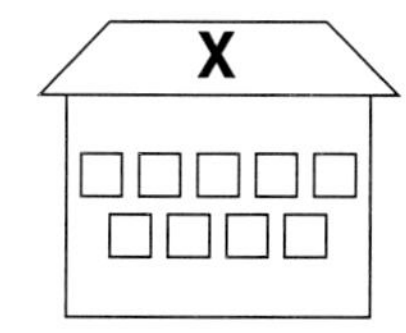

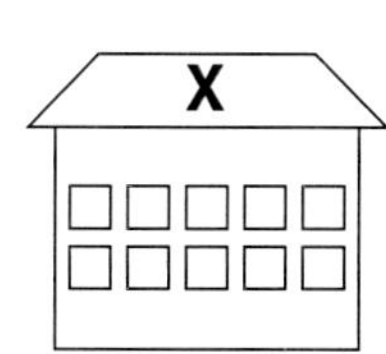

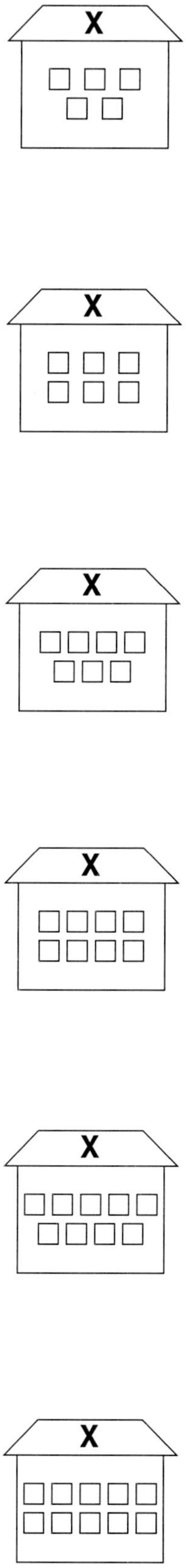

Name: ______________________ Datum: __________

So kann ich Zahlen schreiben

① Welche Zahlen kennst du schon? Male sie an.

	1	I	●
	2	II	●●
	3	III	●●●
	4	IIII	●●●●
	5	𝍸	●●●●●
	6	𝍸 I	●●●●● ●
	7	𝍸 II	●●●●● ●●
	8	𝍸 III	●●●●● ●●●
	9	𝍸 IIII	●●●●● ●●●●
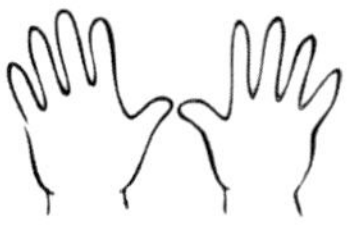	10	𝍸 𝍸	●●●●● ●●●●●

② Zeichne Striche.

II				

Knicke zuerst diesen Streifen um.

Aufgabe 1
Sätze sprechen: Es gibt nur <u>eine</u> Sonne. Für die Zahl <u>eins</u> male ich einen Strich oder einen Punkt. ... Ich habe <u>zwei</u> Augen ...

Schreibe bei der Zahl 5 den fünften Strich waagerecht. So kannst du die Fünfergruppe auf einen Blick erkennen.

Aufgabe 2

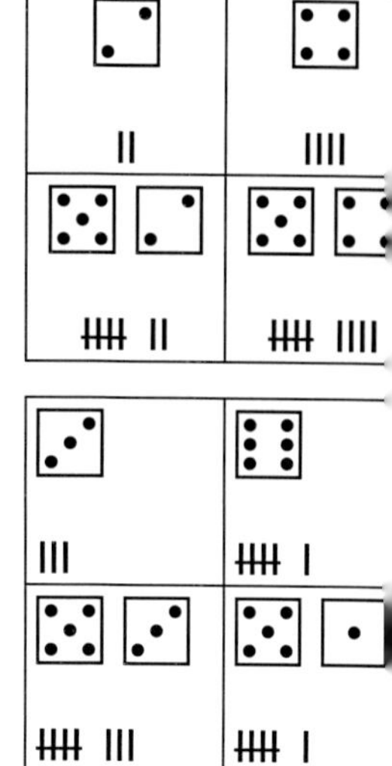

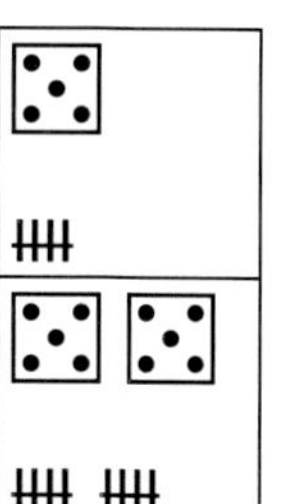

Silvia Regelein: Richtig rechnen lernen – so klappt's! · 1. Klasse · Best.-Nr. 335 · © Brigg Verlag KG, Friedberg

Name: ______________________ Datum: ______________

Zahlen bis 10

① Male an.

1

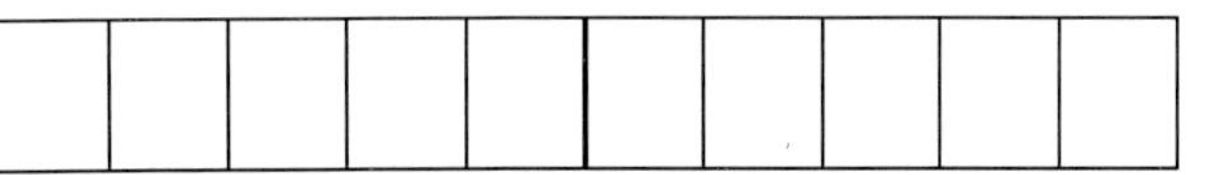

2

3

4

5

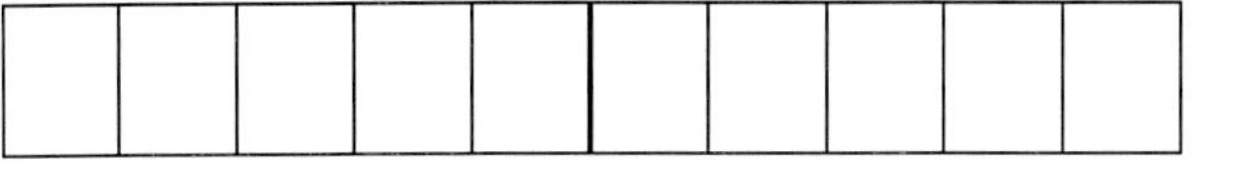

6

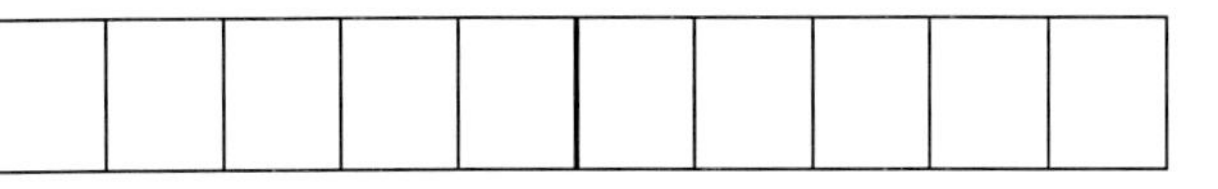

7

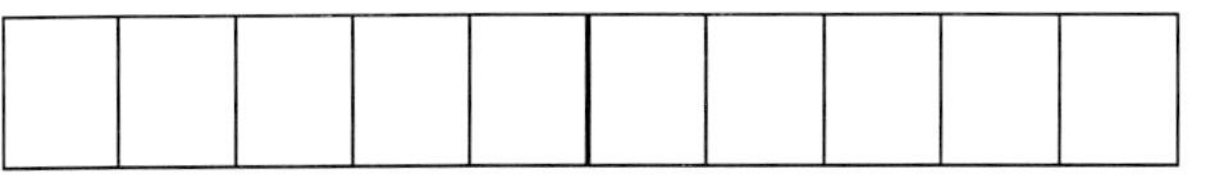

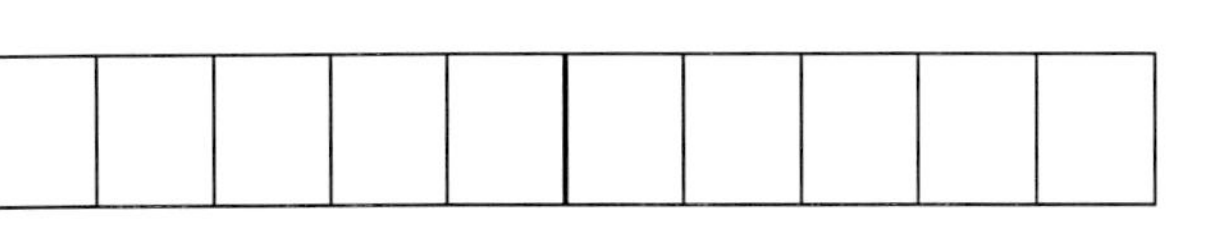

9

Knicke zuerst diesen Streifen um.

Aufgabe 1
Male bei der Zahl 1 ein Kästchen an. Male einen Gegenstand.

Male bei der Zahl 2 zwei Kästchen an. Male zwei Gegenstände.

Aufgabe 2
Male um deine Lieblingszahl ein rotes Herz.

Schreibe die Zahlen auswendig auf die Rückseite. Schreibe jede Zahl mehrmals mit verschiedenen Farben.

Name: ______________________ Datum: __________

Die Zahl 1

① Kreise rot ein.

② Male an und schreibe weiter.

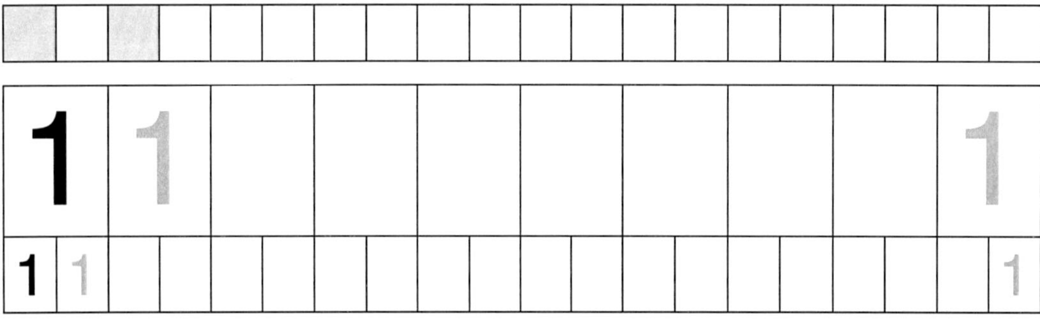

③ | blau — rot

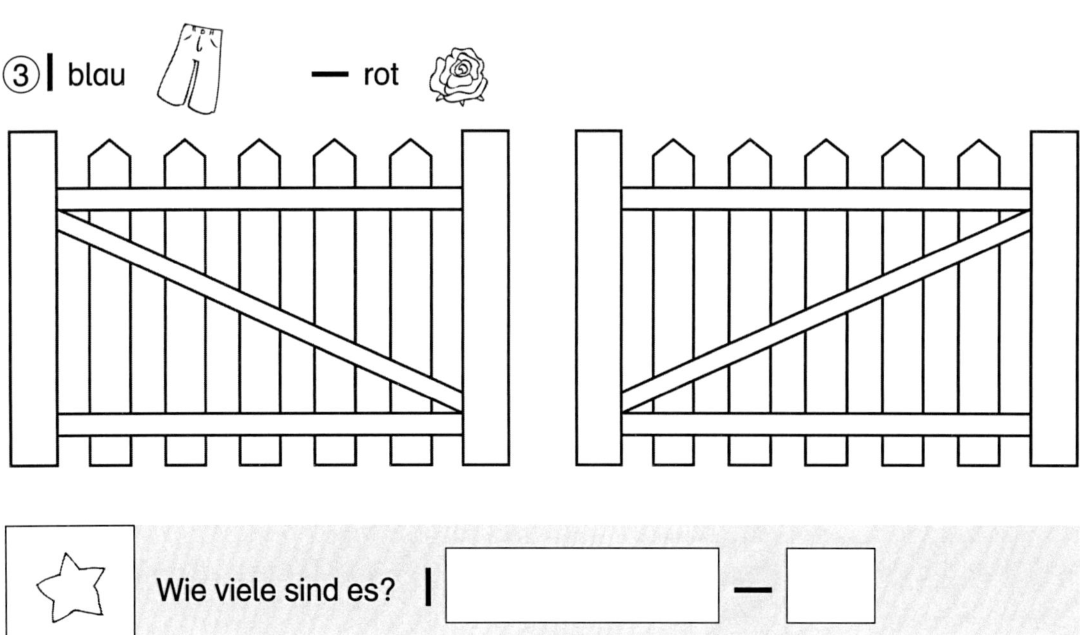

Wie viele sind es? | ______ — ____

Knicke zuerst diesen Streifen um.

Aufgabe 1
Wo ist immer eins? Kreise rot ein.

Aufgabe 2

Die geschriebene Zahl heißt Ziffer.

Fahre jede vorgeschriebene Ziffer mit drei Farben nach.

Vers beim Schreiben sprechen: Hinauf, stopp, hinunter. Achte auf die Spitze oben bei der Ziffer 1.

Aufgabe 3
Fahre alle senkrechten Striche blau nach, alle waagerechten Striche rot. Blau wie die Hose, rot wie die Rose.

Wie viele senkrechte und waagerechte Latten hat der Zaun?

| 卌 卌 IIII 14

— IIII 4

Name: ______________________ Datum: ______________

Die Zahl 2

(1) Kreise rot ein und zeichne Striche.

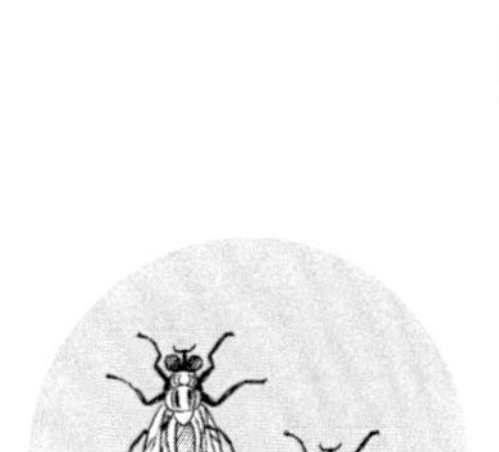

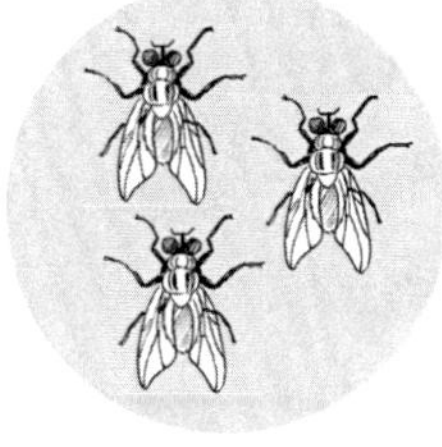

(2) Male an und schreibe weiter.

2 2 2

2 2 2

gelb grün

Knicke zuerst diesen Streifen um.

Aufgabe 1
Wo sind immer 2? Kreise rot ein. Zeichne Striche.

Aufgabe 2
Vorübung auf der Rückseite: Der Bogen der Ziffer 2 ist ein halbes Herz. Male Herzen und fahre den rechten Herzbogen rot nach.

Fahre jede vorgeschriebene Ziffer mit drei Farben nach. Vers beim Schreiben sprechen:
Oben Bogen, stopp, und Strich.
Male das Muster mit Gelb und Grün weiter.

Denke dir noch mehr Muster aus. Male sie in dein Heft. Beispiele:

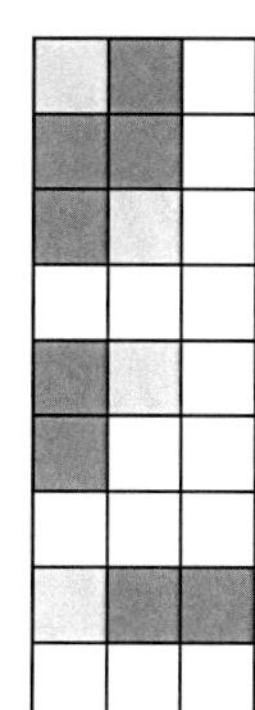

Name: ______________________ Datum: ____________

Die Zahl 3

① Kreise rot ein und zeichne Striche.

III

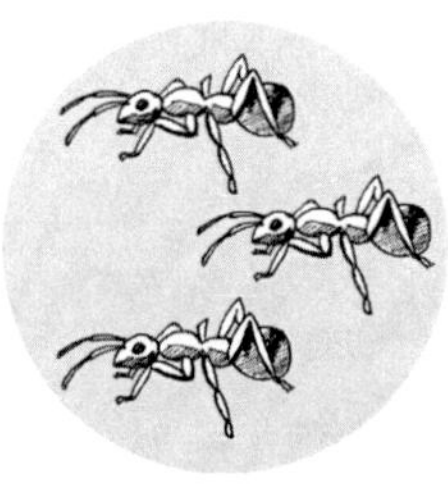

② Schreibe und male weiter.

3	3								3

3	3																		3

gelb grün rot

Knicke zuerst diesen Streifen um.

Aufgabe 1
Wo sind immer 3? Kreise rot ein. Zeichne Striche.

Aufgabe 2
Fahre jede vorge-schriebene Ziffer m drei Farben nach.

Vers beim Schreibe sprechen:
Bogen oben, stopp und Bogen unten.

Male das Muster mit Gelb, Grün und Rot weiter.

Denke dir noch me Muster aus. Male sie in dein Heft. Bei spiele:

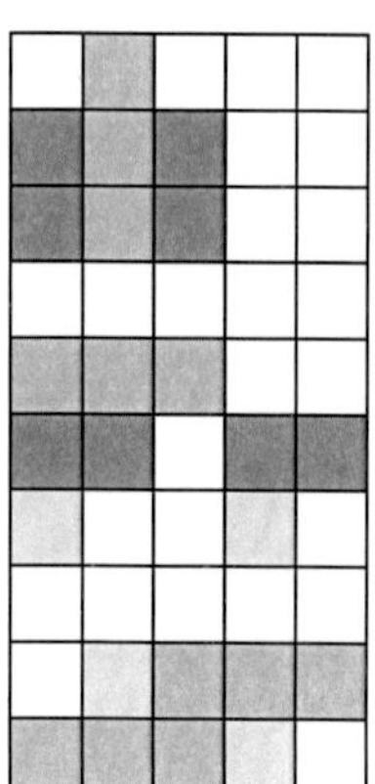

Silvia Regelein: Richtig rechnen lernen – so klappt's! · 1. Klasse · Best.-Nr. 335 · © Brigg Verlag KG, Friedberg

Name: ______________________________ Datum: ______________

Die Zahl 4

① Kreise rot ein und zeichne Striche.

 4

||||

② Schreibe und male weiter.

4	4								4

4	4																		4

grün rot lila

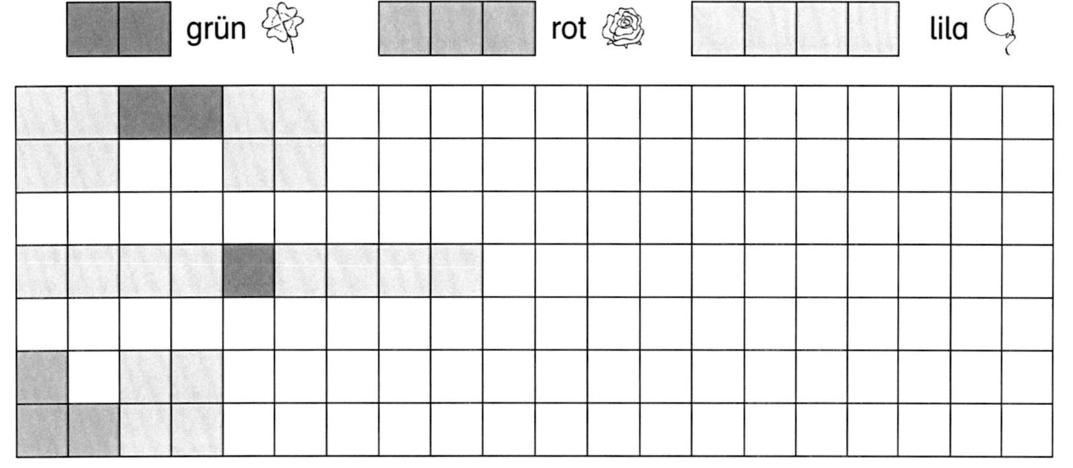

Knicke zuerst diesen Streifen um.

Aufgabe 1
Wo sind immer 4?
Kreise rot ein.
Zeichne Striche.

Aufgabe 2
Fahre jede vorgeschriebene Ziffer mit drei Farben nach.
Achte auf die Ecken bei der Vier.
Vers beim Schreiben sprechen:
Hinunter, stopp, nach rechts und Strich.
Male die Muster mit Grün, Rot und Lila weiter.

Denke dir noch mehr Muster aus. Male sie in dein Heft.
Beispiele:

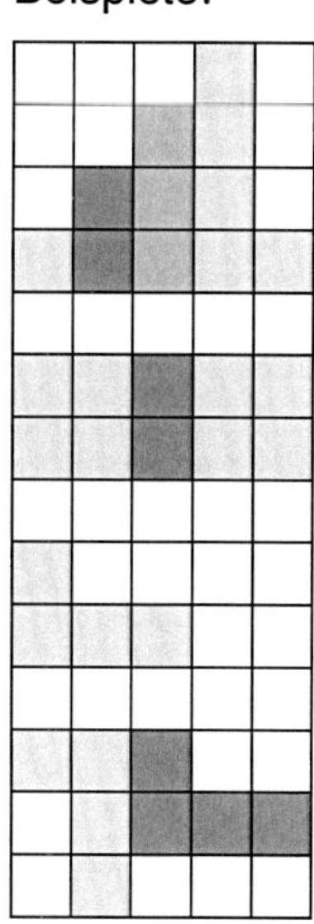

Name: ______________________________ Datum: ______________

Die Zahl 5

① Kreise rot ein.

② Schreibe weiter.

5	5								5

5	5																		5

③ Schreibe und male.

1				5
I				~~IIII~~
○				

Knicke zuerst diesen Streifen um.

Aufgabe 1
Wo sind immer 5?
Kreise rot ein.

Aufgabe 2
Fahre jede vorgeschriebene Ziffer m drei Farben nach.

Vers beim Schreibe sprechen:
Hinunter, stopp,
Bogen und Strich
oben.

Aufgabe 3

2
II
○○

3
III
○○○

4
IIII
○○○○

5
○○○○○

Silvia Regelein: Richtig rechnen lernen – so klappt's! · 1. Klasse · Best.-Nr. 335 · © Brigg Verlag KG, Friedberg

Name: ______________________ Datum: __________

Die Zahlen bis 5 zerlegen

① Zusammen sind es 5. Male an:  ○ rot  ● blau 

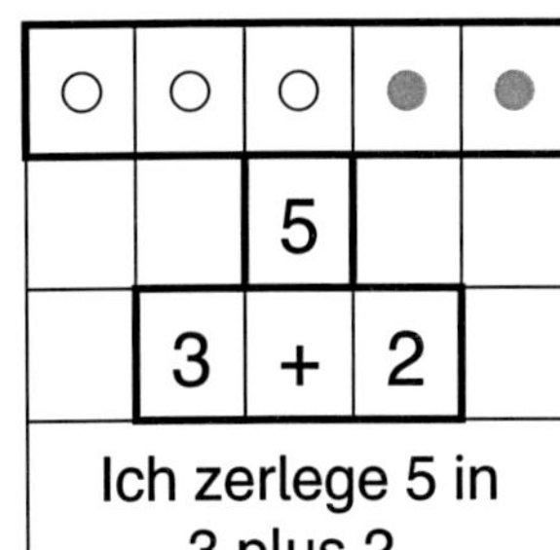

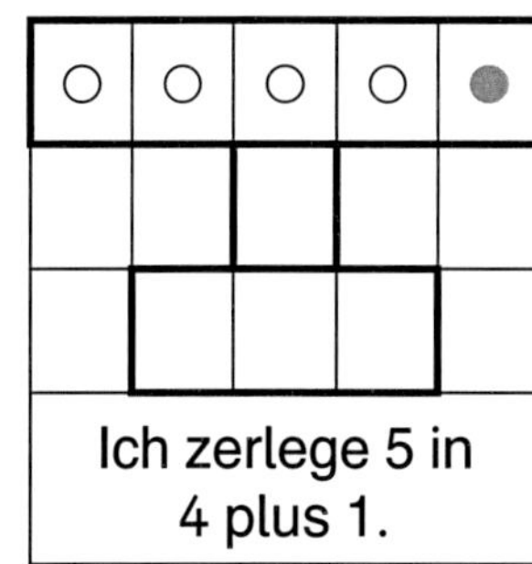

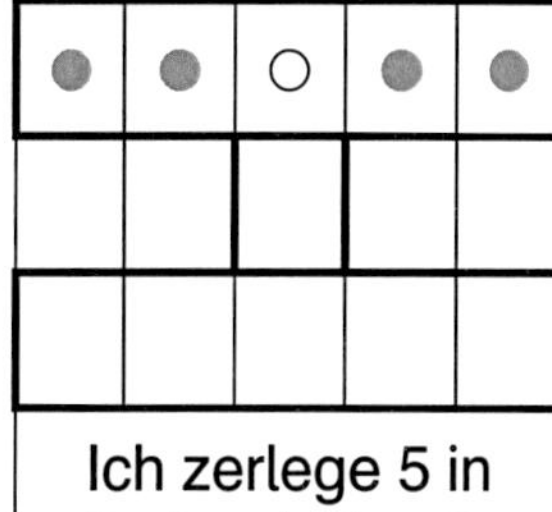

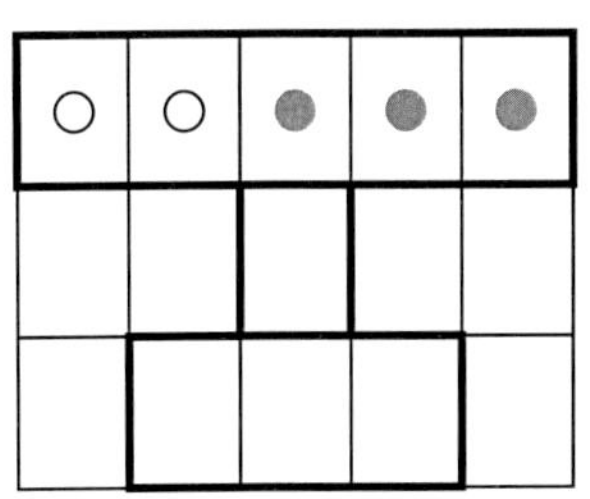

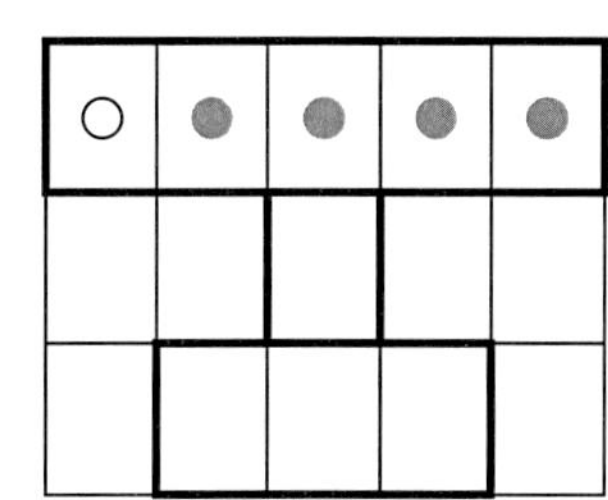

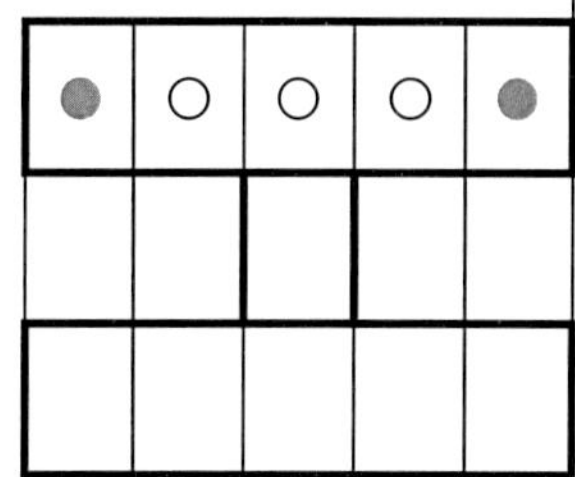

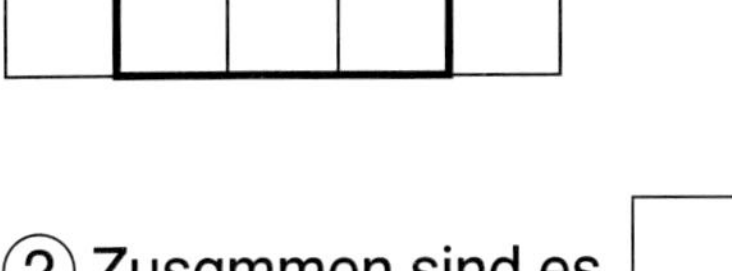

② Zusammen sind es ☐.

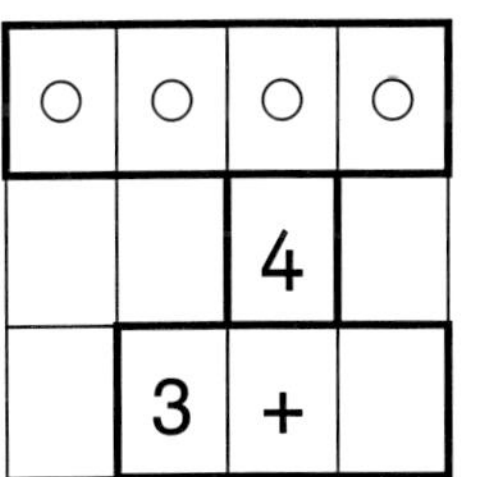

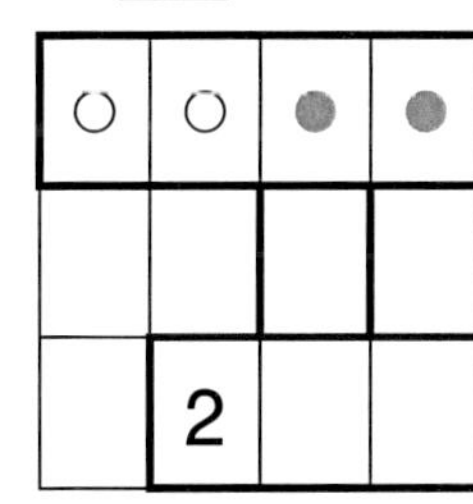

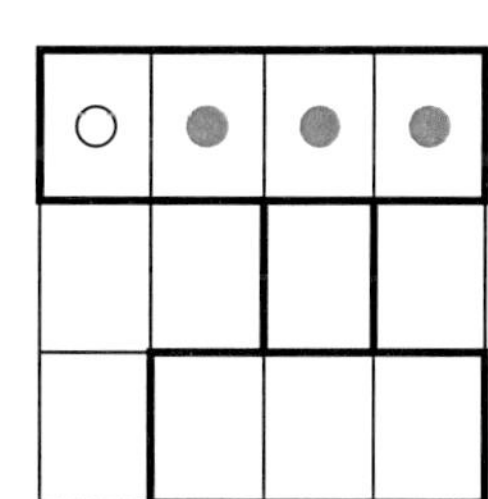

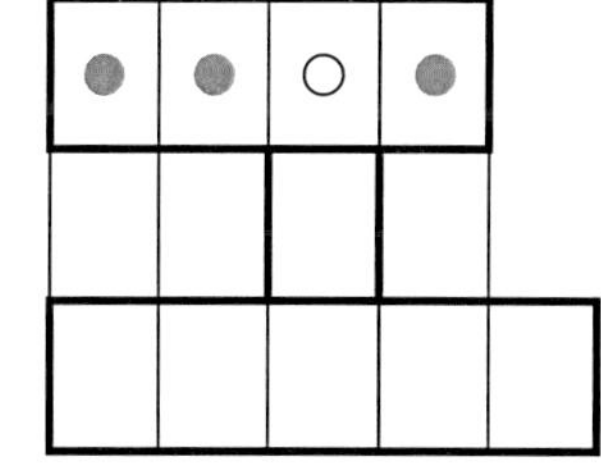

③ Zusammen sind es ☐.

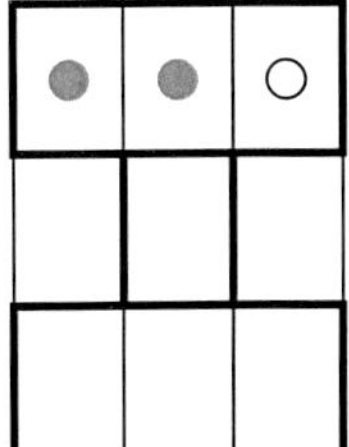

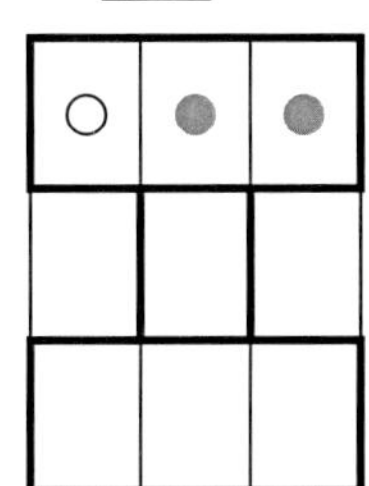

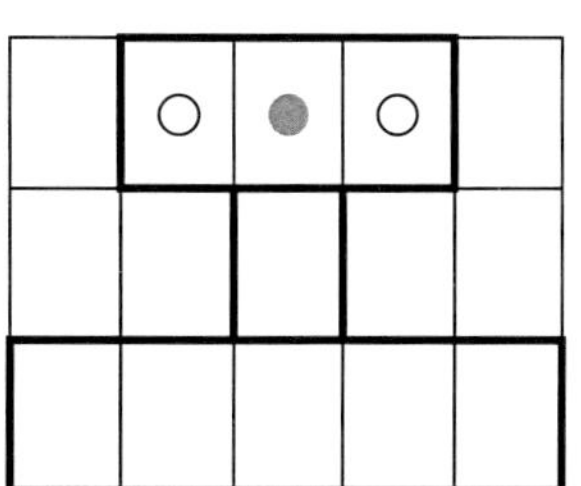

Wie viele sind es zusammen?

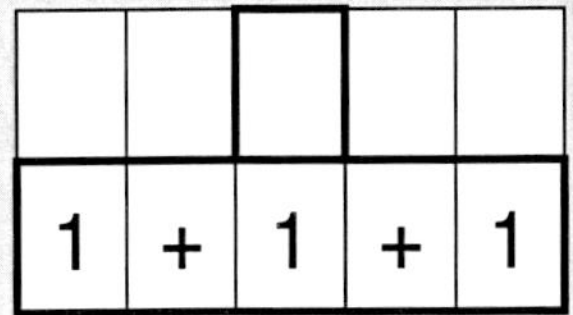

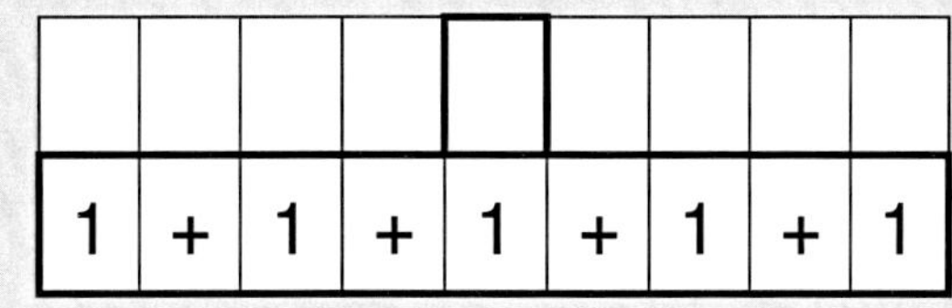

1 + 1

Knicke zuerst diesen Streifen um.

Aufgabe 1

Immer 5

4 + 1

2 + 1 + 2

2 + 3

1 + 4

1 + 3 + 1

Aufgabe 2

4

3 + 1

2 + 2

1 + 3

2 + 1 + 1

Aufgabe 3

3

2 + 1

1 + 2

1 + 1 + 1

Name: ______________________ Datum: ____________

Die Zahl 6

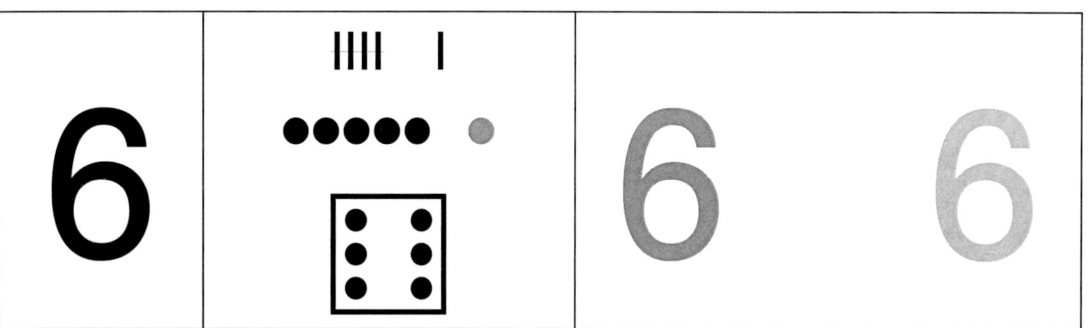

① Es sollen immer 6 sein. Male dazu.

●●● ●●●	● ●●●	●● ●●	●●●
● ●	●	● ●●	

② Schreibe weiter.

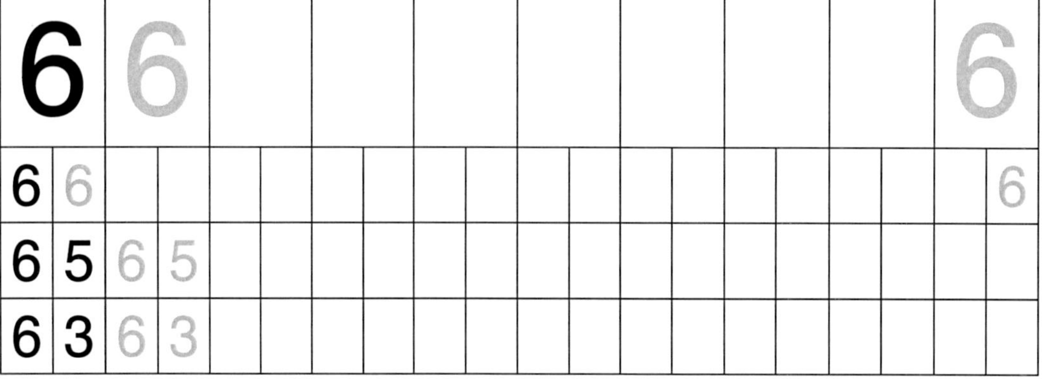

③ Fahre das ⬡ nach. Male noch ein ⬡ dazu.

Mach an die Ecken farbige Punkte.

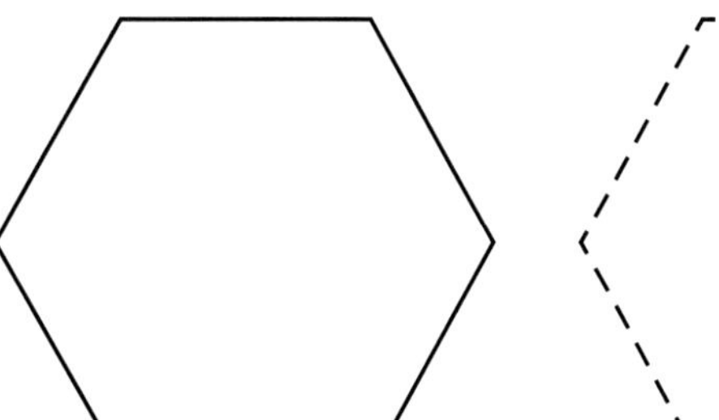

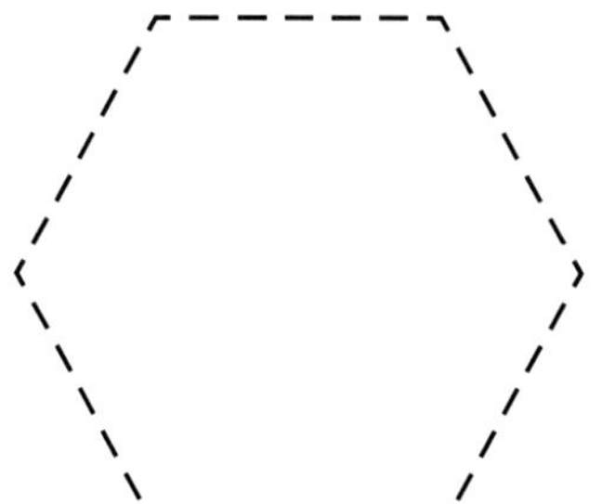

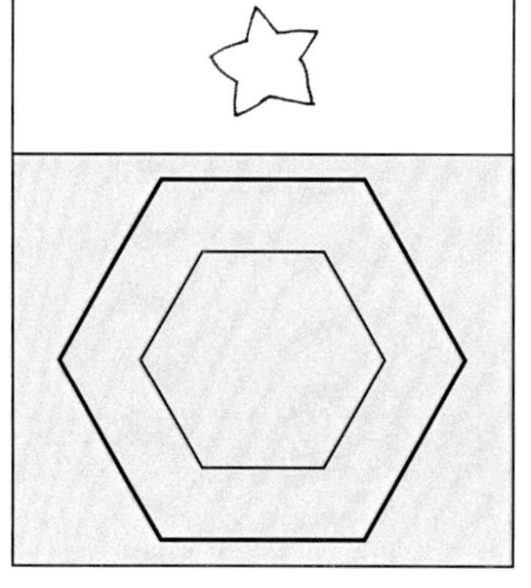

Knicke zuerst diesen Streifen um.

Die Biene hat 6 Beine.

Aufgabe 1

●●● ●●●	●○○ ●●●	●●○ ●●○	●●● ○○○
●○○ ●○○	●○○ ○○○	●○○ ●●○	○○○ ○○○

Aufgabe 2
Fahre jede vorgeschriebene Ziffer m
drei Farben nach.

Vers beim Schreibe
sprechen:
Einen großen Boge
und den Kreis
schließen.

Aufgabe 3

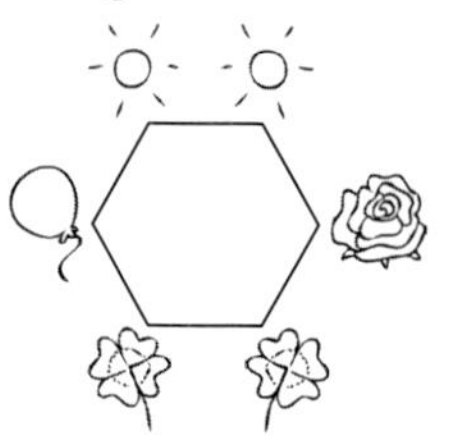

Zeichne in jedes Sechseck ein kleines Sechseck.

Silvia Regelein: Richtig rechnen lernen – so klappt's! · 1. Klasse · Best.-Nr. 335 · © Brigg Verlag KG, Friedberg

Name: ______________________ Datum: ______________

Die Zahlen 1 bis 6

① Verbinde.

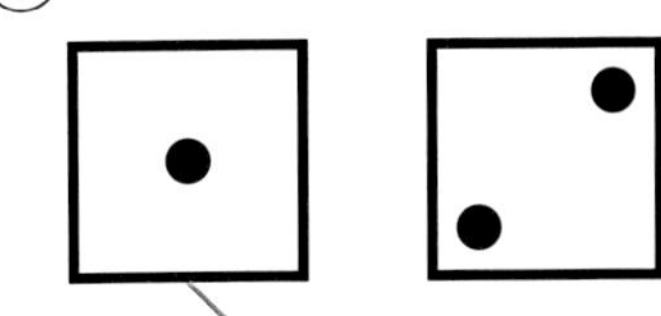
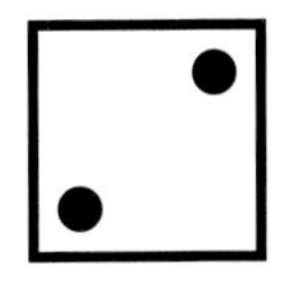
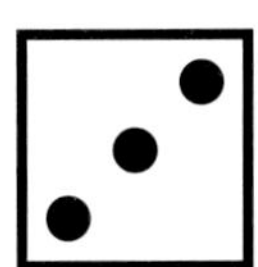
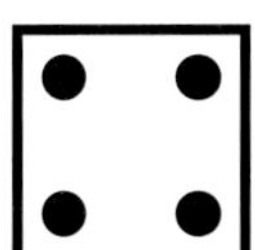

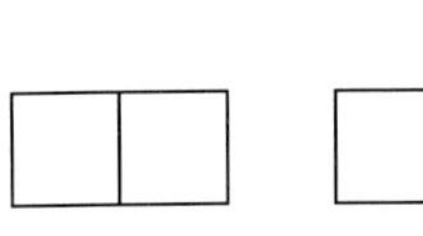
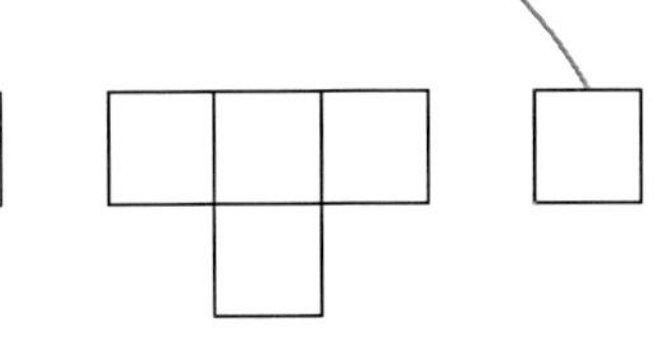
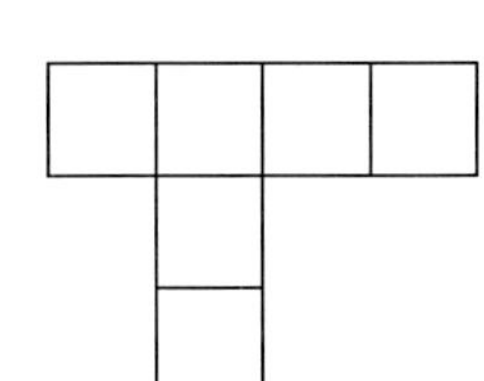
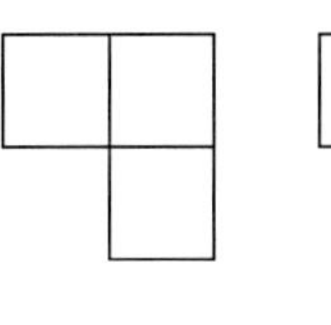
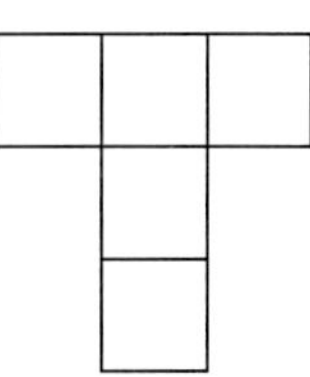

② Zusammen sind es 6. Male an:

○ rot

● blau

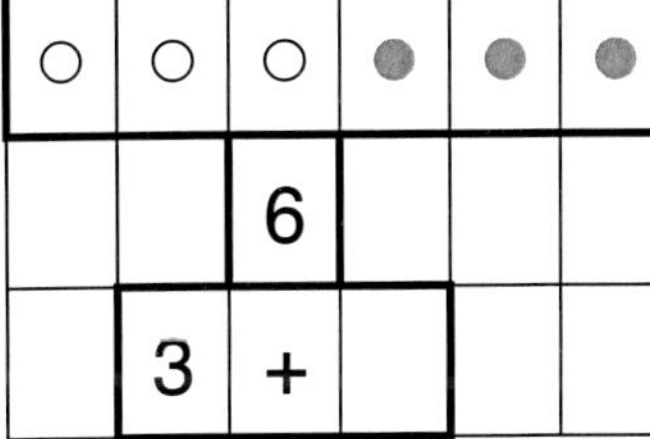

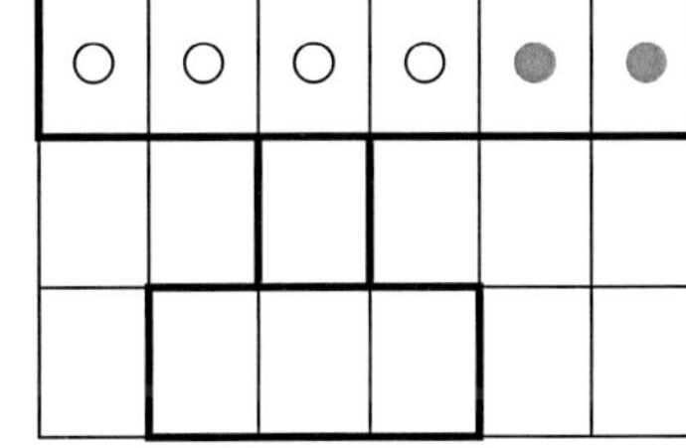
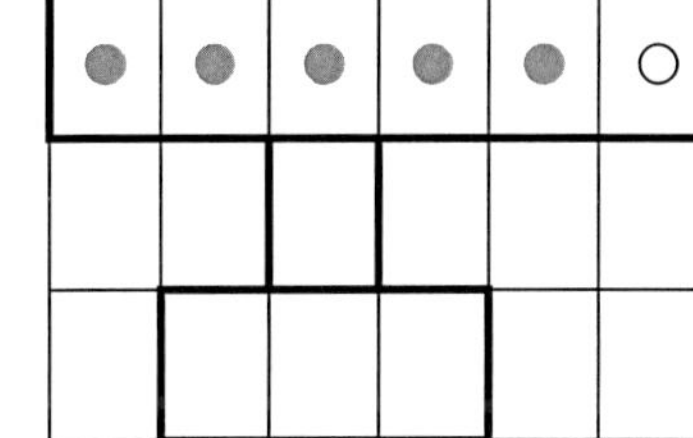

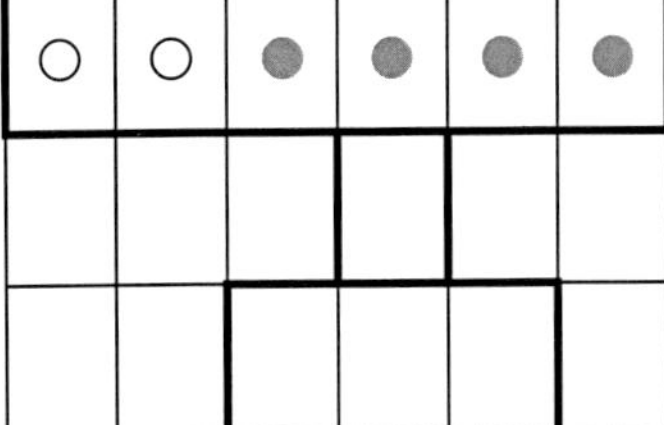
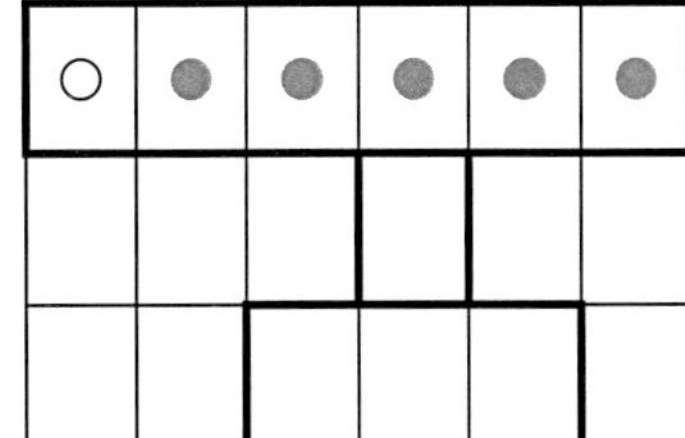

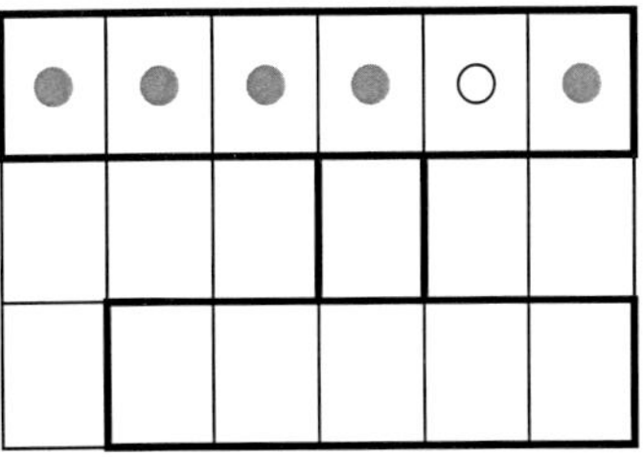
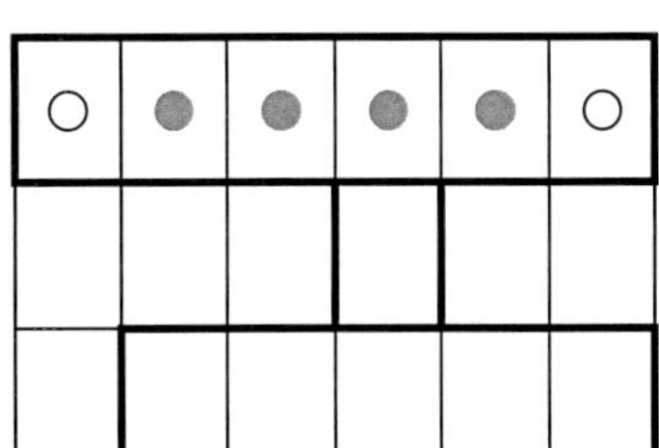

Male noch andere Vierlinge, Fünflinge und Sechslinge.

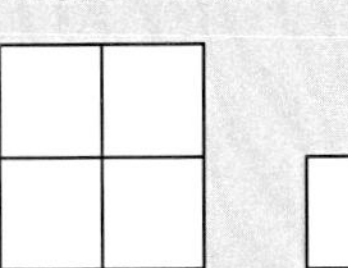
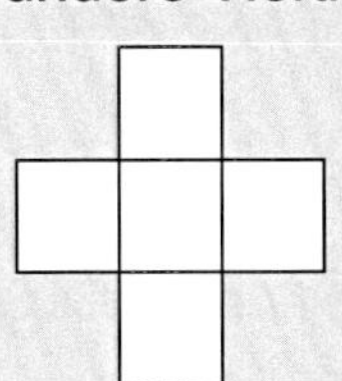
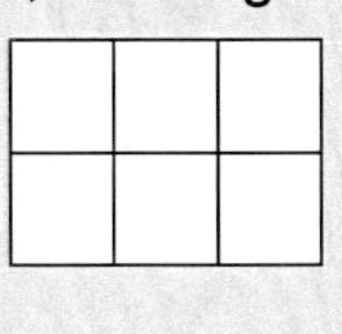

Knicke zuerst diesen Streifen um.

Aufgabe 1

2 4 1 6 3 5

Aufgabe 2

6
3 + 3

6
4 + 2

6
5 + 1

6
2 + 4

6
1 + 5

6
2 + 2 + 2

6
4 + 1 + 1

6
1 + 4 + 1

6
3 + 2 + 1

Name: ______________________ Datum: ______________

Die Zahl 7

7	IIII II / ●●●●● ●● / ⚃ ⚂	7 7

① Schreibe weiter.

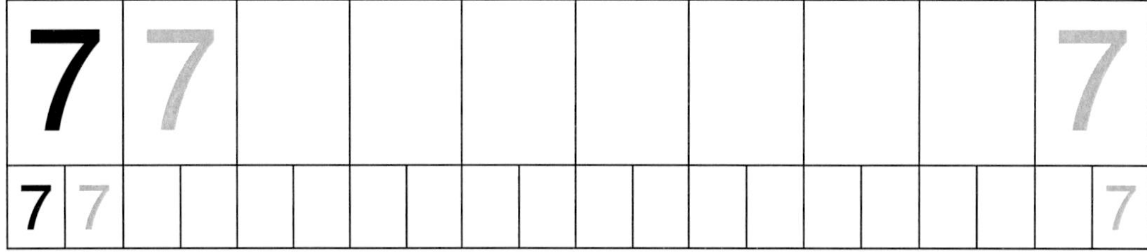

② Es sollen immer 7 sein. Male dazu.

③ Male weiter oder male neue Muster.

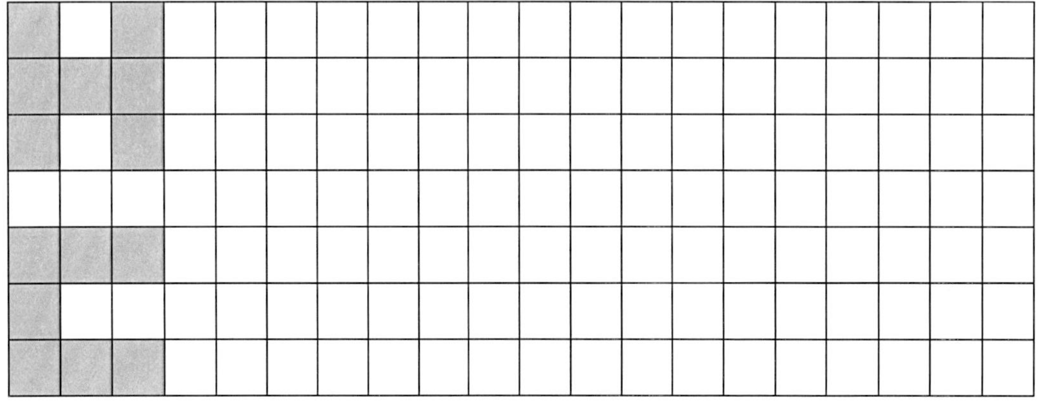

Knicke zuerst diesen Streifen um.

Aufgabe 1
Fahre jede vorgeschriebene Ziffer m[it] drei Farben nach.

Vers beim Schreibe[n] sprechen:
Strich, stopp, und schräg hinunter.

Aufgabe 3
Beispiele:

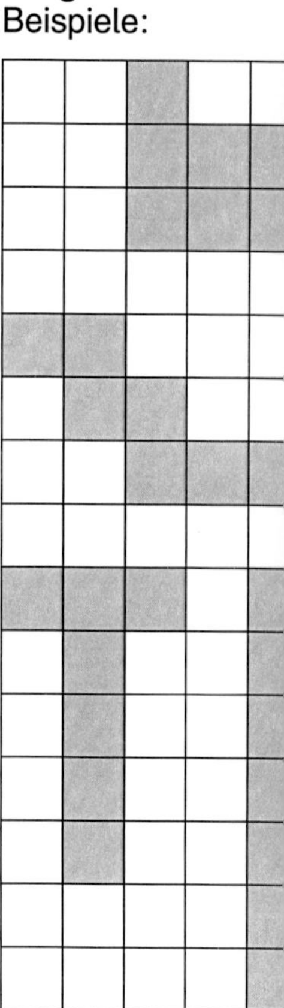

Silvia Regelein: Richtig rechnen lernen – so klappt's! · 1. Klasse · Best.-Nr. 335 · © Brigg Verlag KG, Friedberg

Name: ______________________________ Datum: ______________

Die Zahl 7 zerlegen

(1) Zusammen sind es 7. Male an:

○	○	○	○	○	○	●
7	=	6	+	1		
○	○	○	○	○	●	●
○	○	○	○	●	●	●

●	○	○	○	○	○	○
●	●	○	○	○	○	○
●	●	●	○	○	○	○

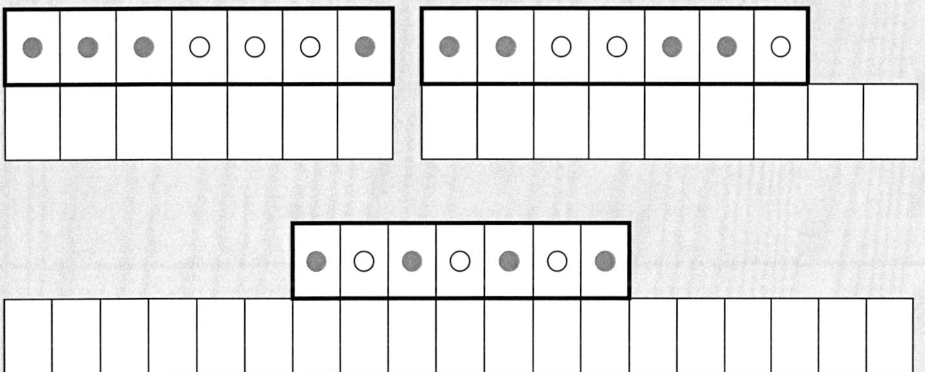

(2) Zerlege.

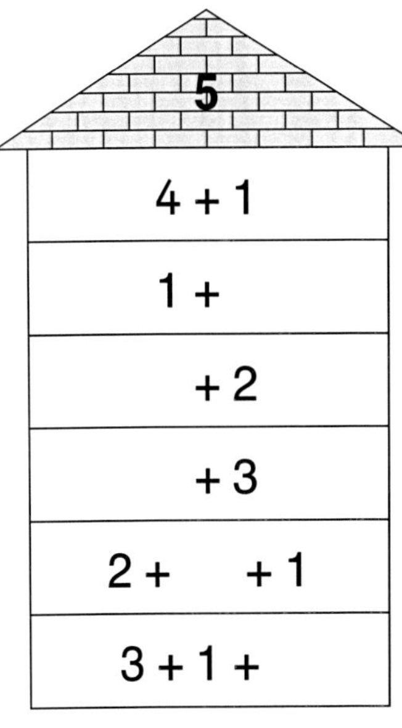

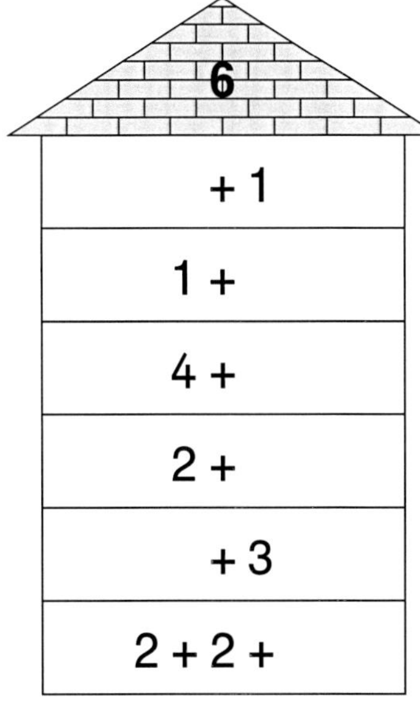

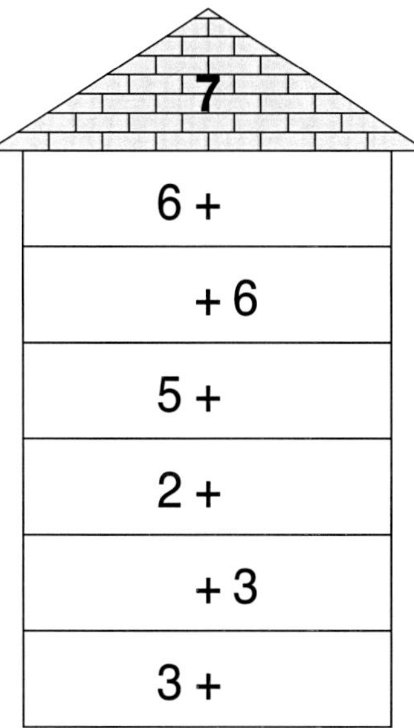

Knicke zuerst diesen Streifen um.

Aufgabe 1
Gleichheitszeichen einführen:
7 ist genauso viel/das Gleiche wie/ist gleich 6 + 1.

7 = 6 + 1
7 = 5 + 2
7 = 4 + 3

7 = 1 + 6
7 = 2 + 5
7 = 3 + 4

7 = 3 + 3 + 1
7 = 2 + 2 + 2 + 1
7 = 1 + 1 + 1 + 1 + 1 + 1 + 1

Aufgabe 2

5
4 + 1
1 + 4
3 + 2
2 + 3
2 + 2 + 1
3 + 1 + 1

6
5 + 1
1 + 5
4 + 2
2 + 4
3 + 3
2 + 2 + 2

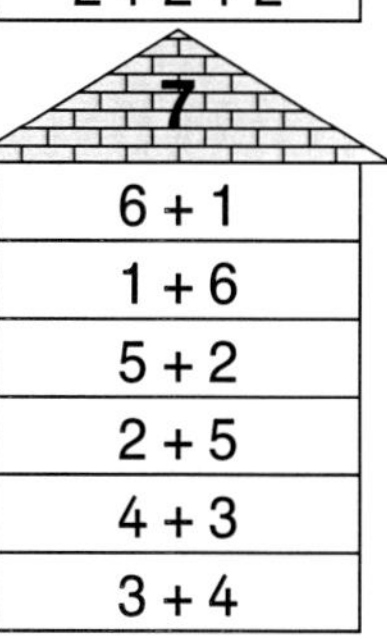

Name: ______________________ Datum: ____________

Die Zahl 8

8	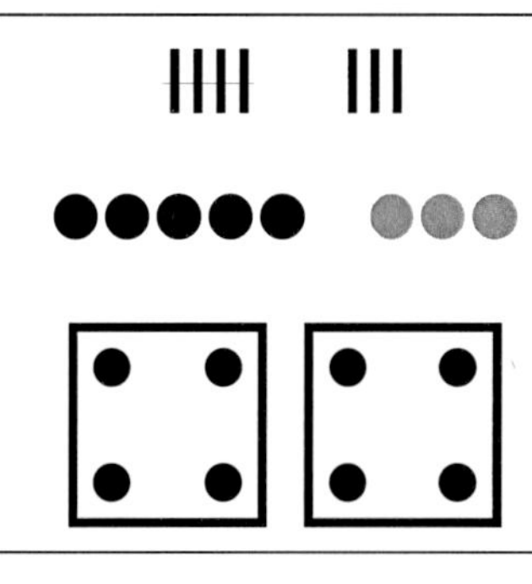	8 8

① Schreibe weiter.

8	8								8

8	8																		8

② Es sollen immer 8 sein. Streiche Würfel weg, die zu viel sind.

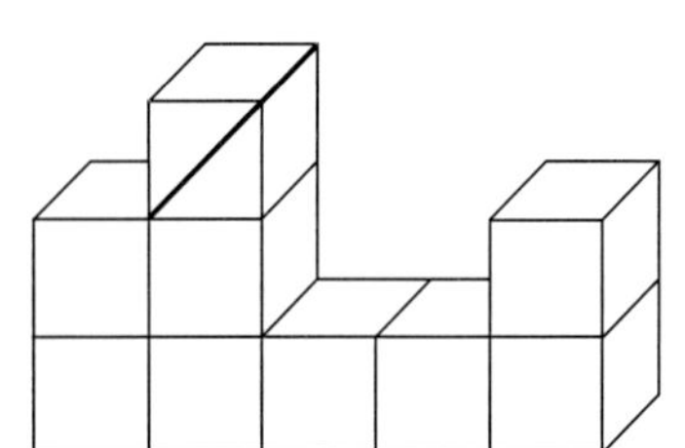

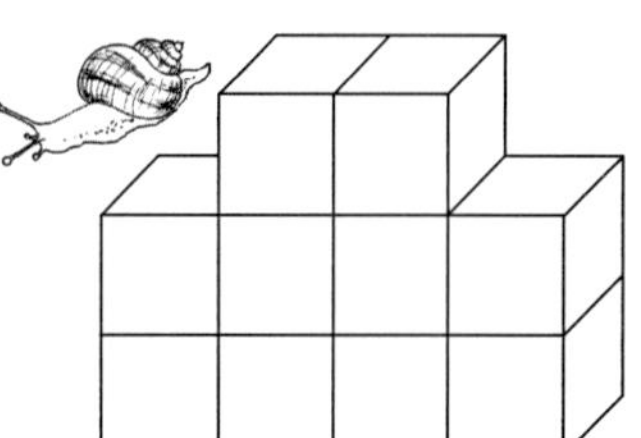

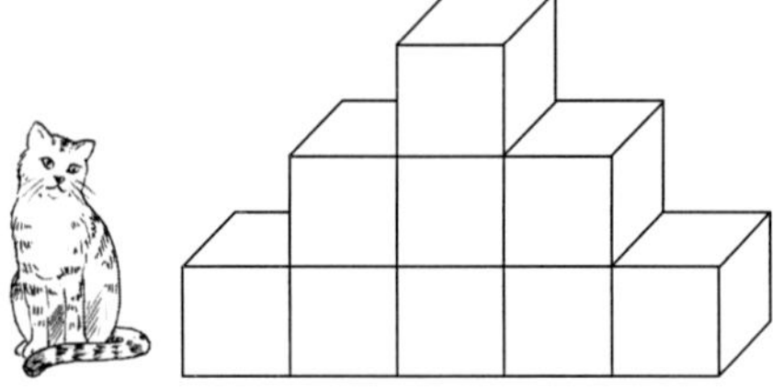

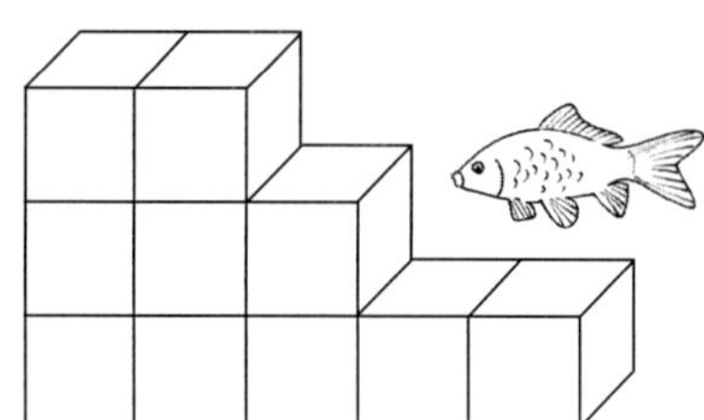

Achte auf die versteckten Würfel und streiche weg.

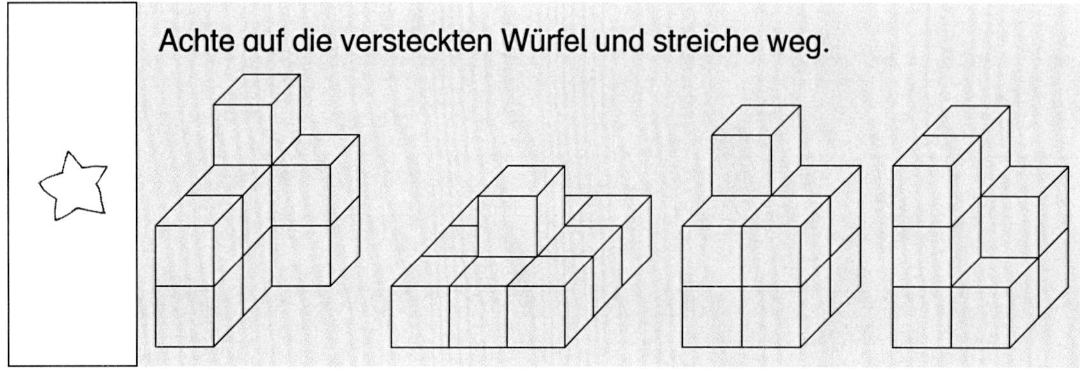

Knicke zuerst diesen Streifen um.

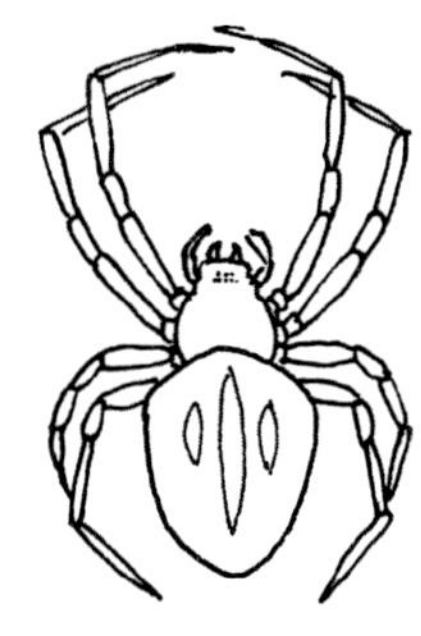

Aufgabe 1
Fahre jede vorgeschriebene Ziffer mit drei Farben nach.

Vers beim Schreiben sprechen:
Oben Bogen nach links, dann Bogen nach rechts, Kreuzung und den Kreis schließen.

Aufgabe 2

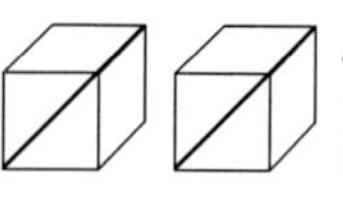
2 weg

1 weg

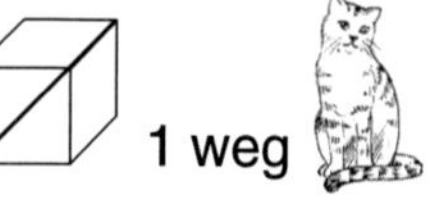
1 weg

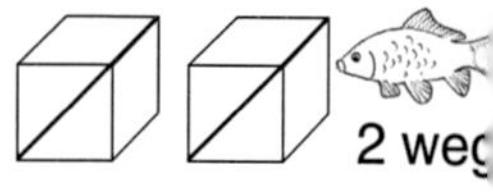
2 weg

1 weg

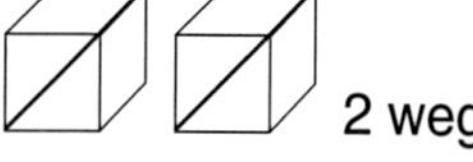
2 weg

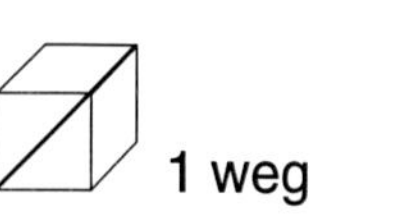
1 weg

1 weg

Silvia Regelein: Richtig rechnen lernen – so klappt's! · 1. Klasse · Best.-Nr. 335 · © Brigg Verlag KG, Friedberg

Name: ______________________ Datum: __________

Die Zahl 8 zerlegen

(1) Zusammen sind es 8. Male an: ○ rot  ● blau 

○	○	○	○	○	○	○	●
8	=	7	+	1			
○	○	○	○	○	○	●	●
○	○	○	○	○	●	●	●
○	○	○	○	●	●	●	●

●	○	○	○	○	○	○	○
●	●	○	○	○	○	○	○
●	●	●	○	○	○	○	○

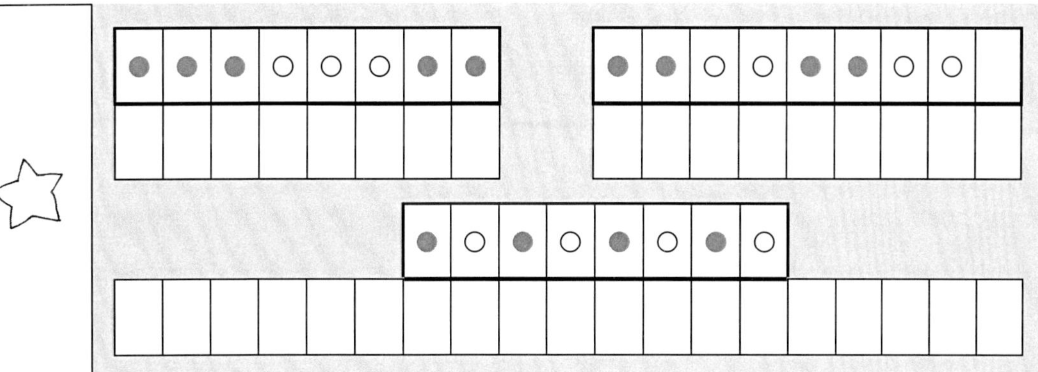

(2) Zerlege.

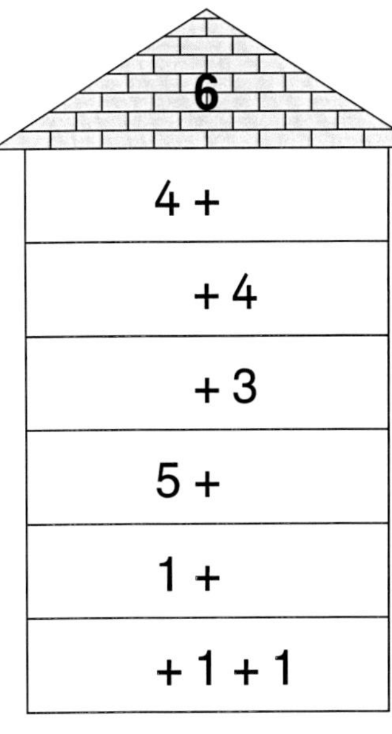

6
4 +
+ 4
+ 3
5 +
1 +
+ 1 + 1

7
5 +
2 +
+ 3
3 +
6 +
1 +

8
7 +
1 +
+ 3
+ 5
4 +
3 + 3 +

Knicke zuerst diesen Streifen um.

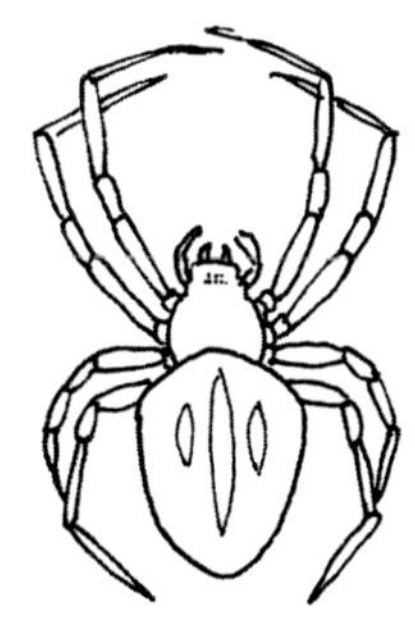

Aufgabe 1

8 = 7 + 1
8 = 6 + 2
8 = 5 + 3
8 = 4 + 4

8 = 1 + 7
8 = 2 + 6
8 = 3 + 4

8 = 3 + 3 + 2
8 = 2 + 2 + 2 + 2
8 = 1 + 1 + 1 + 1 + 1 + 1 + 1 + 1

Aufgabe 2

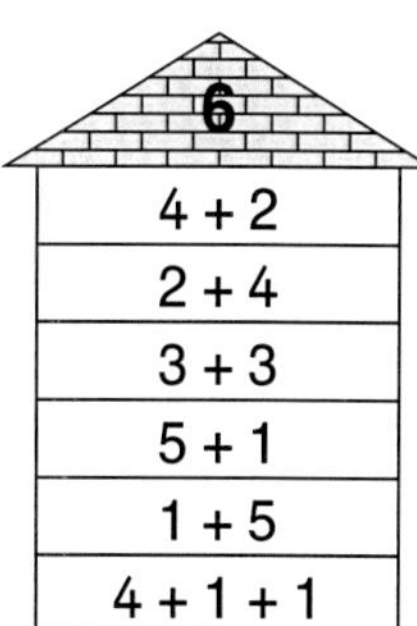

6
4 + 2
2 + 4
3 + 3
5 + 1
1 + 5
4 + 1 + 1

7
5 + 2
2 + 5
4 + 3
3 + 4
6 + 1
1 + 6

8
7 + 1
1 + 7
5 + 3
3 + 5
4 + 4
3 + 3 + 2

Name: ______________________ Datum: ____________

Die Zahl 9

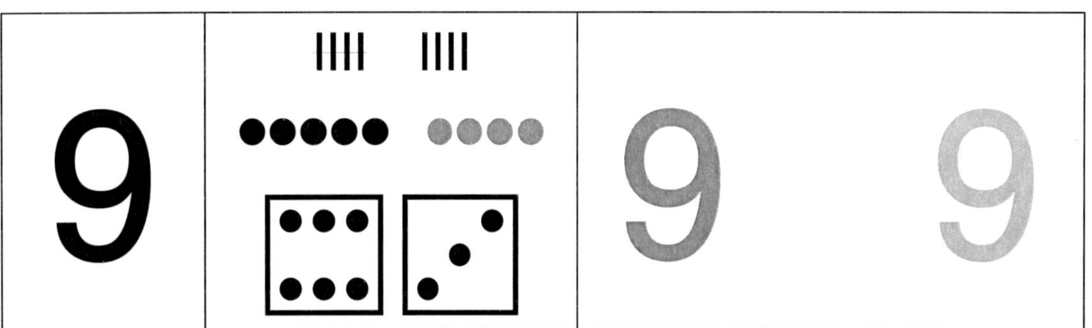

① Schreibe weiter.

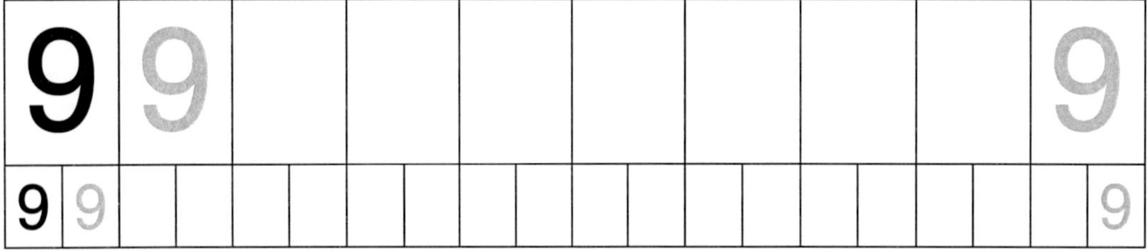

② Es sollen immer 9 sein. Male dazu.

③ Wie viele Würfel sind es?

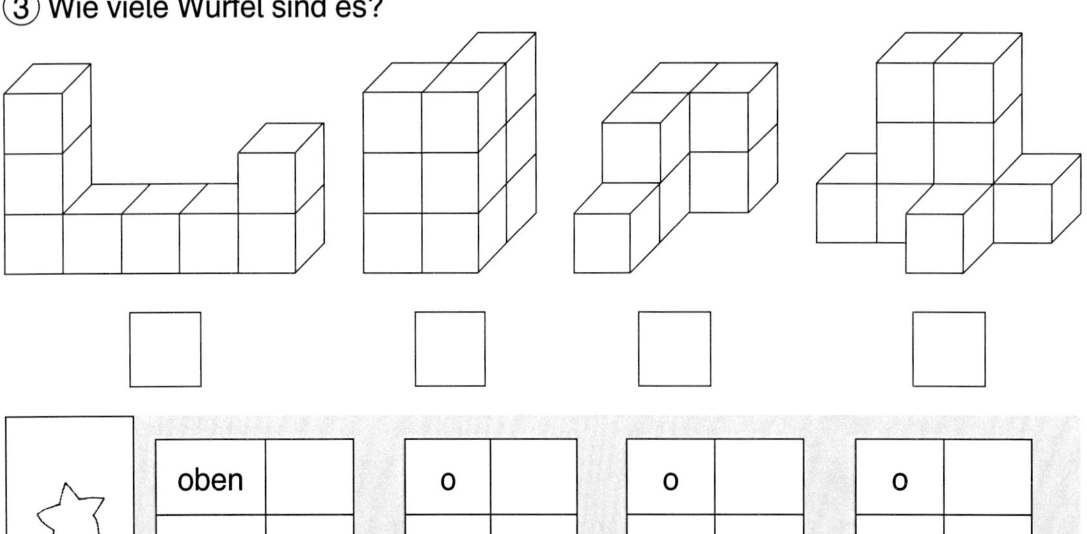

Knicke zuerst diesen Streifen um.

Aufgabe 1
Fahre jede vorgeschriebene Ziffer mi[t] drei Farben nach.

Vers beim Schreibe[n] sprechen:
Oben Kreis nach links, dann Bogen t[ief] nach unten.

Aufgabe 3

8 9 7 9

oben	3
unten	5

o	6
u	3

3
4

4
5

Silvia Regelein: Richtig rechnen lernen – so klappt's! · 1. Klasse · Best.-Nr. 335 · © Brigg Verlag KG, Friedberg

Name: ______________________ Datum: ____________

Die Zahl 9 zerlegen

① Zusammen sind es 9. Male an:  ○ rot  ● blau 

○	○	○	○	○	○	○	○	●
9	=	8	+					
○	○	○	○	○	○	○	●	●
○	○	○	○	○	○	●	●	●
○	○	○	○	○	●	●	●	●

●	○	○	○	○	○	○	○	○
●	●	○	○	○	○	○	○	○
●	●	●	○	○	○	○	○	○
●	●	●	●	○	○	○	○	○

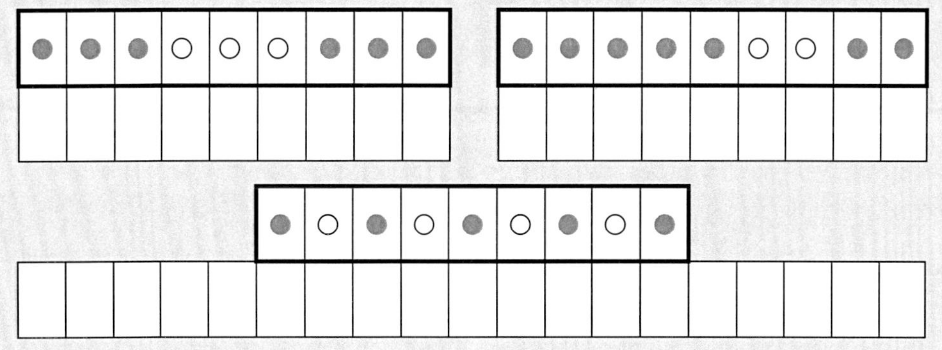

② Zerlege.

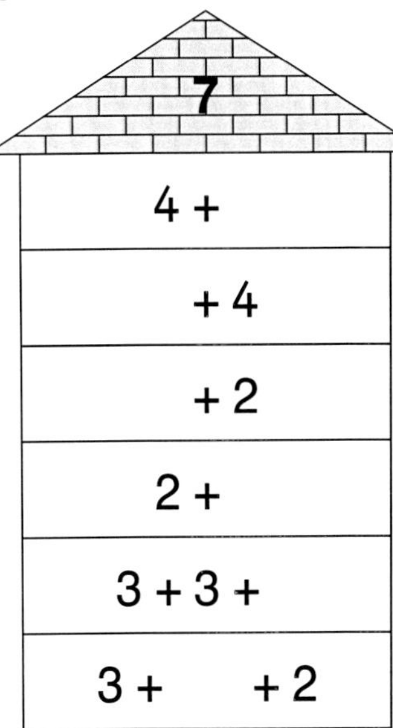

7
4 +
+ 4
+ 2
2 +
3 + 3 +
3 + + 2

8
5 +
+ 5
4 +
2 +
+ 2
3 + + 2

9
6 +
+ 6
5 +
+ 5
7 +
+ 8

Knicke zuerst diesen Streifen um.

Aufgabe 1

9 = 8 + 1
9 = 7 + 2
9 = 6 + 3
9 = 5 + 4

9 = 1 + 8
9 = 2 + 7
9 = 3 + 6
9 = 4 + 5

9 = 3 + 3 + 3
9 = 5 + 2 + 2
9 = 1 + 1 + 1 + 1 + 1 + 1 + 1 + 1 + 1

Aufgabe 2

7
4 + 3
3 + 4
5 + 2
2 + 5
3 + 3 + 1
3 + 2 + 2

8
5 + 3
3 + 5
4 + 4
2 + 6
6 + 2
3 + 3 + 2

9
6 + 3
3 + 6
5 + 4
4 + 5
7 + 2
1 + 8

Name: ______________________ Datum: ____________

Knicke zuerst diesen Streifen um.

Bis 10 zählen

① Male Punkte: ○ rot ● blau

○			○○○○○ ●

10	IIII IIII ●●●●● ○○○○○	10

② Schreibe weiter. Erst die 1, dann die 0.

1	0	1	0						

1	0	1	0																

Aufgabe 1

○○	○○○○○ ●●
○○○	○○○○○ ●●●
○○○○	○○○○○ ●●●●
○○○○○	○○○○○ ●●●●●

Aufgabe 2

Jede Ziffer braucht ein eigenes Kästch… Die Ziffern 1 und 0 jeweils in ein eigen… Kästchen schreiben

Silvia Regelein: Richtig rechnen lernen – so klappt's! · 1. Klasse · Best.-Nr. 335 · © Brigg Verlag KG, Friedberg

Name: ______________________ Datum: __________

Zahlen bis 10 auf einen Blick erkennen

Wie viele ● sind es?
Rahme gleiche Zahlen mit der gleichen Farbe ein.

6

....

....

6

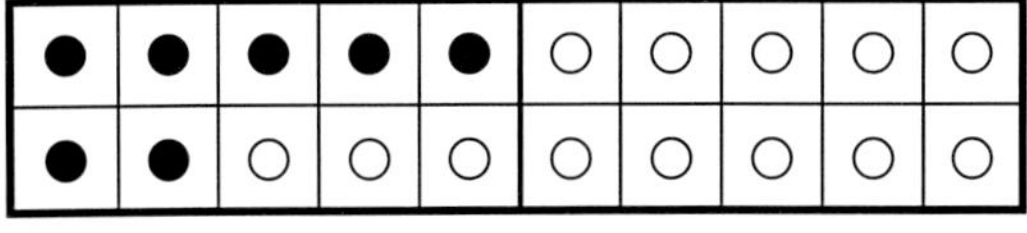

....

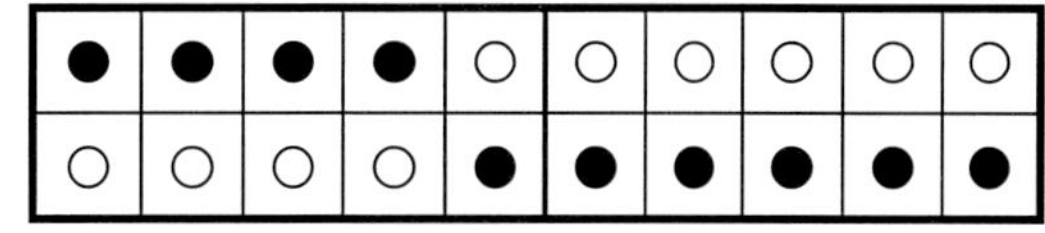

....

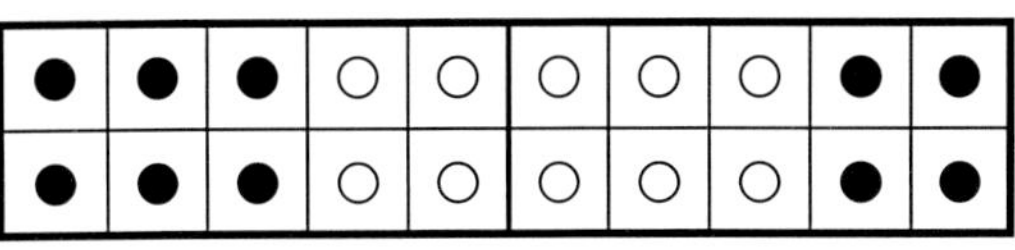

....

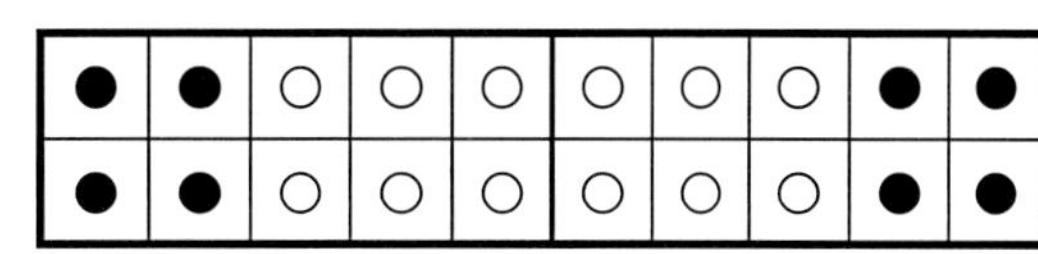

....

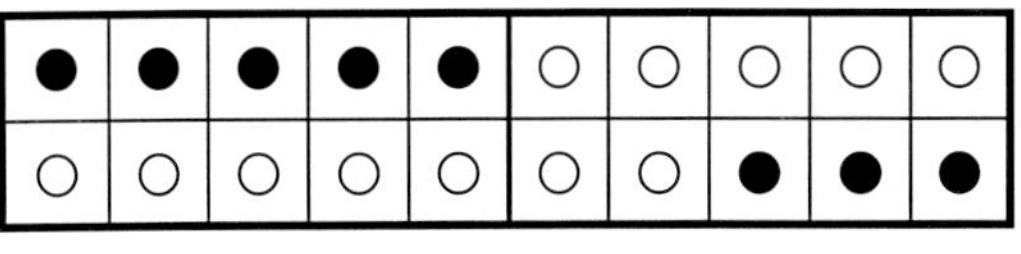

....

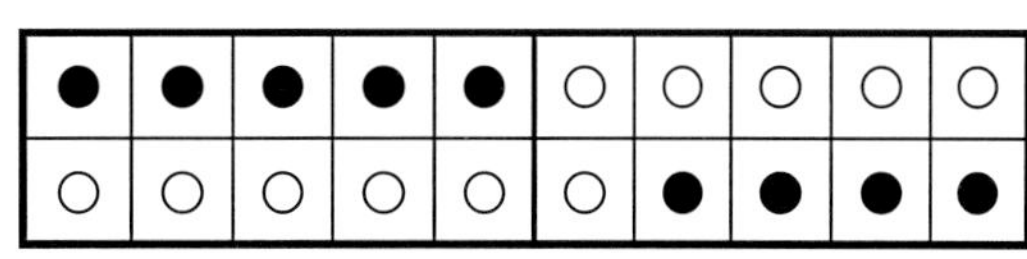

....

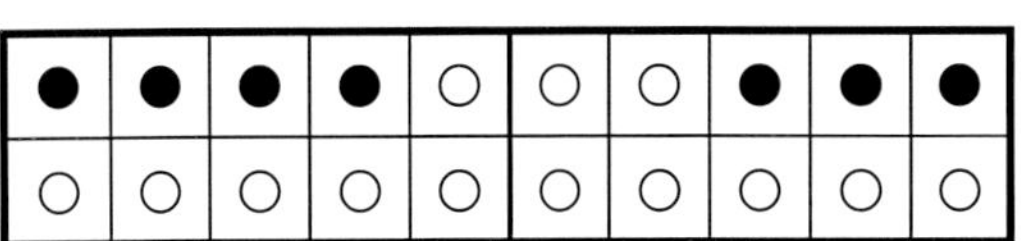

....

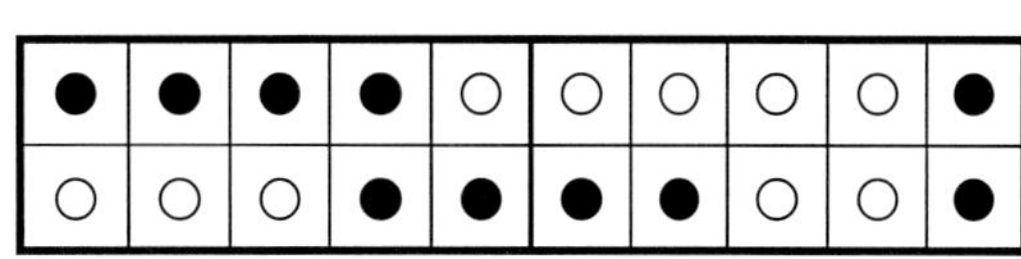

....

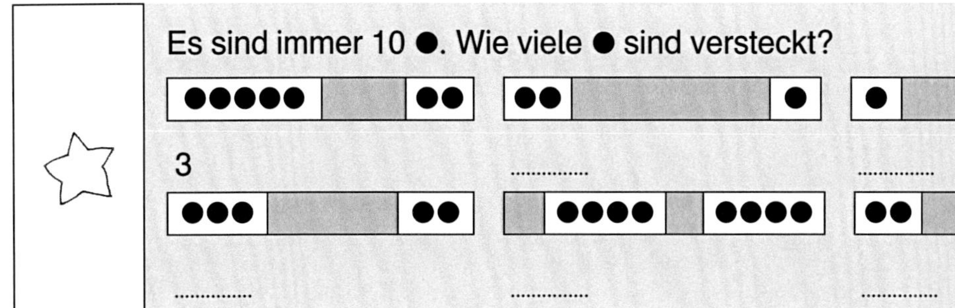

Knicke zuerst diesen Streifen um.

Aufgabe

6	10
(9)	6
▽7	10
10	[8]
[8]	(9)
▽7	10

3	7	9
5	2	6

Name: ______________________ Datum: ____________

Die Zahl 10 zerlegen

Zusammen sind es 10. Male an: ○ rot  ● blau 

○	○	○	○	○	○	○	○	○	●			1	0	=	9	+	1	
○	○	○	○	○	○	○	○	●	●									
○	○	○	○	○	○	○	●	●	●									
○	○	○	○	○	○	●	●	●	●									
○	○	○	○	○	●	●	●	●	●									
○	○	○	○	●	●	●	●	●	●									
○	○	○	●	●	●	●	●	●	●									
○	○	●	●	●	●	●	●	●	●									
○	●	●	●	●	●	●	●	●	●									

☆

											10								
○	○	●	●	○	○	●	●	○	○		2	+							
○	○	○	●	●	●	○	○	○	●										
○	○	○	○	●	●	●	●	○	●										
○	○	○	○	○	●	●	○	○	○										

Knicke zuerst diesen Streifen um.

Aufgabe

10 = 8 + 2

10 = 7 + 3

10 = 6 + 4

10 = 5 + 5

10 = 4 + 6

10 = 3 + 7

10 = 2 + 8

10 = 1 + 9

2 + 2 + 2 + 2 + 2

3 + 3 + 3 + 1

4 + 4 + 1 + 1

5 + 2 + 3

Silvia Regelein: Richtig rechnen lernen – so klappt's! · 1. Klasse · Best.-Nr. 335 · © Brigg Verlag KG, Friedberg

Name: ______________________ Datum: ______________

Punktbilder zur Zahl 10

① Es sollen immer 10 sein.
Male ● dazu oder streiche weg.

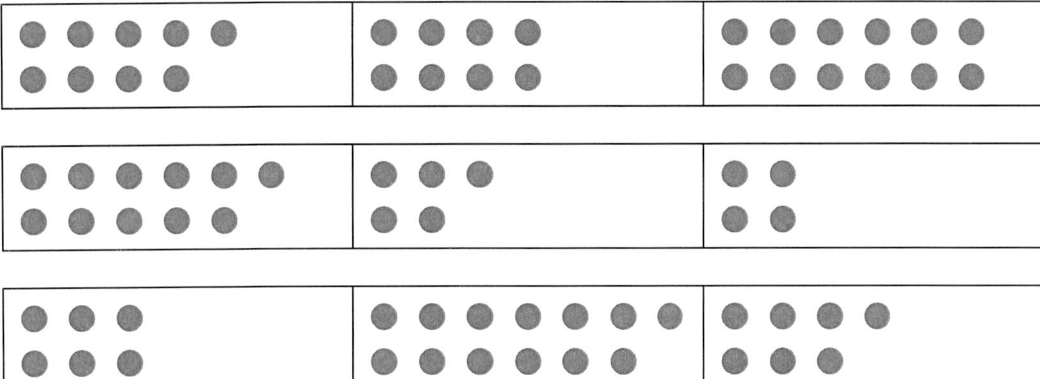

② Punktmuster: Zerlege 10.

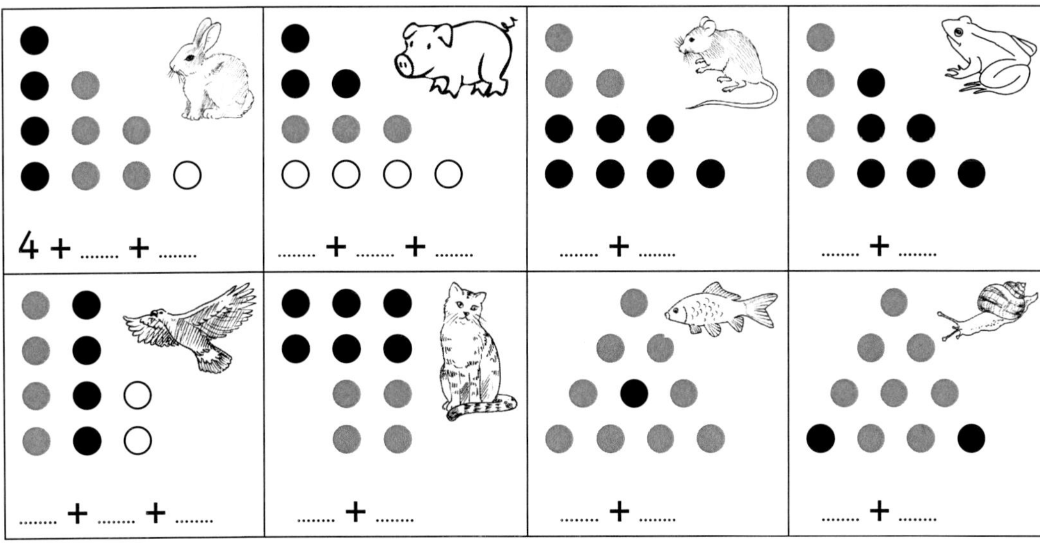

Knicke zuerst diesen Streifen um.

Aufgabe 1

Aufgabe 2

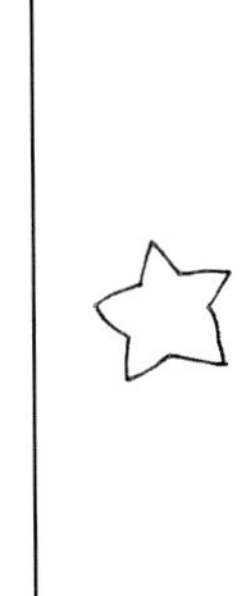

Male die Punkte mit drei Farben an und zerlege.

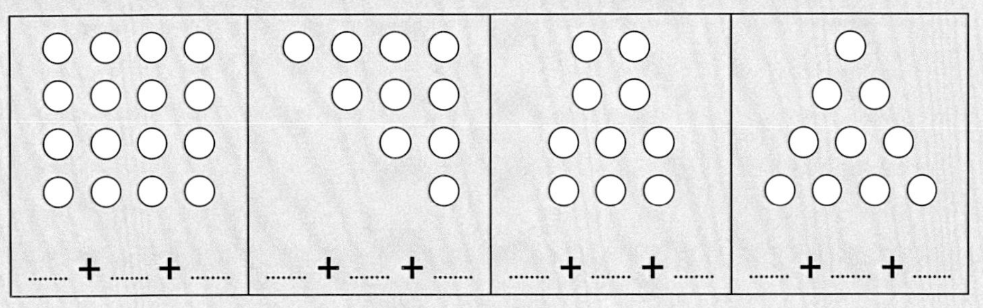

Name: ______________________ Datum: __________

Kleiner – gleich – größer (1)

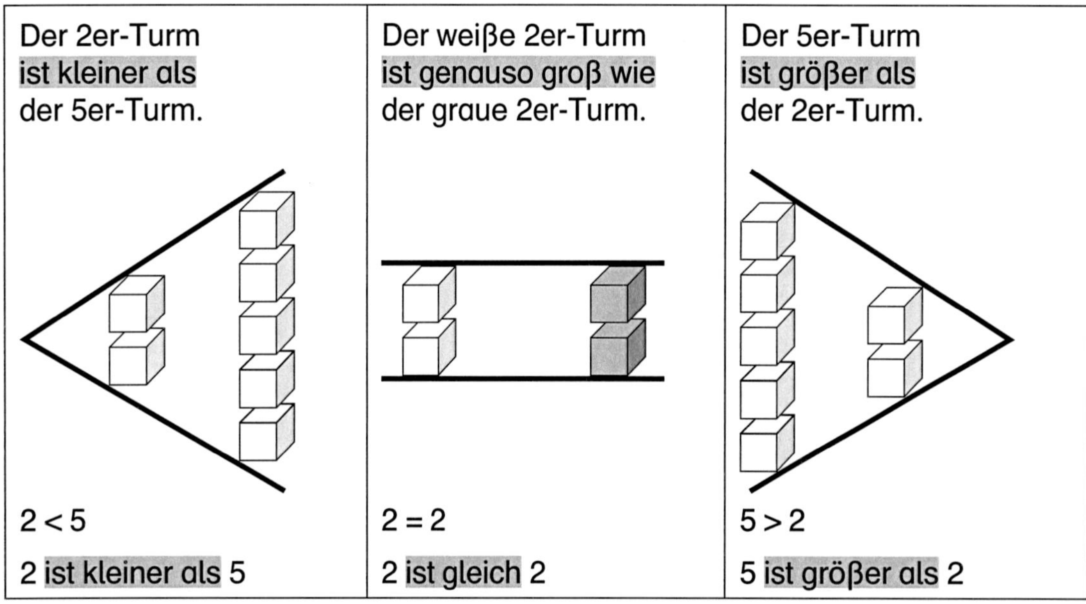

Die Spitze < zeigt immer zur kleineren Zahl.

① Zusammen sind es 10. Male an: < lila > rot

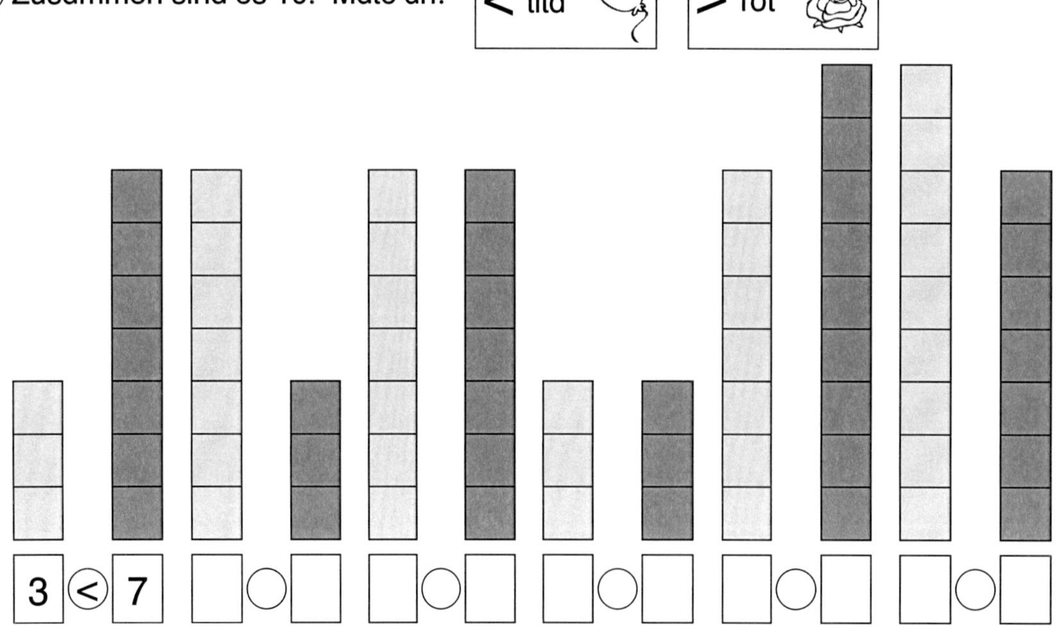

② Schreibe weiter.

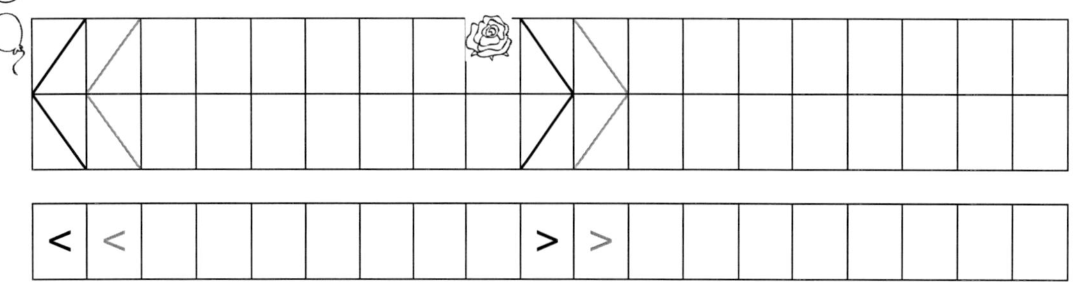

Knicke zuerst diesen Streifen um.

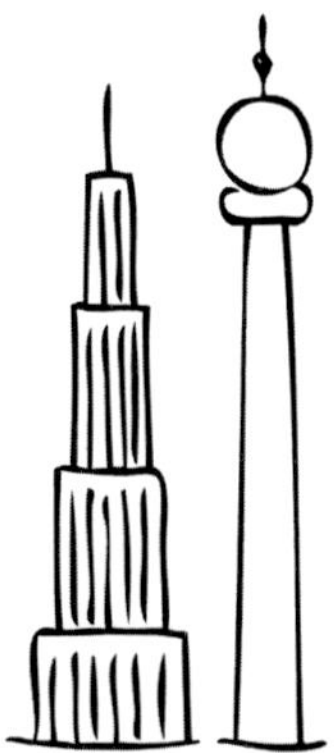

Aufgabe 1
Merkhilfe:
Spitze nach links
→ Zeichen lila schreiben.
Spitze nach rechts
→ Zeichen rot schreiben.

Die Zeichen oben farbig nachfahren und bei allen Aufgaben farbig schreiben.

3 < 7
7 > 3
7 = 7
3 = 3
7 < 9
9 > 7

Silvia Regelein: Richtig rechnen lernen – so klappt's! · 1. Klasse · Best.-Nr. 335 · © Brigg Verlag KG, Friedberg

Name: ______________________ Datum: ____________

Kleiner – gleich – größer (2)

① Schreibe: < lila 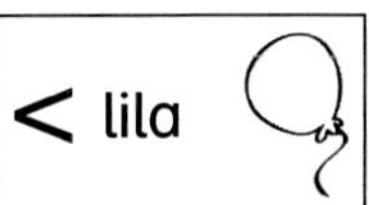 > rot 

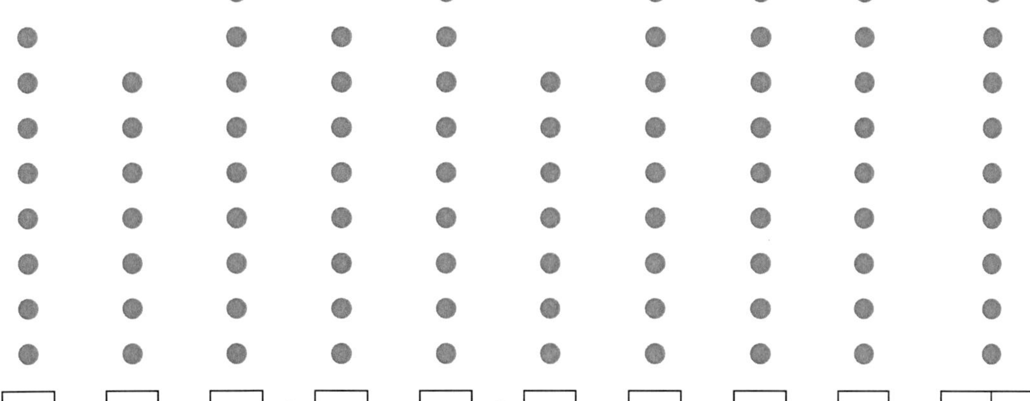

8 > 7 | ☐ ◯ ☐ | ☐ ◯ ☐ | ☐ ◯ ☐ | ☐ ◯ ☐☐

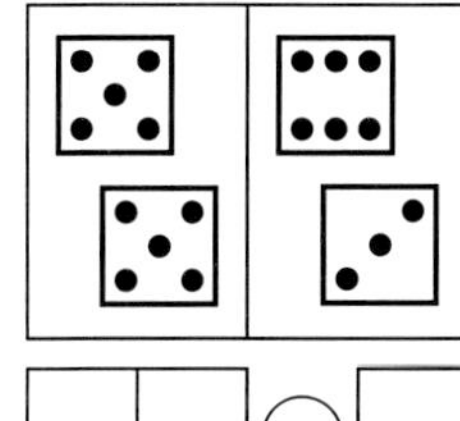
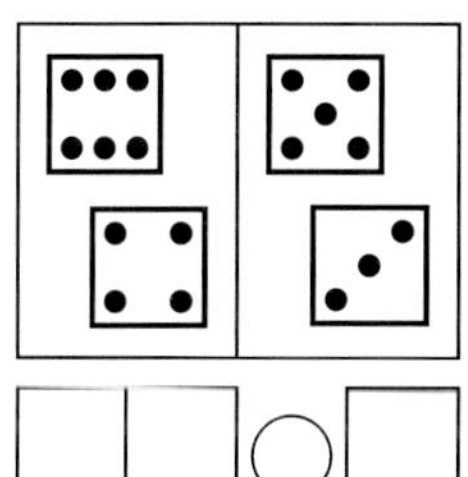
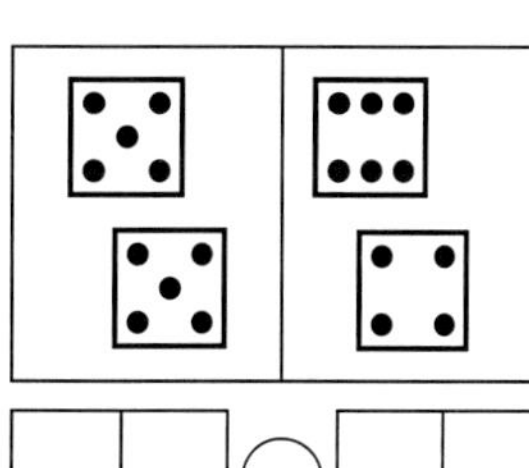

8 = 8 | ☐☐ ◯ ☐ | ☐☐ ◯ ☐ | ☐☐ ◯ ☐☐

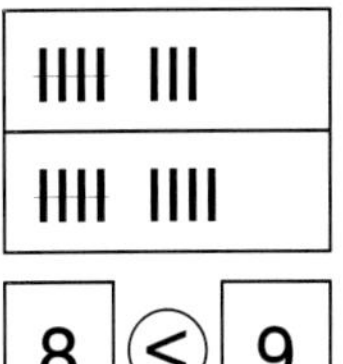
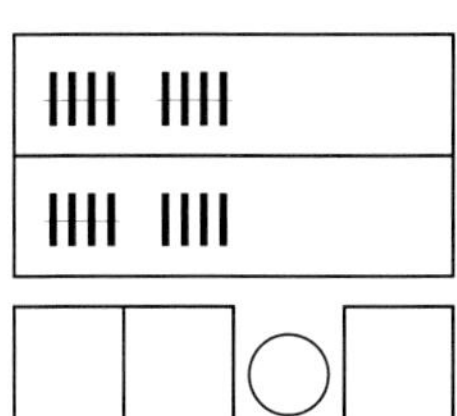
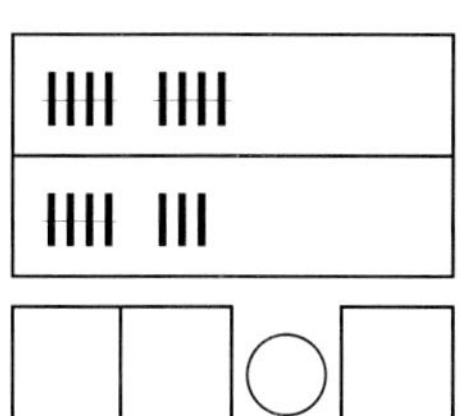

IIII III	IIII IIII	IIII IIII	IIII IIII
IIII IIII	IIII IIII	IIII III	IIII IIII

8 < 9 | ☐☐ ◯ ☐ | ☐☐ ◯ ☐ | ☐☐ ◯ ☐☐

② Setze ein: 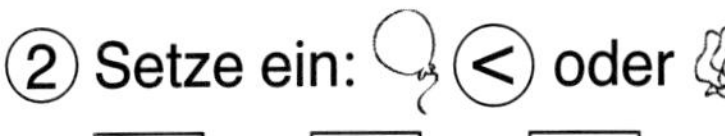 < oder > oder =

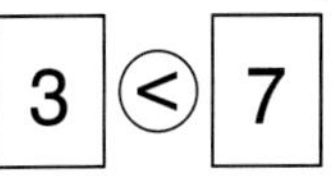
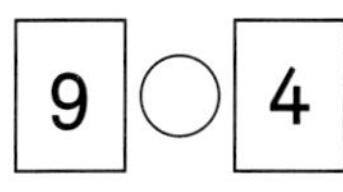
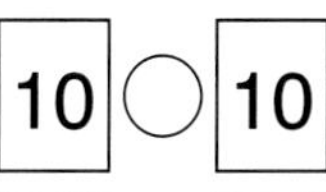
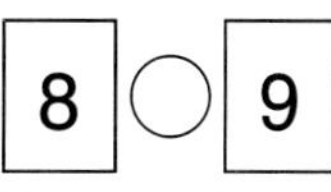
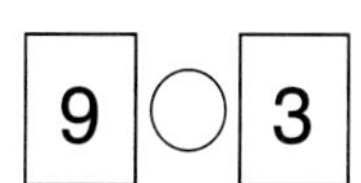

3 < 7 | 9 ◯ 4 | 10 ◯ 10 | 8 ◯ 9 | 9 ◯ 3

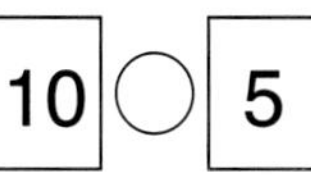

10 ◯ 7 | 9 ◯ 10 | 10 ◯ 5 | 6 ◯ 8 | 3 ◯ 3

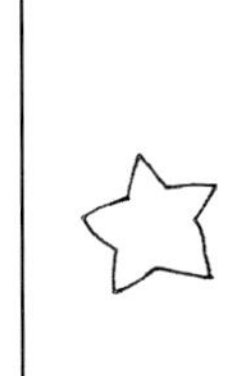

Setze ein: < oder > oder =

5 + 1 ◯ 7	4 + 4 ◯ 8	6 + 2 ◯ 9
5 + 2 ◯ 7	4 + 5 ◯ 8	6 + 3 ◯ 8
5 + 3 ◯ 7	4 + 3 ◯ 8	6 + 4 ◯ 10

Knicke zuerst diesen Streifen um.

Aufgabe 1

9 > 8	9 > 7
9 = 9	9 < 10

10 > 9	10 > 8
10 = 10	

10 > 9	10 > 8
10 = 10	

Aufgabe 2

10 > 7	9 > 4 9 < 10
10 = 10 10 > 5	8 < 9 6 < 8
9 > 3 3 = 3	

5 + 1 < 7 5 + 2 = 7 5 + 3 > 7
4 + 4 = 8 4 + 5 > 8 4 + 3 < 8
6 + 2 < 9 6 + 3 > 8 6 + 4 = 10

Name: ______________________ Datum: __________

Der Unterschied

① Wie groß ist der Unterschied zwischen den Türmen?
Male den Unterschied gelb an.

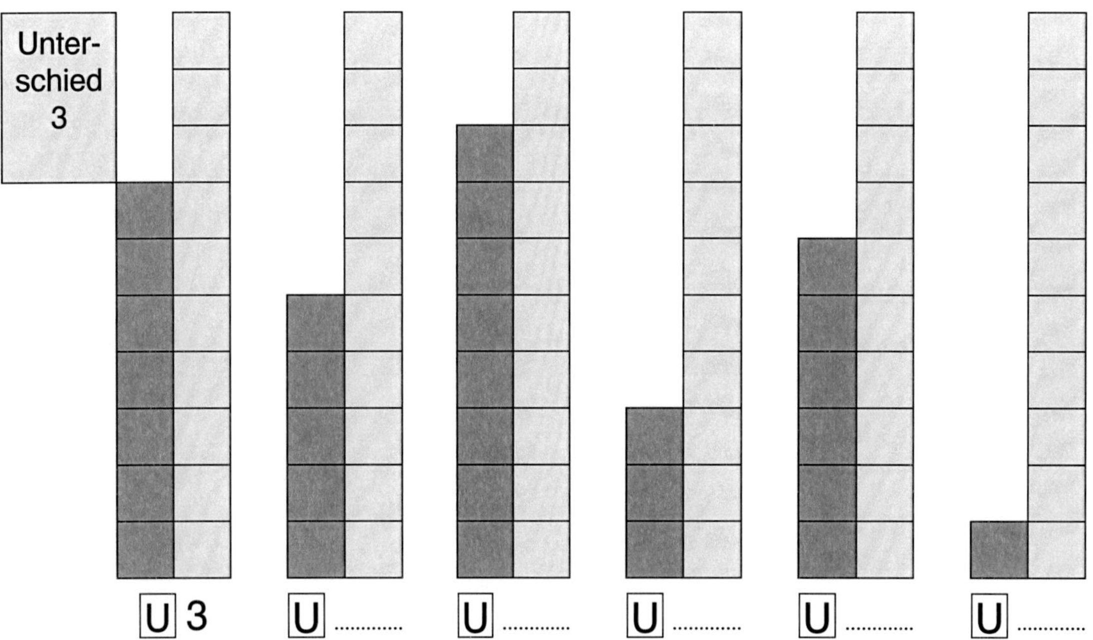

② Male den Unterschied gelb an und schreibe.

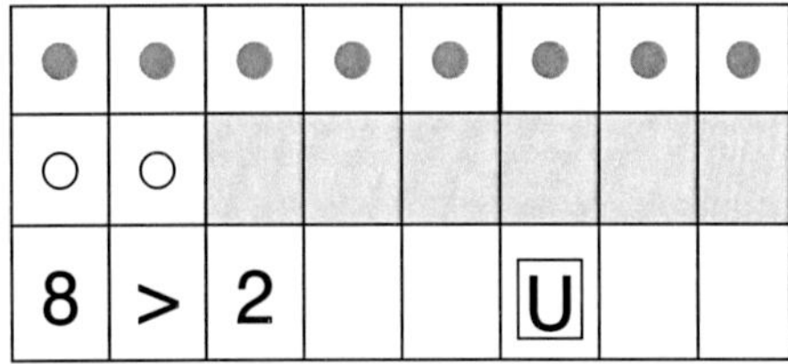

●	●	●	●	●	●	●	●	●
○	○	○						
	>				U			

●	●	●	●	●	●	●	●
○	○	○	○	○			
	>				U		

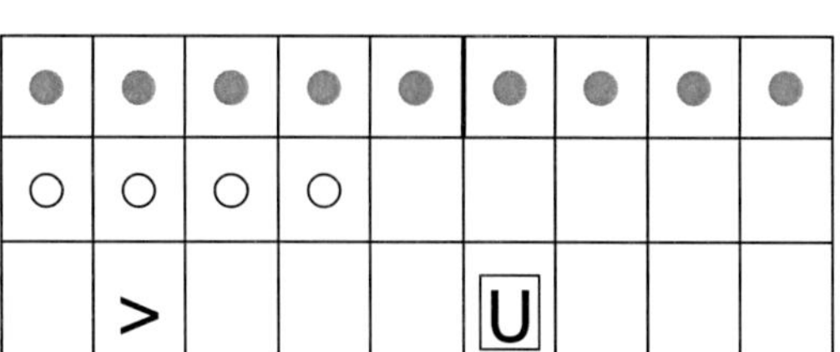

Wie groß ist der Unterschied?

5	7		1	8		2	9		10	4		9	1		7	4
U 2																

Knicke zuerst diesen Streifen um.

Aufgabe 1
Sprechen:
Ein Turm ist 7 Steine/Würfel hoch
Der andere 10.
Der Unterschied zwischen 7 und 10 ist 3.
5
2
7
4
9

Aufgabe 2

8 > 2	U 6
9 > 3	U 6
8 > 5	U 3
9 > 4	U 5

☆
7
7
6
8
3

Silvia Regelein: Richtig rechnen lernen – so klappt's! · 1. Klasse · Best.-Nr. 335 · © Brigg Verlag KG, Friedberg

Name: ______________________ Datum: ____________

Gleiche Zahlen beim Domino

① Beim Domino musst du immer gleiche Punktzahlen aneinanderlegen.
Welcher Stein passt hier? Male ihn an.

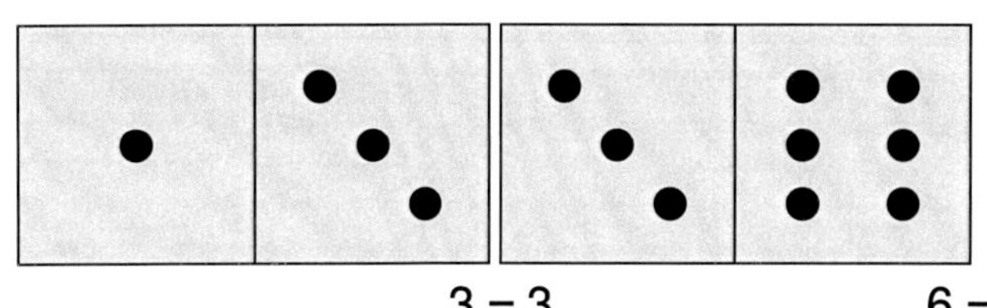

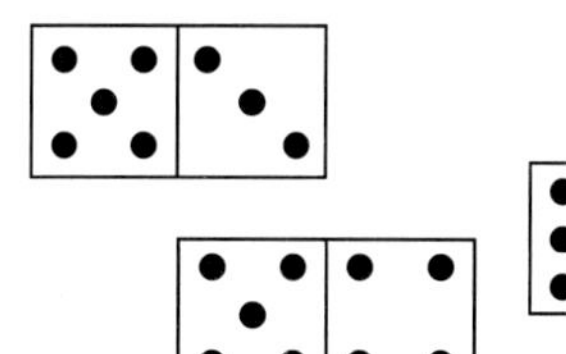

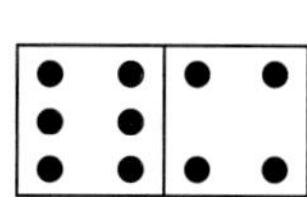

3 = 3 6 = ...

② Wo haben die Kinder richtig angelegt? Schreibe so: .... = ...

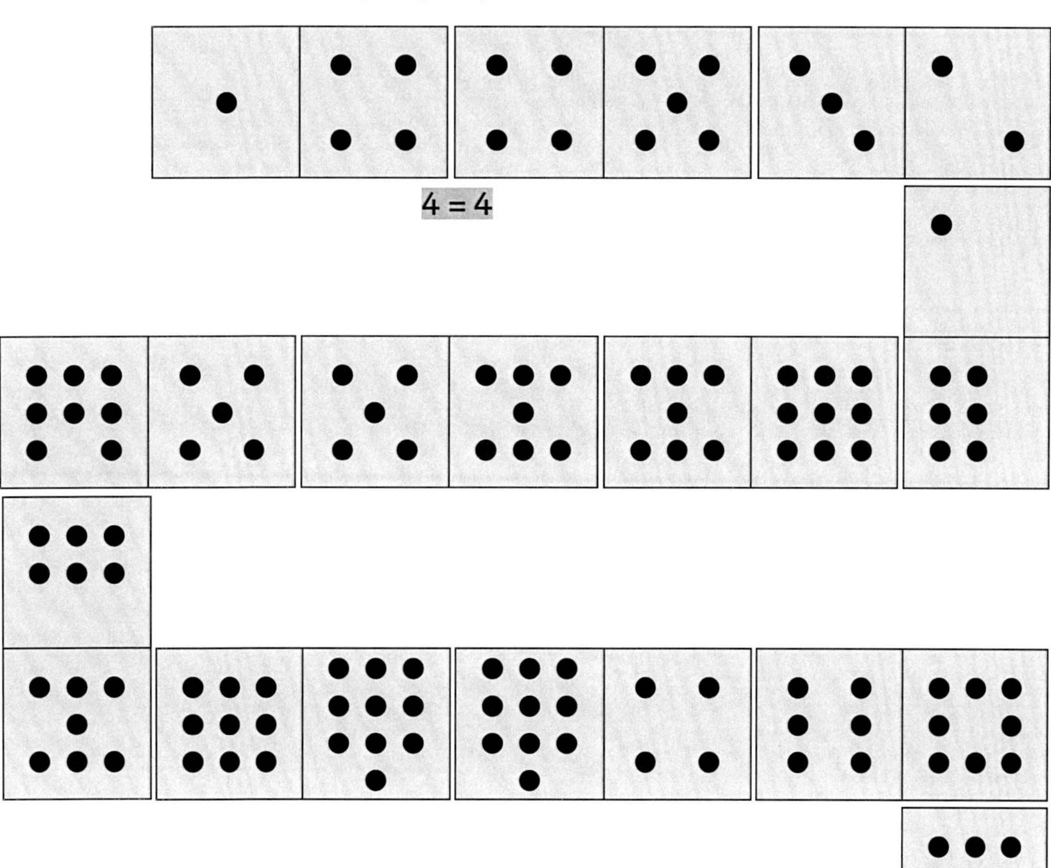

4 = 4

③ Mache das Domino passend und male bei den falschen Steinen rote ○ dazu.

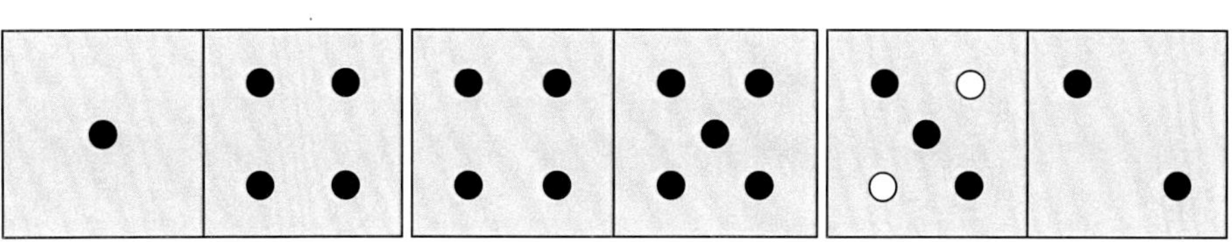

Knicke zuerst diesen Streifen um.

Aufgabe 1

6 = 6

Aufgabe 2

7 = 7
5 = 5
10 = 10
10 = 10
8 = 8

Aufgabe 3

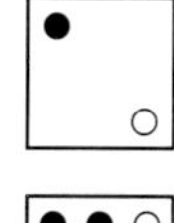

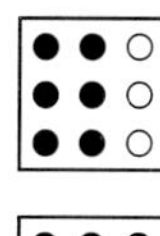

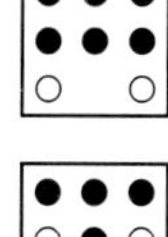

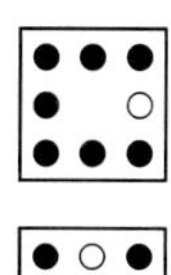

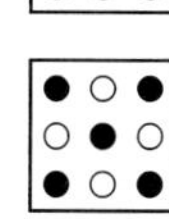

Male auf die Rückseite viele verschiedene Dominosteine mit 8 und 10 Punkten.

Name: ______________________________ Datum: ______________

Ordnungszahlen – Nachbarzahlen

① Sprich, setze die Punkte und male an.

Ich bin die Erste.

1.	2	3	4	5	6	7	8	9	10
lila	grau	rot	hellblau	grün	orange	braun	blau	rosa	gelb

② Wer ist vor mir? Wer ist mein Vorgänger? ☐ 

3	4			2			9			8			10
	6			5			7			3			1

Vor 1 ist keiner. Der Vorgänger von 1 ist Null 0.

③ Wer ist nach mir? Wer ist mein Nachfolger?  ☐

7	8		5			9			1			6	
2			8			4			0			3	

④ Ich bin zwischen ... und ... . Wer sind meine Nachbarn?

Zahl davor Vorgänger		Zahl danach Nachfolger
0	1	2
	5	
	9	
	7	
	4	

Vorgänger 1 kleiner		Nachfolger 1 größer
1		
		8
		10
6		
		9

Knicke zuerst diesen Streifen um.

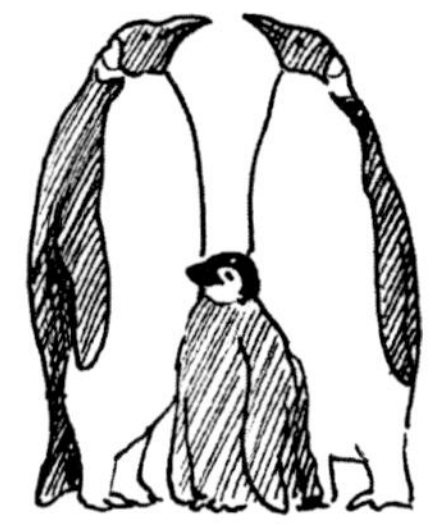

Aufgabe 1

Mit einem Punkt heißt es nicht eins, sondern das erste Tier oder die erste Zahl.

Aufgabe 2

1	2	8	9
7	8	9	10

5	6	4	5
6	7	2	3
0	1		

Aufgabe 3

5	6	9	10
1	2	6	7

2	3	8	9
4	5	0	1
3	4		

Aufgabe 4

4	5	6
8	9	10
6	7	8
3	4	5

1	2	3
6	7	8
8	9	10
6	7	8
7	8	9

Silvia Regelein: Richtig rechnen lernen – so klappt's! · 1. Klasse · Best.-Nr. 335 · © Brigg Verlag KG, Friedberg

Name: ______________________ Datum: ____________

Plusaufgaben: Es werden mehr

zuerst	dann ☐ dazu	nachher
●●●●● ● 6	○○○○ + 4 plus	●●●●● ●○○○○ = 10 ist gleich Ergebnis

② Male rote ○ dazu.

●	●	●	●	●	○				
5	+	1	=	6					
●	●	●	●	●					
5	+	2	=						
●	●	●	●	●					
5	+	3	=						
●	●	●	●	●					
5	+	4	=						
●	●	●	●	●					
5	+	5	=						

③ Schreibe die Aufgabe auf.

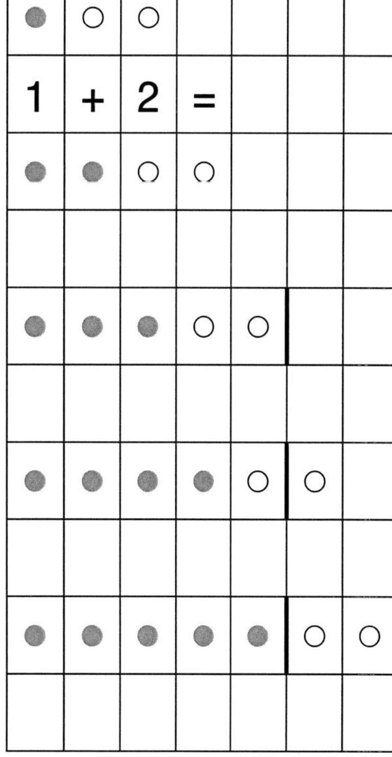

●	○	○				
1	+	2	=			
●	●	○	○			
●	●	●	○	○		
●	●	●	●	○	○	
●	●	●	●	●	○	○

☆

4 + 3 =	6 + 2 =	1 + 8 =
2 + 4 =	3 + 3 =	4 + 4 =
7 + 1 =	2 + 7 =	6 + 3 =

Knicke zuerst diesen Streifen um.

Aufgabe 1
4
Situation „Bälle in einen Korb werfen" zum Bild – auch mit veränderten Zahlen – nachspielen und sprechen: Zuerst waren 6 Bälle im Korb. Dann fallen 4 Bälle dazu. Nachher sind 10 Bälle im Korb.

Aufgabe 2
Mit Plättchen legen und Plättchen dazulegen.

○○
○○○
○○○○
○○○○○

Aufgabe 3

1 + 2 = 3
2 + 2 = 4
3 + 2 = 5
4 + 2 = 6
5 + 2 = 7

7 6 8	8 6 9	9 8 9

Name: ______________________________ Datum: ______________

Tauschaufgaben

(1) Zeichne Pfeile und rechne.

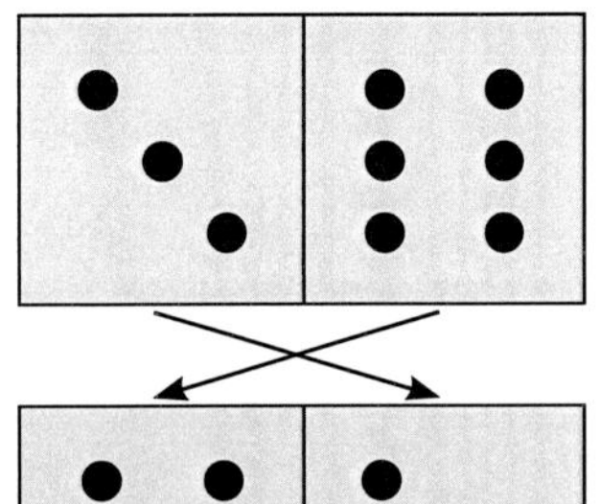
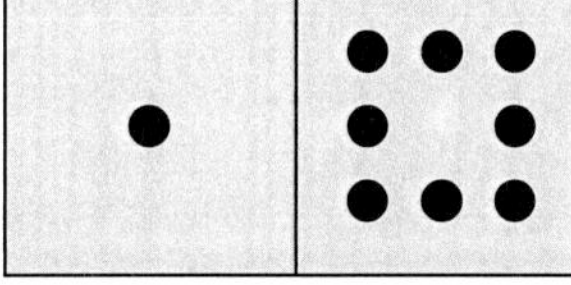
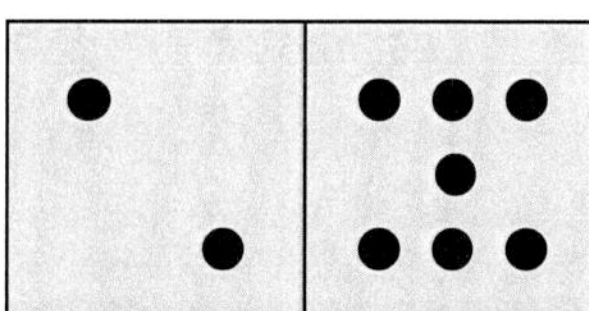

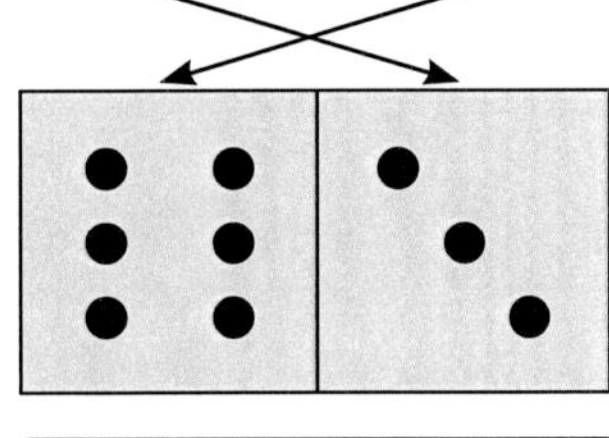
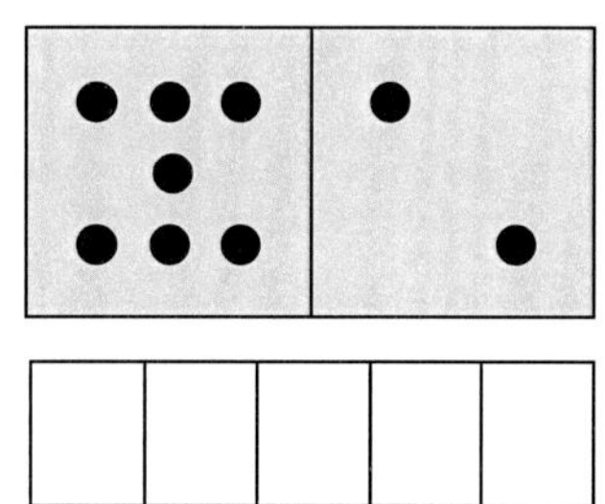

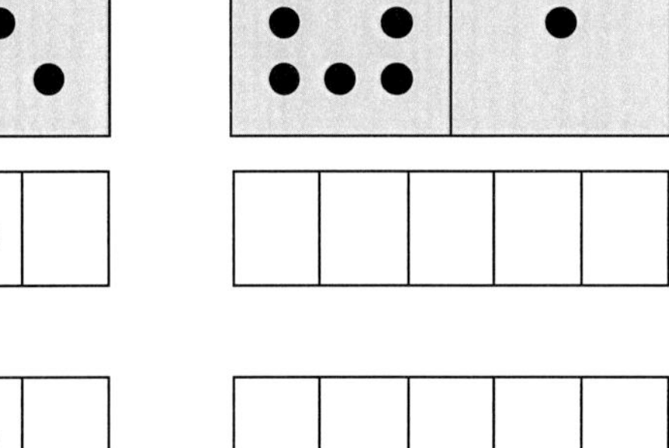

3	+	6	=	

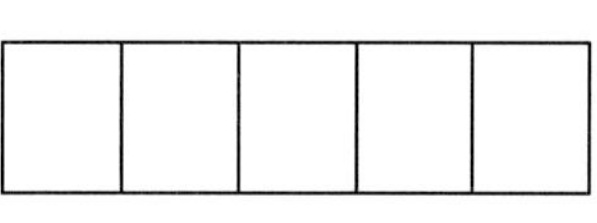

6	+	3	=	

Mit der großen Zahl vorne geht das Rechnen leichter.

(2) Schreibe die Tauschaufgaben auf.

1	+	7	=		
7	+	1	=		

2	+	5	=	
	+		=	

3	+	7	=		
	+		=		

1	+	5	=		
	+		=		

2	+	4	=	
	+		=	

2	+	8	=		
	+		=		

1	+	8	=		
	+		=		

2	+	6	=	
	+		=	

1	+	9	=		
	+		=		

1	+	6	=		
	+		=		

2	+	7	=	
	+		=	

4	+	6	=		
	+		=		

Schreibe in dein Heft.

1 + 2 + 6 = ...	1 + 3 + 5 = ...	1 + 3 + 6 = ...
6 + 2 + 1 = ...	1 + 2 + 7 = ...	1 + 2 + 5 = ...
	1 + 3 + 4 = ...	2 + 2 + 4 = ...

Knicke zuerst diesen Streifen um.

Aufgabe 1

3 + 6 = 9 6 + 3 = 9
1 + 8 = 9 8 + 1 = 9
2 + 7 = 9 7 + 2 = 9

Aufgabe 2

7 + 1 = 8
5 + 1 = 6
8 + 1 = 9
6 + 1 = 7

5 + 2 = 7
4 + 2 = 6
6 + 2 = 8
7 + 2 = 9

7 + 3 = 10
8 + 2 = 10
9 + 1 = 10
6 + 4 = 10

☆

1 + 2 + 6 = 9 6 + 2 + 1 = 9
5 + 3 + 1 = 9 7 + 2 + 1 = 10 4 + 3 + 1 = 8
6 + 3 + 1 = 10 5 + 2 + 1 = 8 4 + 2 + 2 = 8

Name: ______________________ Datum: ____________

Verdoppeln und halbieren

① Bau die Türme doppelt so hoch und zeichne.

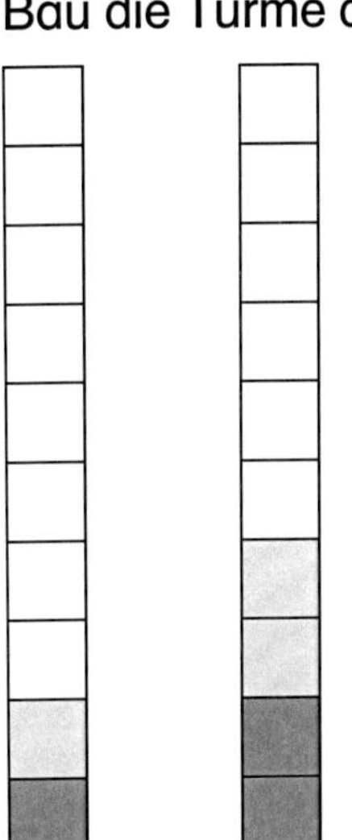
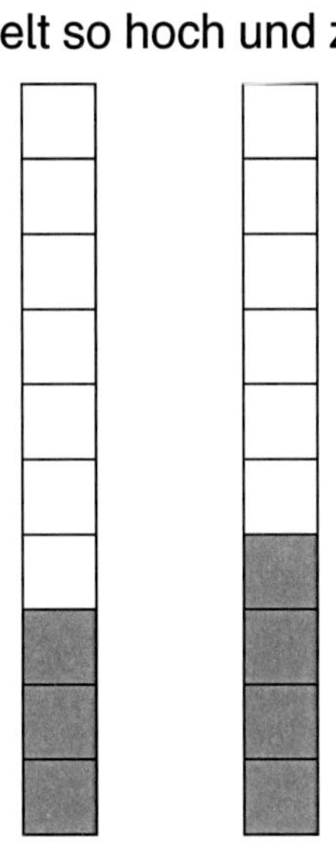
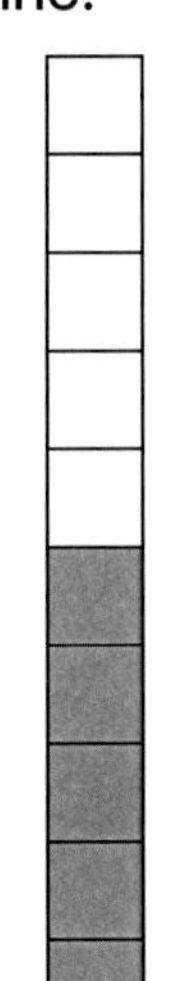

1	+	1	=		
2	+	2	=		
3	+		=		
	+		=		
	+		=		

② Zerlege in zwei Hälften.

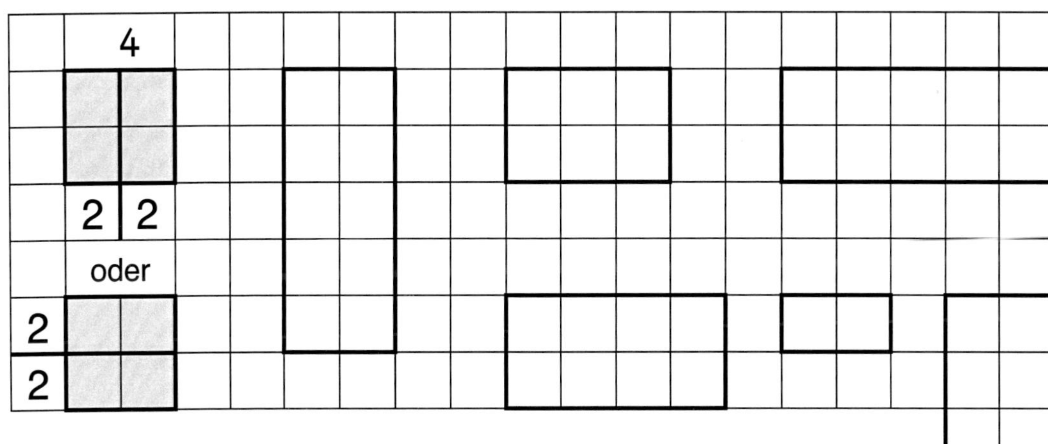

4	=	2	+		
8	=		+		
1	0	=		+	
2	=		+		
6	=		+		

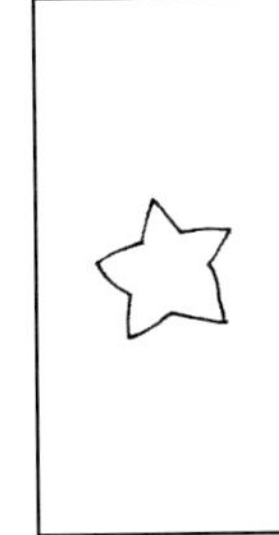
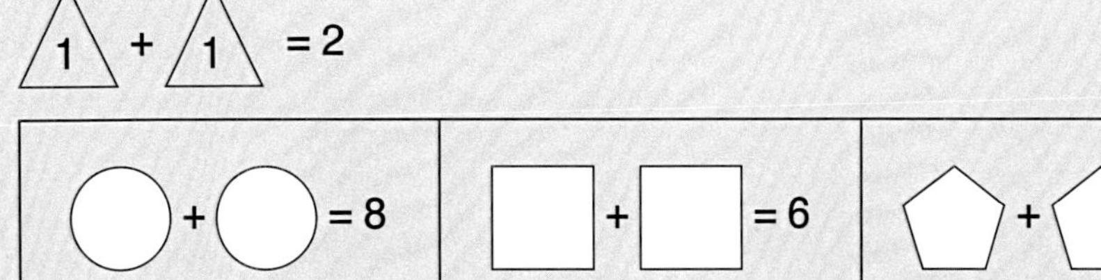

Knicke zuerst diesen Streifen um.

Aufgabe 1

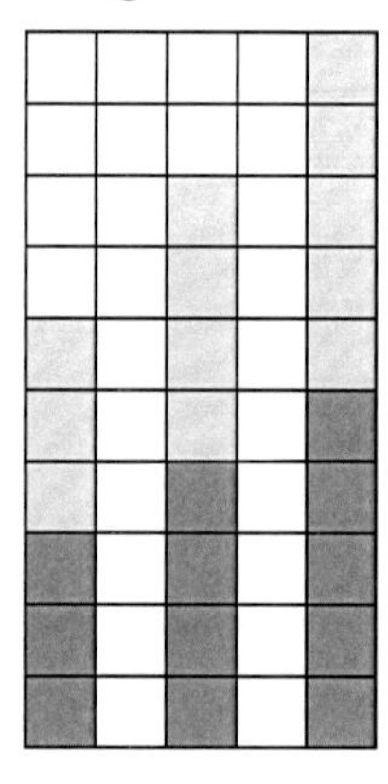

1 + 1 = 2
2 + 2 = 4
3 + 3 = 6
4 + 4 = 8
5 + 5 = 10

Aufgabe 2

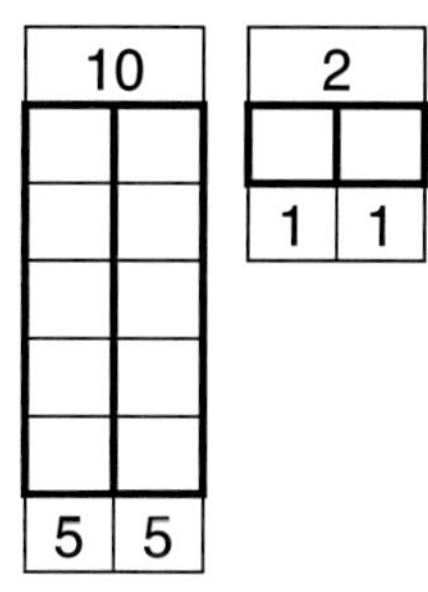

6
3
3

8
4
4

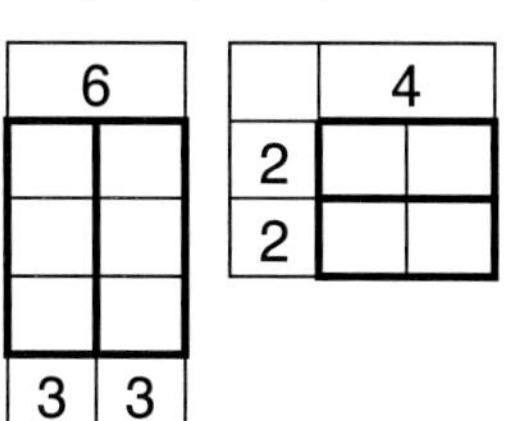

10
5
5

4 + 4 = 8
3 + 3 = 6
5 + 5 = 10

Name: ______________________ Datum: ____________

Gleichungen mit plus

① Beide Reihen sollen gleich lang sein. Male ○ dazu.

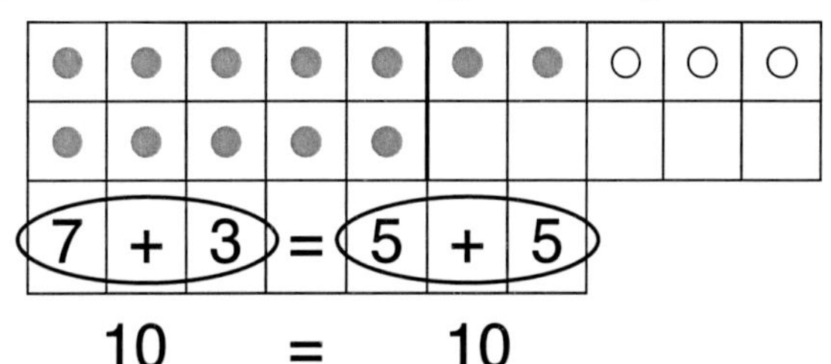

10 = 10

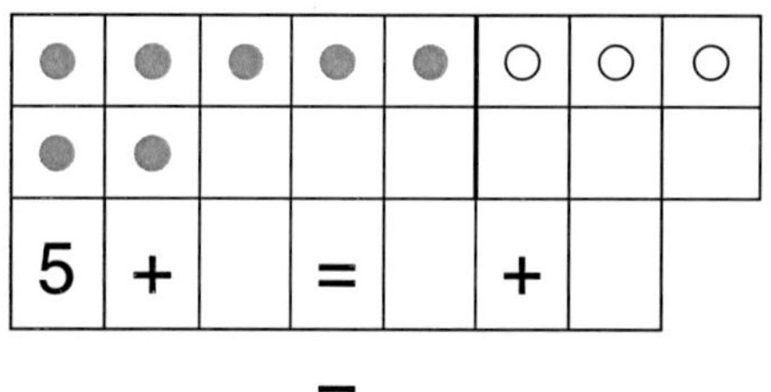

.... = ...

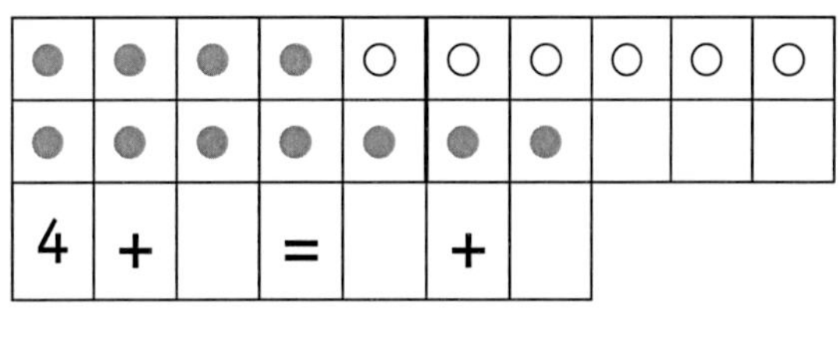

.... = ...

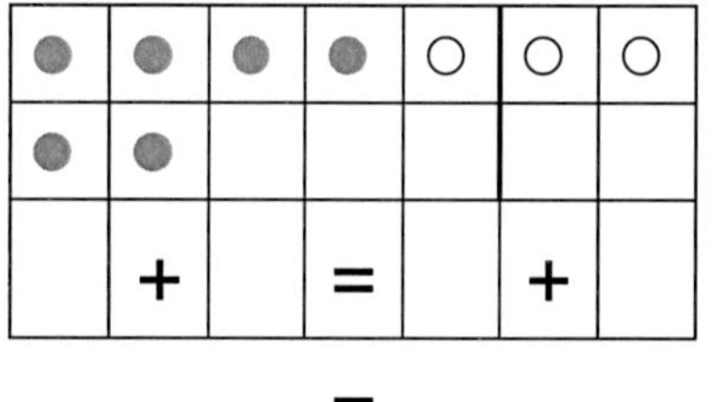

.... = ...

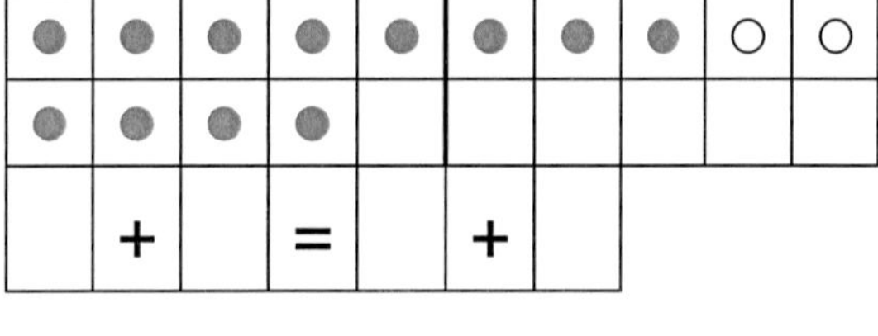

.... = ...

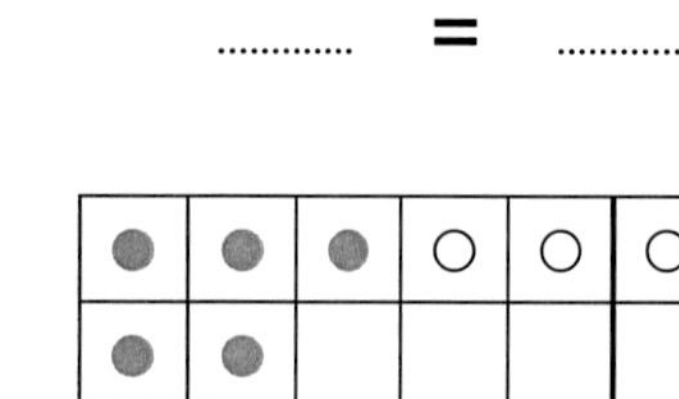

.... = ...

② Links und rechts vom (=) muss gleich viel sein. 1 = 1

6	+	1	=	5	+	

7 = 7

9	+	1	=	5	+	

.... = ...

5	+		=	7	+	2

.... = ...

	+	3	=	8	+	1

.... = ...

5	+	3	=		+	4

.... = ...

2	+	6	=		+	1

.... = ...

Schreibe viele Gleichungen in dein Heft.

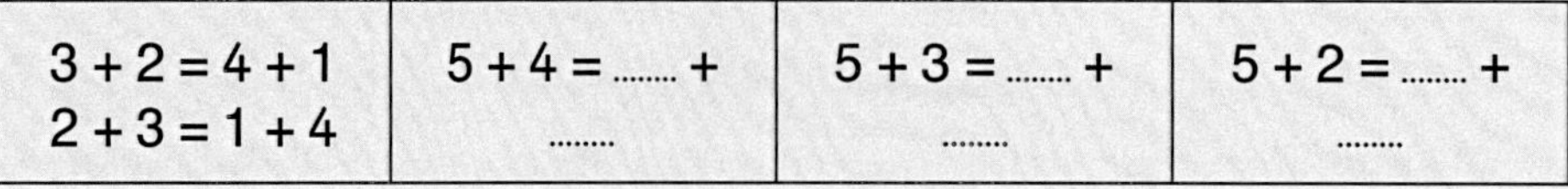

3 + 2 = 4 + 1 2 + 3 = 1 + 4	5 + 4 = ... + ...	5 + 3 = ... + ...	5 + 2 = ... + ...

Knicke zuerst diesen Streifen um.

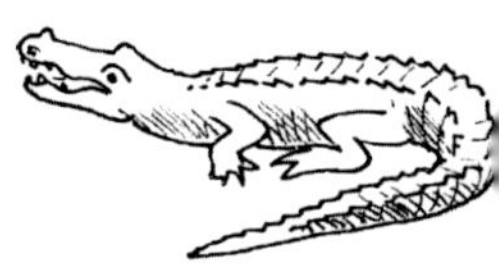

Aufgabe 1

5 + 3 = 2 + 6 8 = 8
4 + 6 = 7 + 3 10 = 10
4 + 3 = 2 + 5 7 = 7
8 + 2 = 4 + 6 10 = 10
3 + 3 = 2 + 4 6 = 6

Aufgabe 2

6 + 1 = 5 + 2 7 = 7
9 + 1 = 5 + 5 10 = 10
5 + 4 = 7 + 2 9 = 9
6 + 3 = 8 + 1 9 = 9
5 + 3 = 4 + 4 8 = 8
2 + 6 = 7 + 1 8 = 8

5 + 4 = 4 + 5 5 + 4 = 3 + 6 5 + 4 = 2 + 7 5 + 4 = 1 + 8
5 + 3 = 3 + 5 5 + 3 = 4 + 4 5 + 3 = 2 + 6 5 + 3 = 1 + 7
5 + 2 = 2 + 5 5 + 2 = 6 + 1 5 + 2 = 4 + 3

Silvia Regelein: Richtig rechnen lernen – so klappt's! · 1. Klasse · Best.-Nr. 335 · © Brigg Verlag KG, Friedberg

Name: ______________________ Datum: ____________

Knicke zuerst diesen Streifen um.

Pfeilaufgaben mit plus

① Male dazu und schreibe.

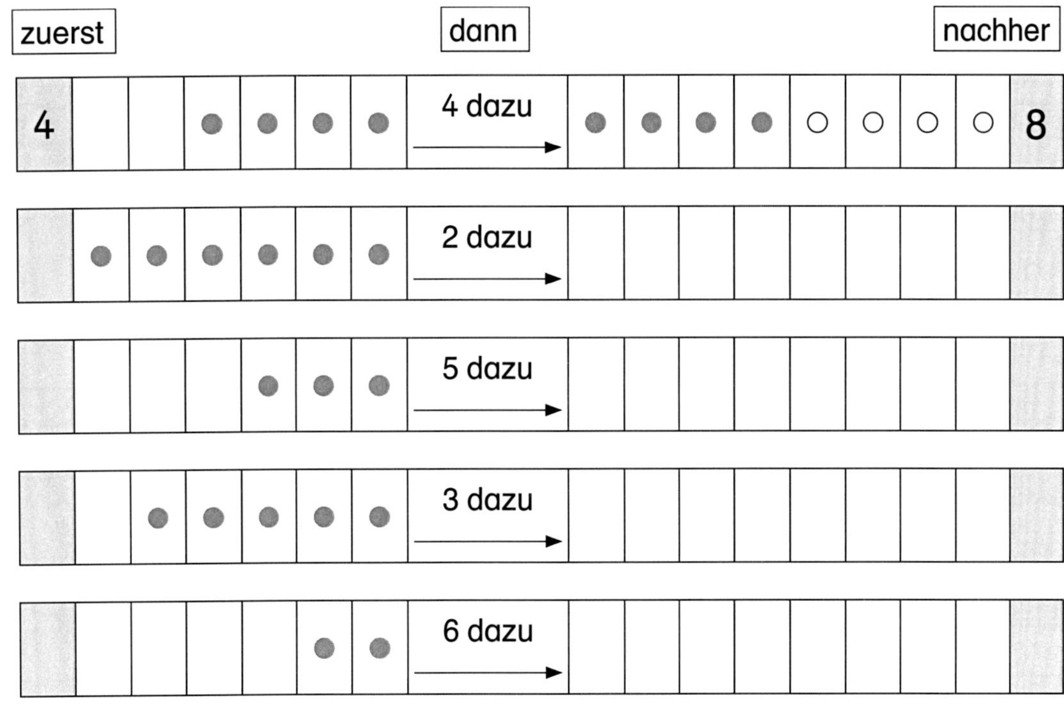

②

6 —+1→ 7	6 —+4→	3 —+1→ ....
7 —+1→	7 —+3→	4 —+2→ ....
8 —+1→	8 —+2→	5 —+3→ ....
9 —+1→	9 —+1→	6 —+4→ ....

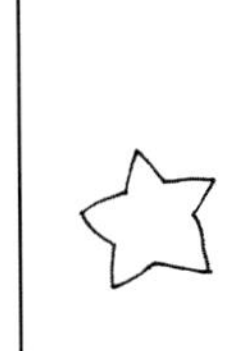

7 —+2→ 9	2 —+→ 8	.... —+9→ 10
5 —+→ 9	4 —+→ 8	.... —+7→ 10
3 —+→ 9	6 —+→ 8	.... —+6→ 10
1 —+→ 9	3 —+→ 8	.... —+8→ 10

Aufgabe 1

4 ●●●●○|○○○ 8
6 ●●●●●|●○○ 8
3 ●●●○○|○○○ 8
5 ●●●●●|○○○ 8
2 ●●○○○|○○○ 8

Aufgabe 2

7	10	4
8	10	6
9	10	8
10	10	10

☆

+2	+6	1
+4	+4	3
+6	+2	4
+8	+5	2

Name: ______________________ Datum: ____________

Nachbaraufgaben mit plus

1	2	3	4	5	6	7	8	9	10

① Immer 1 mehr bei der ersten Zahl.

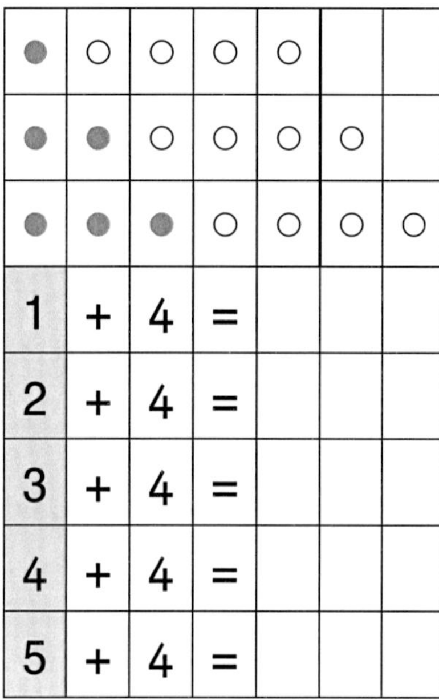

●	○	○	○	○		
●	●	○	○	○	○	
●	●	●	○	○	○	○
1	+	4	=			
2	+	4	=			
3	+	4	=			
4	+	4	=			
5	+	4	=			

② Immer 1 weniger bei der ersten Zahl.

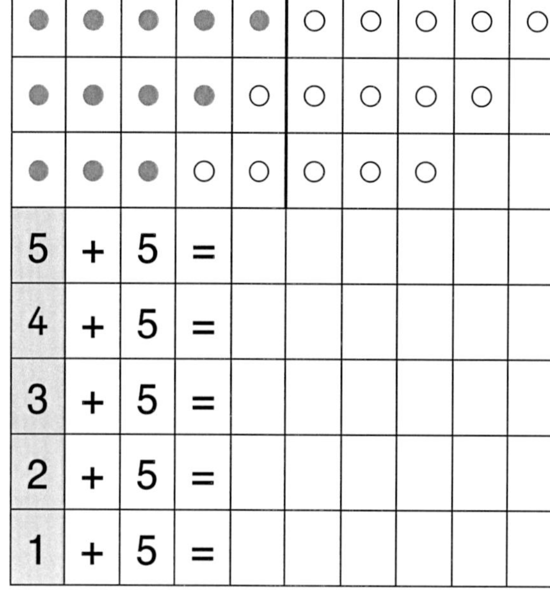

●	●	●	●	●	○	○	○	○	○
●	●	●	●	○	○	○	○	○	
●	●	●	○	○	○	○	○		
5	+	5	=						
4	+	5	=						
3	+	5	=						
2	+	5	=						
1	+	5	=						

③ Rechne weiter.

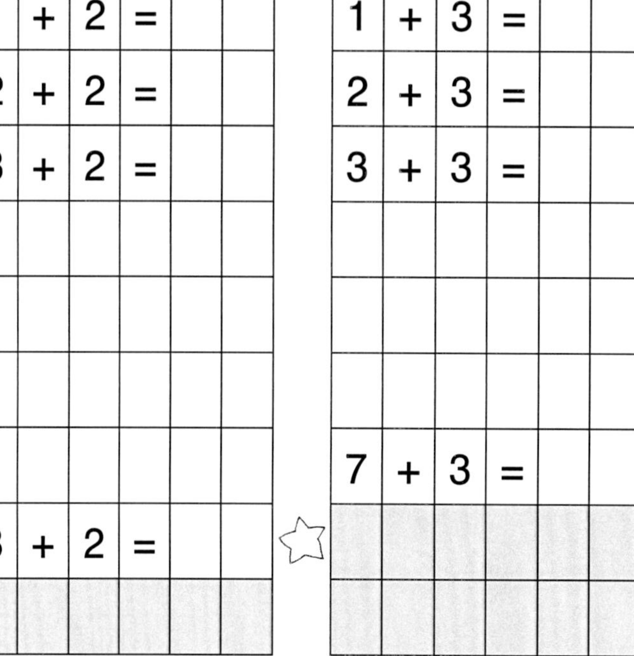

1	+	1	=		
2	+	1	=		
3	+	1	=		
9	+	1	=		

1	+	2	=		
2	+	2	=		
3	+	2	=		
8	+	2	=		

1	+	3	=		
2	+	3	=		
3	+	3	=		
7	+	3	=		

Knicke zuerst diesen Streifen um.

Aufgabe 1

5
6
7
8
9

Aufgabe 2

10
9
8
7
6

Aufgabe 3

2 3 4
4 + 1 = 5
5 + 1 = 6
6 + 1 = 7
7 + 1 = 8
8 + 1 = 9
9 + 1 = 10

3 4 5
4 + 2 = 6
5 + 2 = 7
6 + 2 = 8
7 + 2 = 9
8 + 2 = 10
9 + 2 = 11

4 5 6
4 + 3 = 7
5 + 3 = 8
6 + 3 = 9
7 + 3 = 10
8 + 3 = 11
9 + 3 = 12

Name: ______________________ Datum: ____________

Ergänzen (1)

① Es sollen immer 10 sein. Male ● dazu und rechne.

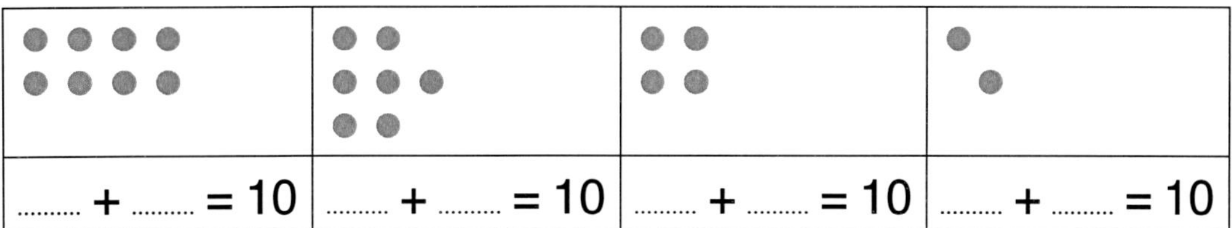

5 + ... = 10	...... + ... = 10	...... + ... = 10	...... + ... = 10

...... + ... = 10	...... + ... = 10	...... + ... = 10	...... + ... = 10

② Rechne weiter.

7	+		=	8
6	+		=	8
5	+		=	8
1	+		=	8

	+	1	=	9
	+	2	=	9
	+	3	=	9
	+	8	=	9

9	+		=	1	0
8	+		=	1	0
7	+		=	1	0
1	+		=	1	0

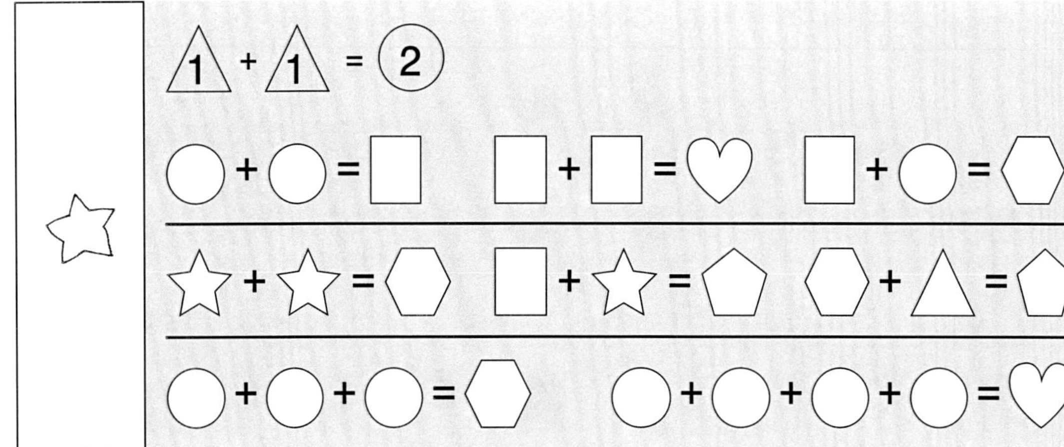

Knicke zuerst diesen Streifen um.

Aufgabe 1

5 + 5 = 10
9 + 1 = 10
7 + 3 = 10
6 + 4 = 10

8 + 2 = 10
7 + 3 = 10
4 + 6 = 10
2 + 8 = 10

Aufgabe 2

1 2 3
4 + 4 = 8
3 + 5 = 8
2 + 6 = 8
1 + 7 = 8

8 7 6
5 + 4 = 9
4 + 5 = 9
3 + 6 = 9
2 + 7 = 9
1 + 8 = 9

1 2 3
6 + 4 = 10
5 + 5 = 10
4 + 6 = 10
3 + 7 = 10
2 + 8 = 10
1 + 9 = 10

☆
2 + 2 = 4
4 + 4 = 8
4 + 2 = 6

3 + 3 = 6
4 + 3 = 7
6 + 1 = 7

2 + 2 + 2 = 6
2 + 2 + 2 + 2 = 8

Name: ______________________ Datum: ____________

Knicke zuerst diesen Streifen um.

Plusaufgaben bis 10

 Schnecke	 Hund	 Maus	 Schaf	 Fisch	 Schmetterling	 Schwein	 Katze	 Pferd
1 + 1	1 + 2 3	1 + 3	1 + 4	1 + 5	1 + 6	1 + 7	1 + 8	1 + 9
2 + 1 3	2 + 2	2 + 3	2 + 4	2 + 5	2 + 6	2 + 7	2 + 8	
3 + 1	3 + 2	3 + 3	3 + 4	3 + 5	3 + 6	3 + 7	☆	
4 + 1	4 + 2	4 + 3	4 + 4	4 + 5	4 + 6	☆		
5 + 1	5 + 2	5 + 3	5 + 4	5 + 5	☆			
6 + 1	6 + 2	6 + 3	6 + 4	☆				
7 + 1	7 + 2	7 + 3	☆					
8 + 1	8 + 2	☆						
9 + 1	☆					☆ Rechne eine Aufgabe weiter.		

① Suche Tauschaufgaben und schreibe das Ergebnis auf.

② Rechne die Aufgaben in den grauen Feldern ☐ aus.

③ Rechne und male an.
Ergebnis 8 blau Ergebnis 10 rot Ergebnis 6 gelb

④ Schreibe weiter und rechne.

6 + 1 = ...	3 + 1 = ...	1 + 3 = ...	7 + 2 = ...
5 + 2 = ...	3 + 2 = ...	2 + 3 = ...	6 + 2 = ...
4 + 3 = ...	3 + 3 = ...	3 + 3 = ...	5 + 2 = ...
....	....	....	....
....	....	....	....
....	....	....	....

Schnecke	Hund	Maus
2 3 4 5 6 7 8 9 10	3 4 5 6 7 8 9 10	4 5 6 7 8 9 10
Schaf	**Fisch**	**Schmetterling**
 5 6 7 8 9 10	 6 7 8 9 10	 7 8 9 10
Schwein	**Katze**	**Pferd**
 8 9 10	 9 10	 10

Aufgabe 4

7 7 7 3 + 4 = 7 2 + 5 = 7 1 + 6 = 7
4 5 6 3 + 4 = 7 3 + 5 = 8 3 + 6 = 9
4 5 6 4 + 3 = 7 5 + 3 = 8 6 + 3 = 9
9 8 7 4 + 2 = 6 3 + 2 = 5 2 + 2 = 4

☆
3 + 8 = 11
4 + 7 = 11
5 + 6 = 11
6 + 5 = 11
7 + 4 = 11
8 + 3 = 11
9 + 2 = 11

Silvia Regelein: Richtig rechnen lernen – so klappt's! · 1. Klasse · Best.-Nr. 335 · © Brigg Verlag KG, Friedberg

Name: ______________________ Datum: ______________

Minusaufgaben: Es werden weniger

①

zuerst	dann ☐ weg	nachher
●●●●● ○○○ 8	⌀⌀⌀ – 3 minus	●●●●● = 5 ist gleich Ergebnis

② Streiche weg.

●	●	●	●	●	⌀
6	–	1	=	5	
●	●	●	●	○	○
6	–	2	=		
●	●	●	○	○	○
6	–	3	=		
●	●	○	○	○	○
6	–	4	=		
●	○	○	○	○	○
6	–	5	=		

●	●	●	●	●	○	○	○	○	○
1	0	–	5	=					
●	●	●	●	●	●	○	○	○	○
1	0	–	4	=					
●	●	●	●	●	●	●	○	○	○
1	0	–	3	=					
●	●	●	●	●	●	●	●	○	○
1	0	–	2	=					
●	●	●	●	●	●	●	●	●	○
1	0	–	1	=					

9	–	3	=	
9	–	5	=	
9	–	1	=	

8	–	2	=	
8	–	3	=	
8	–	7	=	

7	–	5	=	
7	–	4	=	
7	–	3	=	

Knicke zuerst diesen Streifen um.

Aufgabe 1

3

Situation „Bälle rollen aus dem Korb" zum Bild – auch mit veränderten Zahlen – nachspielen und sprechen: Zuerst waren 8 Bälle im Korb. Dann rollen 3 Bälle weg. Nachher sind nur noch 5 Bälle im Korb.

Aufgabe 2
Mit Plättchen legen und Plättchen wegschieben.

5	5
4	6
3	7
2	8
1	9

6	6	2
4	5	3
8	1	4

Name: ______________________________ Datum: ______________

Werden es mehr oder weniger?

zuerst + nachher	zuerst – nachher
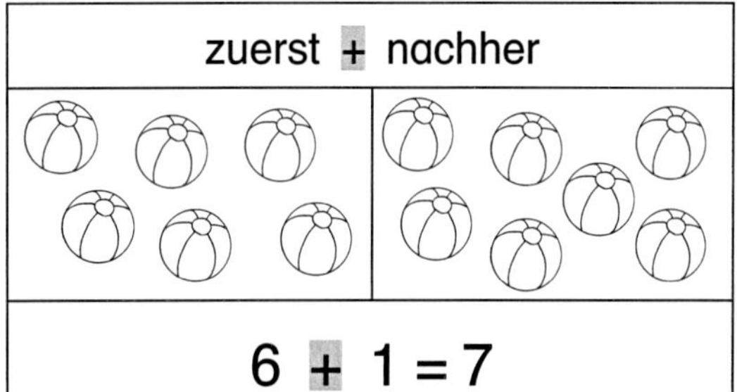	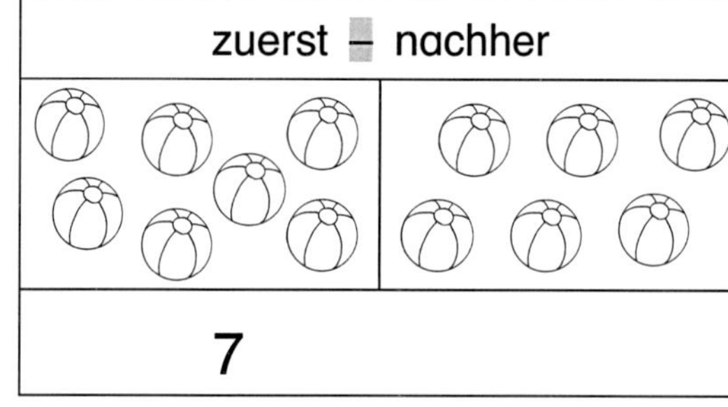
6 + 1 = 7	7

☐	☐
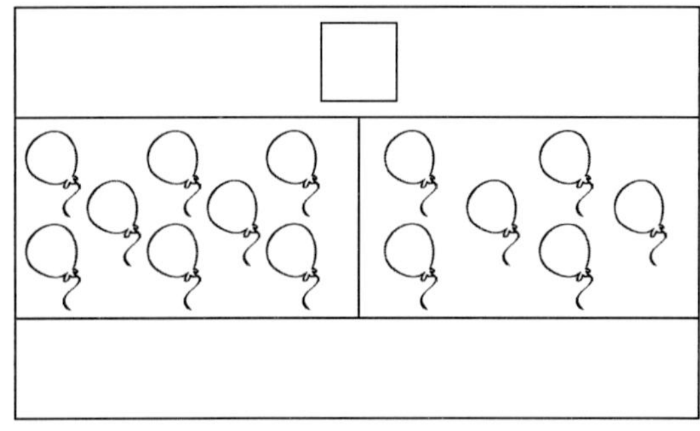	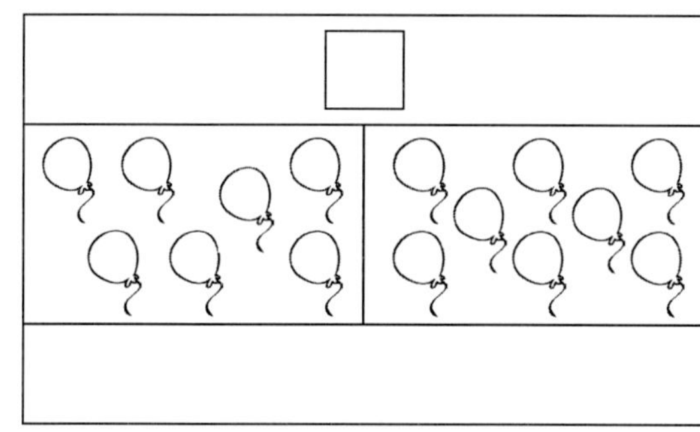

☐	☐
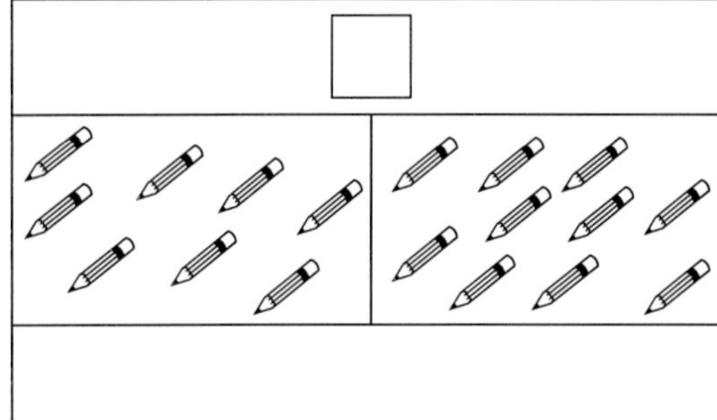	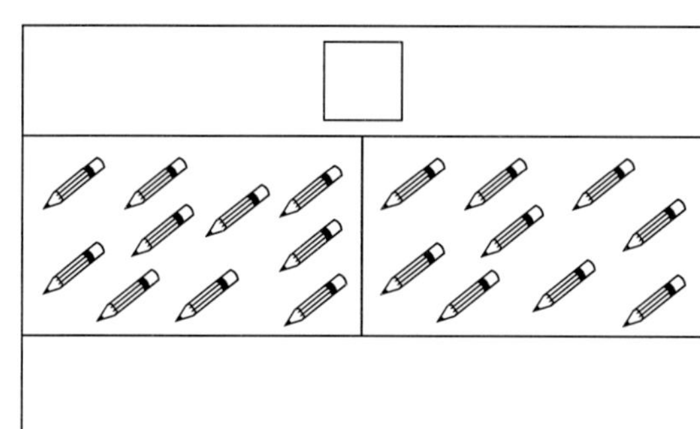

☐	☐
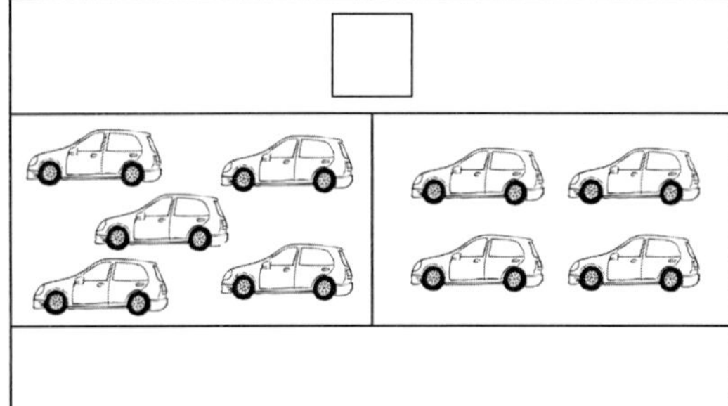	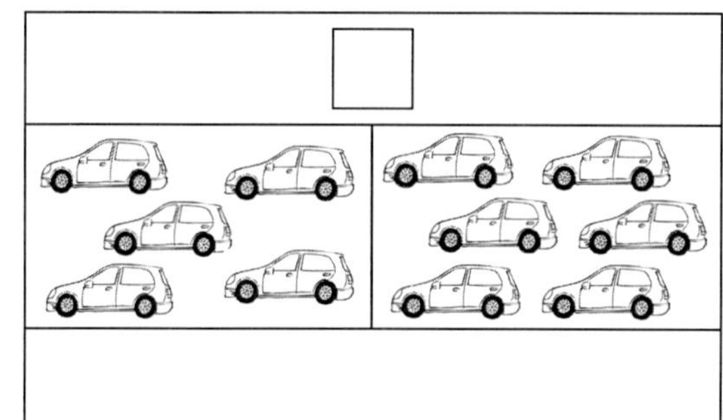

☐	☐
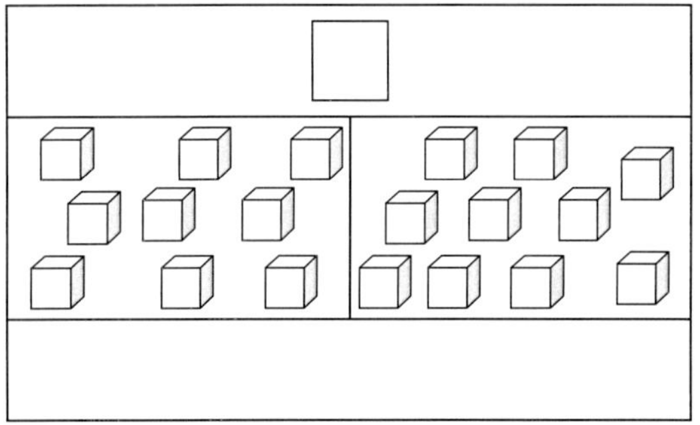	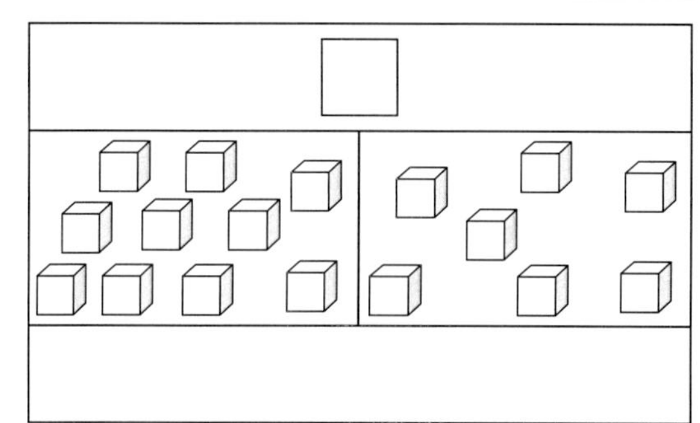

3			=	1	0
6			=		2

7			=	4
2			=	4

6			=	9
7			=	1

Knicke zuerst diesen Streifen um.

6 + 1 = 7

7 – 1 = 6

8 – 2 = 6

7 + 1 = 8

8 + 2 = 10

10 – 1 = 9

5 – 1 = 4

5 + 1 = 6

9 + 1 = 10

10 – 3 = 7

+7	–3	+3
–4	+2	–6

Silvia Regelein: Richtig rechnen lernen – so klappt's! · 1. Klasse · Best.-Nr. 335 · © Brigg Verlag KG, Friedberg

Name: ______________________ Datum: ______________

Plus oder minus?

① Male dazu oder streiche weg.

6 + 3 =
= 9
= 3
= 8
= 7
= 3

10 – 5 =
= 5
= 7
= 9
= 2
= 7

② Setze + oder – ein.

6	–	3	=	3
6	+	3	=	9

8		2	=	10
8		2	=	6

4		3	=	1
4		3	=	7

7		2	=	9
7		2	=	5

5		5	=	0
5		5	=	10

4		4	=	8
4		4	=	0

3		3	=	6
3		3	=	0

9		1	=	10
9		1	=	8

7		1	=	6
7		1	=	8

4			=	10
2			=	9
8			=	4

9			=	4
7			=	4
1			=	4

5			=	8
9			=	1
4			=	10

Knicke zuerst diesen Streifen um.

Aufgabe 1

○○○
6 + 3 = 9
○
8 + 1 = 9
//////
9 – 6 = 3
●
7 + 1 = 8
○○○
4 + 3 = 7
/////
8 – 5 = 3

/////
10 – 5 = 5
///
8 – 3 = 5
///
10 – 3 = 7
○○○○○
4 + 5 = 9
////////
10 – 8 = 2
//
9 – 2 = 7

Aufgabe 2

– +	+ –	– +
+ –	– +	+ –
+ –	+ –	– +

+6 +7 –4	–5 –3 +3	+3 –8 +6

Name: ______________________ Datum: ____________

Rechnen mit der Null

Alles weg! Das Ergebnis ist null.

① Streiche weg.

●	●	⊘		
3	–	1	=	
●	⊘	⊘		
3	–	2	=	
⊘	⊘	⊘		
3	–	3	=	0

●	●	●	●	
4	–	2	=	
●	●	●	●	
4	–	3	=	
●	●	●	●	
4	–	4	=	

●	●	●	●	●
5	–	3	=	
●	●	●	●	●
5	–	4	=	
●	●	●	●	●
5	–	5	=	

② Streiche weg.

Nichts weg, minus 0. Die erste Zahl bleibt gleich.

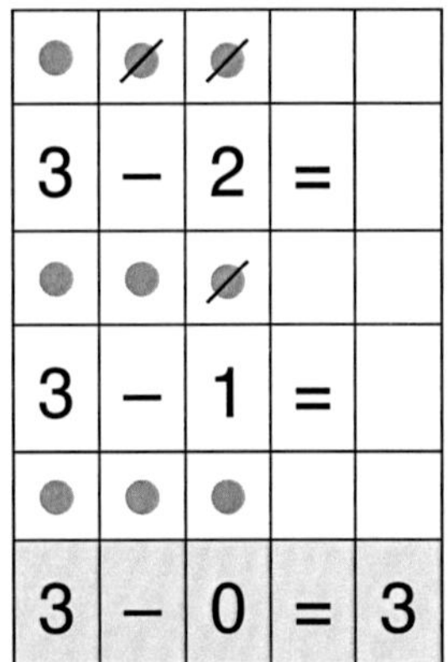

●	⊘	⊘		
3	–	2	=	
●	●	⊘		
3	–	1	=	
●	●	●		
3	–	0	=	3

●	●	●	●	
4	–	2	=	
●	●	●	●	
4	–	1	=	
●	●	●	●	
4	–	0	=	

●	●	●	●	●
5	–	2	=	
●	●	●	●	●
5	–	1	=	
●	●	●	●	●
5	–	0	=	

③ Male dazu.

Nichts dazu, plus 0. Die erste Zahl bleibt gleich.

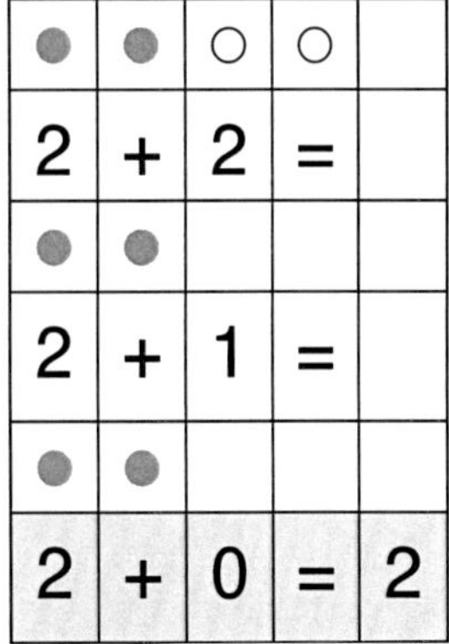

●	●	○	○	
2	+	2	=	
●	●			
2	+	1	=	
●	●			
2	+	0	=	2

●	●	●		
3	+	2	=	
●	●	●		
3	+	1	=	
●	●	●		
3	+	0	=	

●	●	●	●		
4	+	2	=		
●	●	●	●		
4	+	1	=		
●	●	●	●		
4	+	0	=		

0	1	2	3	4	5	6	7	8	9	10

Knicke zuerst diesen Streifen um.

Aufgabe 1

2 1 0	2 1 0	2 1 0

Aufgabe 2

1 2 3	2 3 4	3 4 5

Aufgabe 3

4 3 2	5 4 3	6 5 4

Silvia Regelein: Richtig rechnen lernen – so klappt's! · 1. Klasse · Best.-Nr. 335 · © Brigg Verlag KG, Friedberg

Name: ______________________ Datum: ____________

Knicke zuerst diesen Streifen um.

Nachbaraufgaben mit minus

0	1	2	3	4	5	6	7	8	9	10

① Streiche immer 1 weg.

●	●	●	●	●	●	●	●	●	⌀
●	●	●	●	●	●	●	●	○	
●	●	●	●	●	●	●	○		
1	0	–	1	=					
	9	–	1	=					
	8	–	1	=					
	7	–	1	=					
	1	–	1	=					

② Streiche immer 1 mehr weg.

●	●	●	●	●	●	●	●	●	⌀
●	●	●	●	●	●	●	●	○	○
●	●	●	●	●	●	●	○	○	○
1	0	–		1	=				
1	0	–		2	=				
1	0	–		3	=				
1	0	–		4	=				
1	0	–	1	0	=				

③

1	0	–	3	=	
	9	–	3	=	
	8	–	3	=	

9	–	4	=	
8	–	4	=	
7	–	4	=	

9	–	5	=	
9	–	6	=	
9	–	7	=	

(8) – △4 = △4

△ – □ = □ | ⬡ – ♡ = ♡ | ⬠ – △ = ☆

○ – □ = ⬡ | ○ – ♡ = ⬠ | ⬡ – ☆ = ⬠

Aufgabe 1

9 8 7

7 – 1 = 6
6 – 1 = 5
5 – 1 = 4
4 – 1 = 3
3 – 1 = 2
2 – 1 = 1
1 – 1 = 0

Aufgabe 2

9 8 7

10 – 4 = 6
10 – 5 = 5
10 – 6 = 4
10 – 7 = 3
10 – 8 = 2
10 – 9 = 1
10 – 10 = 0

Aufgabe 3

7	5	4
6	4	3
5	3	2

☆

4 – 2 = 2
8 – 2 = 6

6 – 3 = 3
8 – 3 = 5

5 – 4 = 1
6 – 1 = 5

Name: ______________________ Datum: ____________

Knicke zuerst diesen Streifen um.

Pfeilaufgaben mit minus

① Male und schreibe.

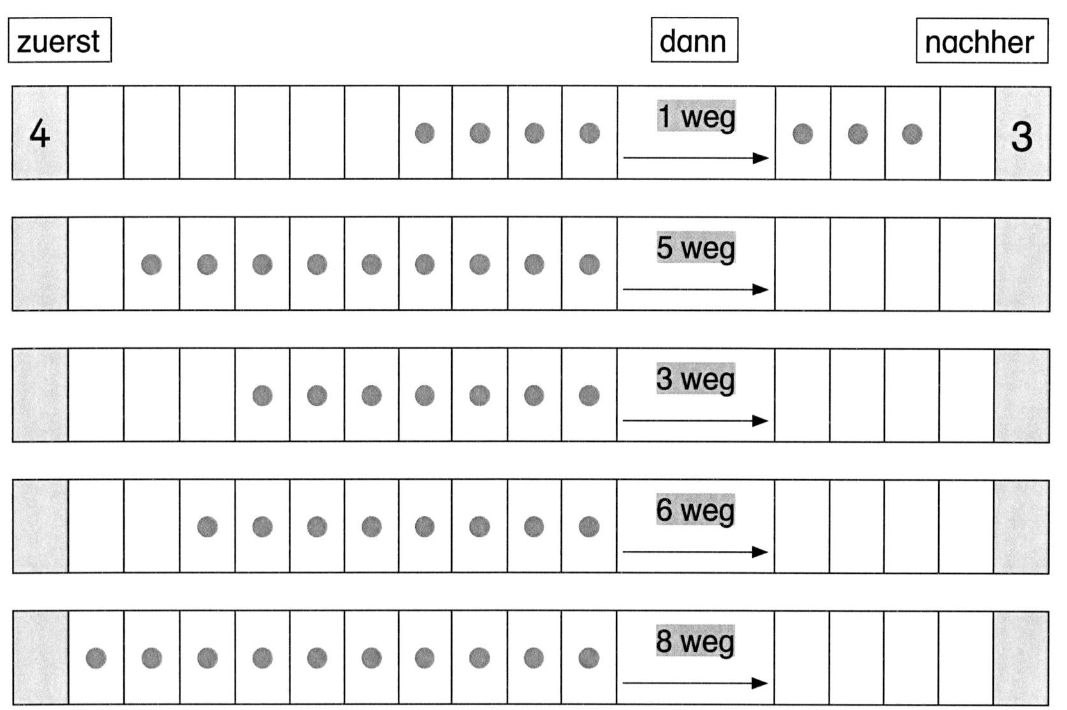

②

6 —(−1)→ 5	6 —(−2)→	3 —(−1)→ ....
7 —(−1)→	7 —(−3)→	4 —(−2)→ ....
8 —(−1)→	8 —(−4)→	5 —(−3)→ ....
9 —(−1)→	9 —(−5)→	6 —(−4)→ ....

7 —(−3)→ 4	8 —(−)→ 2	.... —(−9)→ 1
9 —(−)→ 5	8 —(−)→ 8	.... —(−7)→ 2
9 —(−)→ 6	8 —(−)→ 6	.... —(−6)→ 1
9 —(−)→ 8	8 —(−)→ 3	.... —(−8)→ 2

Aufgabe 1

9	●●●●	4
7	●●●●	4
8	●●	2
10	●●	2

Aufgabe 2

5	4	4
6	4	2
7	4	2
8	4	2

−3	−6	10
−4	−0	9
−3	−2	7
−1	−5	10

Silvia Regelein: Richtig rechnen lernen – so klappt's! · 1. Klasse · Best.-Nr. 335 · © Brigg Verlag KG, Friedberg

Name: ______________________ Datum: ____________

Knicke zuerst diesen Streifen um.

Umkehraufgaben

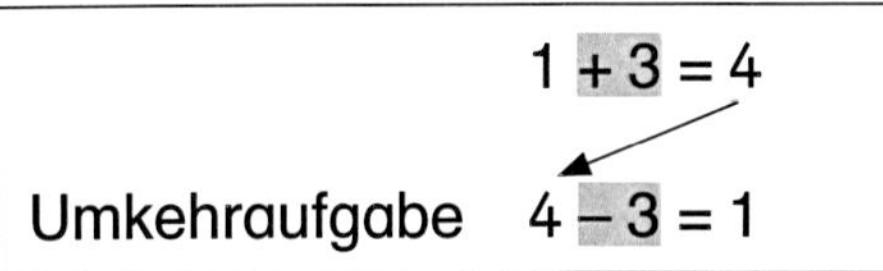

1 + 3 = 4

Umkehraufgabe 4 − 3 = 1

6 + 4 = 10

Umkehraufgabe 10 − 4 = 6

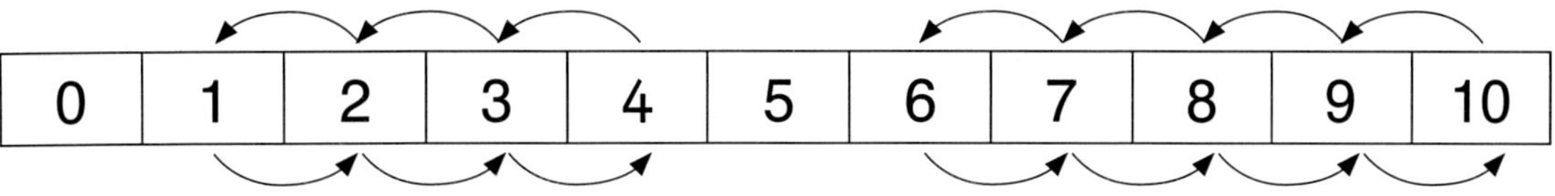

0	1	2	3	4	5	6	7	8	9	10

3 Schritte vor

1 ⇄ 4 (+ 3 / − 3)

3 Schritte zurück

4 Schritte vor

6 ⇄ 10 (+ 4 / − 4)

4 Schritte zurück

①

5 ⇄ ……… (+ 4 / − ………)	2 ⇄ ……… (+ 6 / − ………)	3 ⇄ ……… (+ 7 / − ………)
3 ⇄ ……… (+ 5 / − ………)	0 ⇄ ……… (+ 6 / − ………)	4 ⇄ ……… (+ 3 / − ………)
8 ⇄ ……… (+ ……… / − 0)	8 ⇄ ……… (+ ……… / − 2)	6 ⇄ ……… (+ ……… / − 4)

② Schreibe die Umkehraufgabe auf.

7	+	1	=	8
8	−	1	=	

2	+	3	=	
	−	3	=	

	4	+	6	=		
		−	6	=		

	+		=	9
9	−	2	=	

	+		=	6
6	−	5	=	

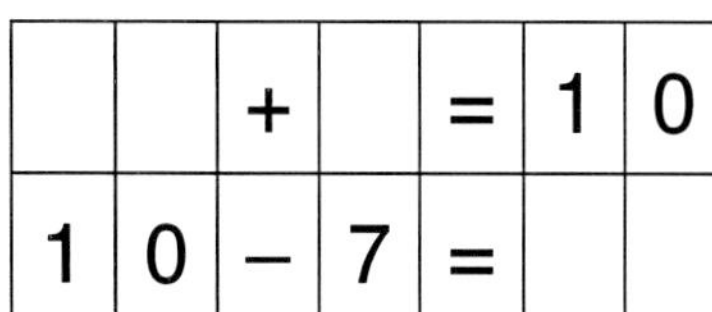

		+		=	1	0
1	0	−	7	=		

	+		=	7
7	−	6	=	

	+		=	7
7	−	0	=	

		+		=	1	0
1	0	−	2	=		

Aufgabe 1

9 − 4	8 − 6	10 − 7
8 − 5	6 − 6	7 − 3
+ 0 8	+ 2 10	+ 4 10

Aufgabe 2

7
2 + 3 = 5 5 − 3 = 2
4 + 6 = 10 10 − 6 = 4

7 + 2 = 9 9 − 2 = 7
1 + 5 = 6 6 − 5 = 1
3 + 7 = 10 10 − 7 = 3

1 + 6 = 7 7 − 6 = 1
7 + 0 = 7 7 − 0 = 7
8 + 2 = 10 10 − 2 = 8

Name: ______________________ Datum: ____________

Umkehraufgaben – Rechnen mit der Null

0 + 0 = ... – .... = ...	0 + 1 = ... 1 – 1 = 0	0 + 2 = ...	0 + 3 = ...
1 + 0 = ... 1 – 0 = 1	1 + 1	1 + 2	1 + 3 ....
2 + 0 = ...	2 + 1	2 + 2	2 + 3 ....
3 + 0 = ...	3 + 1	3 + 2	3 + 3 ....
4 + 0 = ...	4 + 1	4 + 2	4 + 3 ....
5 + 0 = ...	5 + 1	5 + 2	5 + 3 ....
6 + 0 = ...	6 + 1	6 + 2	6 + 3 ....
7 + 0 = ...	7 + 1	7 + 2	7 + 3 ....
8 + 0 = ...	8 + 1	8 + 2	

(1) Schreibe die Umkehraufgabe auf.

(2) Suche Tauschaufgaben. Male jedes Paar mit einer anderen Farbe an.

Suche noch sechs Plusaufgaben und male sie an.

1	2	8	10	3	9	7	8	6	4	10
5	+ 1	= 6	0	4	1	5	5	4	9	0
9	4	4	8	2	4	3	7	8	10	2

Knicke zuerst diesen Streifen um.

Aufgabe 1, 2

0 0 – 0 = 0	1 – 1 =
1 1 – 0 = 1	2 – 1 =
♥ 2 2 – 0 = 2	■ 3 – 1 =
● 3 3 – 0 = 3	▼ 4 – 1 =
4 4 – 0 = 4	5 – 1 =
5 5 – 0 = 5	6 – 1 =
6 6 – 0 = 6	7 – 1 =
7 7 – 0 = 7	8 – 1 =
8 8 – 0 = 8	9 – 1 =

♥ 2 2 – 2 = 0	● 3 – 3 =
■ 3 – 2 = 1	▼ 4 – 3 =
4 – 2 = 2 5 – 2 = 3 6 – 2 = 4 7 – 2 = 5 8 – 2 = 6 9 – 2 = 7 10 – 2 = 8	5 – 3 = 6 – 3 = 7 – 3 = 8 – 3 = 9 – 3 = 10 – 3 =

☆

2 + 8 = 10
4 + 4 = 8
4 + 1 = 5
4 + 3 = 7
6 + 4 = 10
5 + 4 = 9

Silvia Regelein: Richtig rechnen lernen – so klappt's! · 1. Klasse · Best.-Nr. 335 · © Brigg Verlag KG, Friedberg

Name: ____________________ Datum: __________

Vier Aufgaben sind eine Familie

Schreibe die Tauschaufgaben und Umkehraufgaben dazu.

5	+	4	=	
4	+	5	=	
9	–	4	=	
9	–	5	=	

3	+	4	=	

1	0	+	0	=		

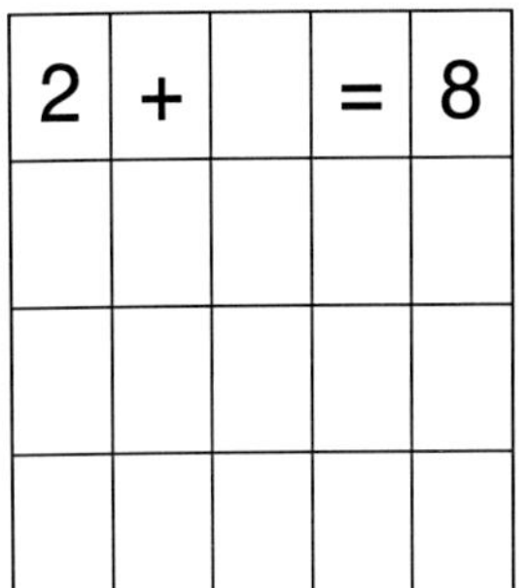

2	+		=	8

1	+		=	6

4	+		=	1	0

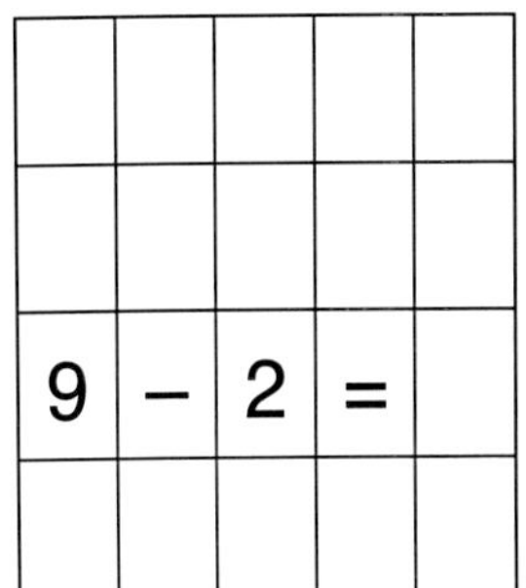

9	–	2	=	

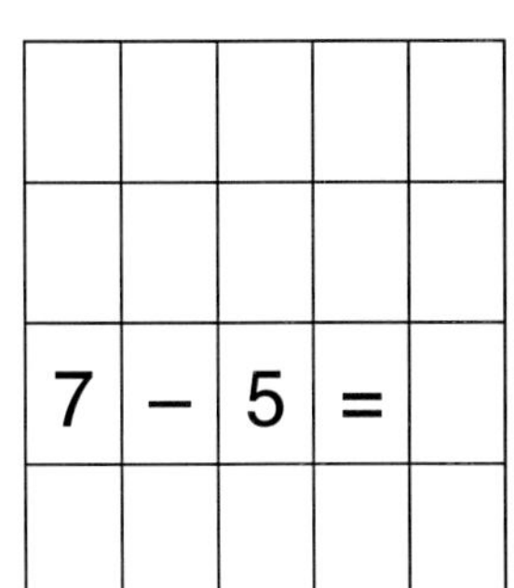

7	–	5	=	

1	0	–	3	=		

Suche noch vier Familien und male sie an.

1 + 2 = 3	8 – 3 =	3 + 2 =	3 – 2 = 1
2 + 5 =	5 – 2 =	1 + 3 =	7 – 2 =
5 – 3 =	4 – 3 =	2 + 1 = 3	5 + 3 =
4 – 1 =	5 + 2 =	7 – 5 =	3 + 1 =
3 + 5 =	3 – 1 = 2	8 – 5 =	2 + 3 =

Knicke zuerst diesen Streifen um.

9	3 + 4 = 7
9	4 + 3 = 7
5	7 – 4 = 3
4	7 – 3 = 4

10 + 0 = 10
0 + 10 = 10
10 – 0 = 10
10 – 10 = 0

2 + 6 = 8	1 + 5 = 6
6 + 2 = 8	5 + 1 = 6
8 – 6 = 2	6 – 5 = 1
8 – 2 = 6	6 – 1 = 5

4 + 6 = 10
6 + 4 = 10
10 – 6 = 4
10 – 4 = 6

7 + 2 = 9	2 + 5 = 7
2 + 7 = 9	5 + 2 = 7
9 – 2 = 7	7 – 5 = 2
9 – 7 = 2	7 – 2 = 5

7 + 3 = 10
3 + 7 = 10
10 – 3 = 7
10 – 7 = 3

2 + 5 = 7	3 + 2 = 5
5 + 2 = 7	2 + 3 = 5
7 – 5 = 2	5 – 2 = 3
7 – 2 = 5	5 – 3 = 2
3 + 1 = 4	3 + 5 = 8
1 + 3 = 4	5 + 3 = 8
4 – 1 = 3	8 – 5 = 3
4 – 3 = 1	8 – 3 = 5

Name: ______________________ Datum: ____________

Knicke zuerst diesen Streifen um.

Gleichungen mit minus

① Beide Reihen sollen gleich lang sein. Streiche weg.

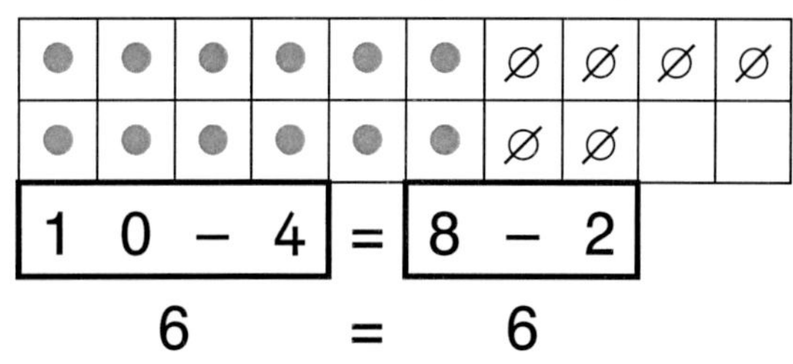

6 = 6

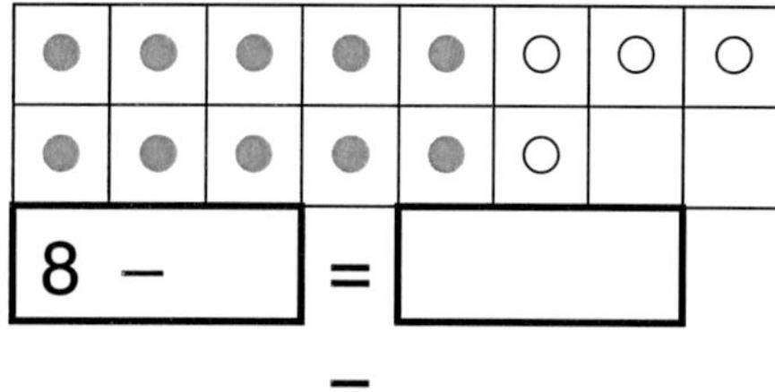

.... = ...

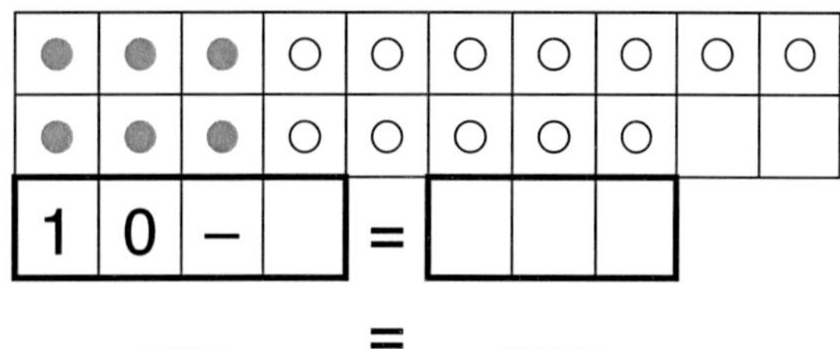

.... = ...

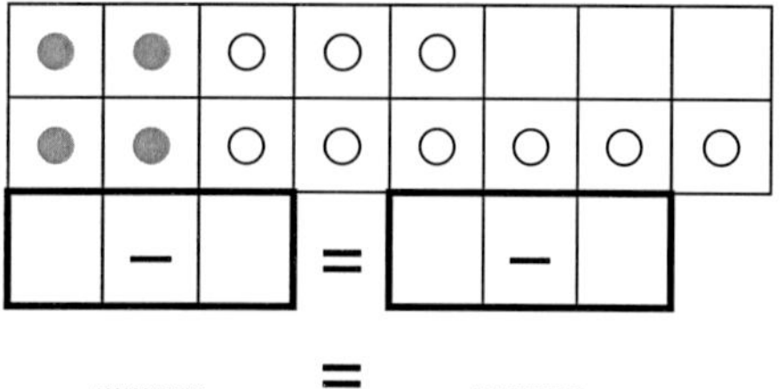

.... = ...

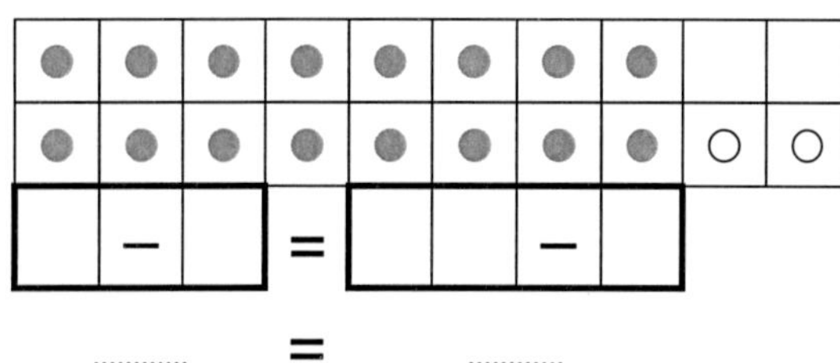

.... = ...

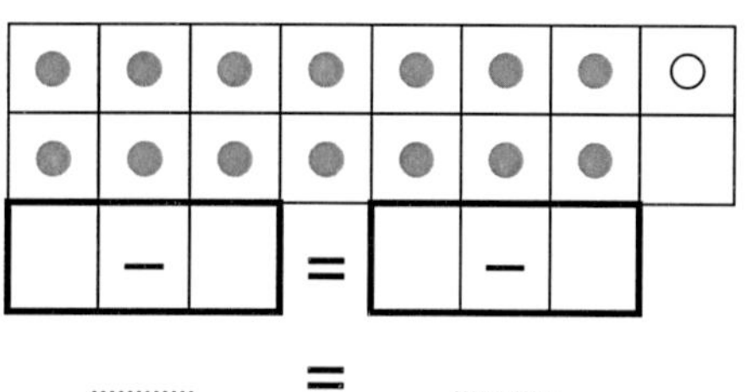

.... = ...

② Links und rechts vom = muss gleich viel sein. 1 = 1

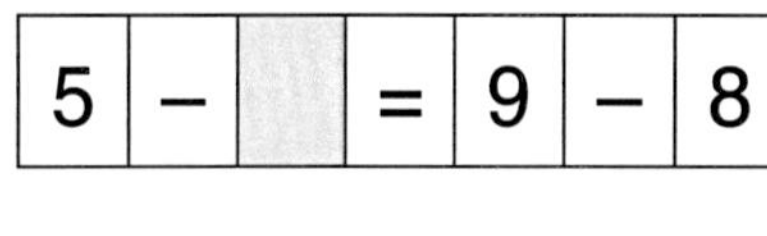

9	–	5	=	6	–	

4 = 4

9	–	7	=	7	–	

.... = ...

5	–		=	9	–	8

.... = ...

	–	3	=	8	–	2

.... = ...

6	–	0	=		–	1

.... = ...

9	–	5	=		–	4

.... = ...

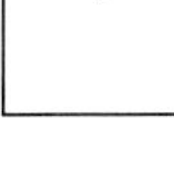

Schreibe viele Gleichungen in dein Heft.

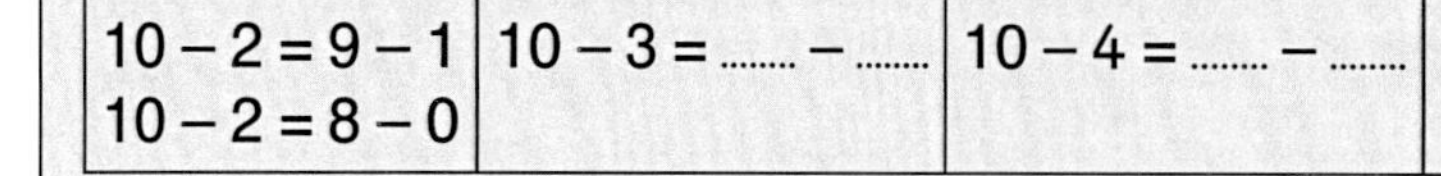

10 – 2 = 9 – 1 10 – 2 = 8 – 0	10 – 3 = ... –	10 – 4 = ... –	10 – 5 = ... – ....

Aufgabe 1

8 – 3 = 6 – 1 5 = 5
10 – 7 = 8 – 5 3 = 3
5 – 3 = 8 – 6 2 = 2
8 – 0 = 10 – 2 8 = 8
8 – 1 = 7 – 0 7 = 7

Aufgabe 2

9 – 5 = 6 – 2 4 = 4
9 – 7 = 7 – 5 2 = 2
5 – 4 = 9 – 8 1 = 1
9 – 3 = 8 – 2 6 = 6
6 – 0 = 7 – 1 6 = 6
9 – 5 = 8 – 4 4 = 4

☆

10 – 3 = 9 – 2 10 – 3 = 8 – 1 10 – 3 = 7 – 0
10 – 4 = 9 – 3 10 – 4 = 8 – 2 10 – 4 = 7 – 1 10 – 4 = 6 – 0
10 – 5 = 9 – 4 10 – 5 = 8 – 3 10 – 5 = 7 – 2 10 – 5 = 6 – 1 10 – 5 = 5 – 0

Name: ______________________________ Datum: ______________

Die Kraft der Fünf

   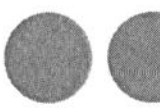   

① Zerlegaufgaben mit 0, 5 und 10

1 = 0 + ... 1 = 5 −	2 = 0 + ... 2 = 5 −	3 = ... + ... 3 = ... −	4 = ... + ... 4 = ... − ....
6 = 5 + ... 6 = 10 −	7 = 5 + ... 7 = 10 −	8 = ... + ... 8 = ... −	9 = ... + ... 9 = ... − ....

② Links und rechts vom = muss gleich viel sein. 1 = 1

3 + 2 = 1 + ... 5 = 5 8 + 2 = 6 + ... 10 = 10	5 + 0 = 2 + ... 10 + 0 = 7 + ...	4 + 1 = 0 + ... 9 + 1 = 5 + ...

6 + ... = 2 + 8 10 = 10 0 + ... = 10 − 8 2 2	1 + ... = 4 + 6 0 + ... = 10 − 6	0 + ... = 3 + 7 0 + ... = 10 − 7

5 + 2 = 10 − .... 7 = 7	5 + 4 = 10 −	5 + 5 = 10 − ....

Aus diesem Fünfling kannst du eine offene Schachtel falten.

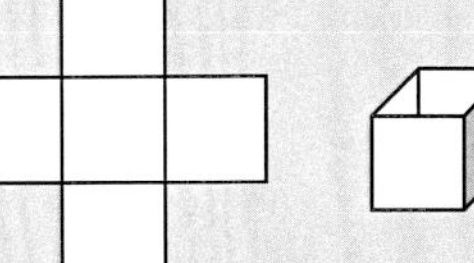

Bei welchem Fünfling geht das auch? Male an.

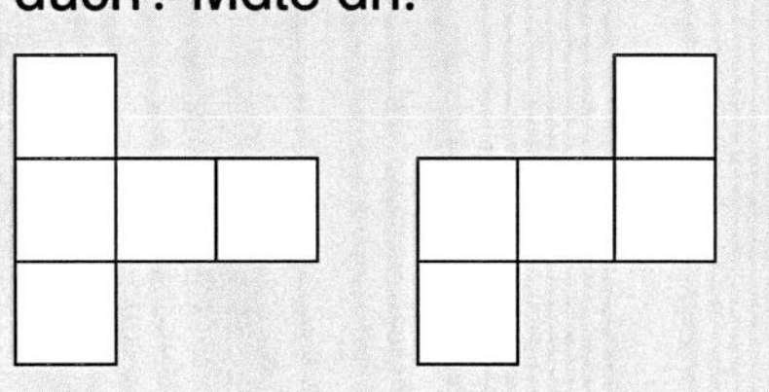

Knicke zuerst diesen Streifen um.

Aufgabe 1

1 4	2 3
0 + 3 5 − 2	0 + 4 5 − 1
1 4	2 3
5 + 3 10 − 2	5 + 4 10 − 1

Aufgabe 2

4 4	3 3	5 5
4 2	9 4	10 3
3	1	0

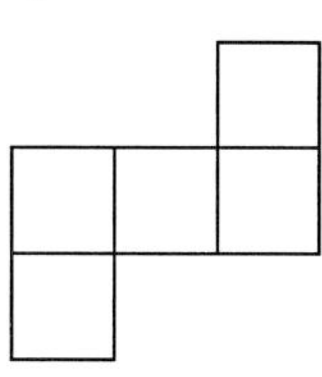

Name: ______________________ Datum: ____________

Knicke zuerst diesen Streifen um.

Gleichungen mit Platzhalter

① Wie viele Murmeln sind in der anderen Hand?

Zusammen sind es 10 Murmeln.

4

?

$4 + \_\_\_ = 10$

$\_\_\_ + 4 = 10$

Umkehraufgabe

$10 - 4 = 6$

3	+		=	5
6	+		=	9
0	+		=	4

	+	2	=	7
	+	1	=	9
	+	5	=	8

3	+		=	1	0
	+	5	=	1	0
2	+		=	1	0

② Wie viele muss ich wegnehmen?

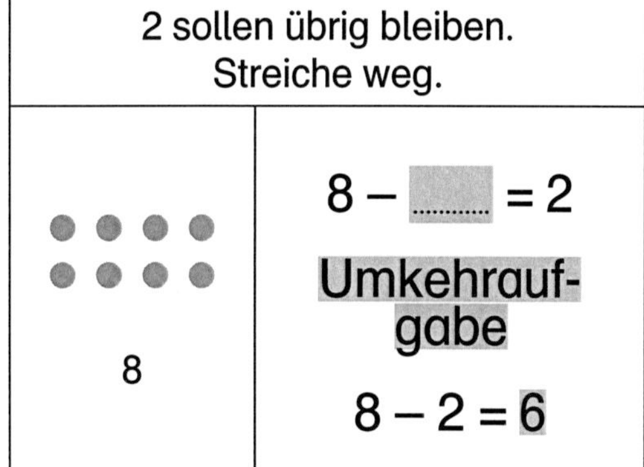

2 sollen übrig bleiben.
Streiche weg.

8

$8 - \_\_\_ = 2$

Umkehraufgabe

$8 - 2 = 6$

7	–		=	4
9	–		=	7
8	–		=	3
6	–		=	5
5	–		=	0

③ Wie viele waren es zuerst?

zuerst	4 weg	nachher	
?			$\_\_\_ - 4 = 5$ Umkehraufgabe $5 + 4 = 9$

	–	2	=	7
	–	4	=	1
	–	4	=	4

	–	3	=	5
	–	6	=	1
	–	2	=	4

		–	0	=	9
		–	9	=	1
		–	3	=	7

Aufgabe 1

2 3 4
5 8 3
7 5 8

Aufgabe 2

3 2 5 1 5

Aufgabe 3

9 5 8
8 7 6
9 10 10

Silvia Regelein: Richtig rechnen lernen – so klappt's! · 1. Klasse · Best.-Nr. 335 · © Brigg Verlag KG, Friedberg

Name: ______________________ Datum: ____________

Lange Plus- und Minusaufgaben bis 10

① Würfle mit drei Würfeln.

4 + 3 + 1 = 7 + 1 oder 4 + 3 + 1 = 4 + 4

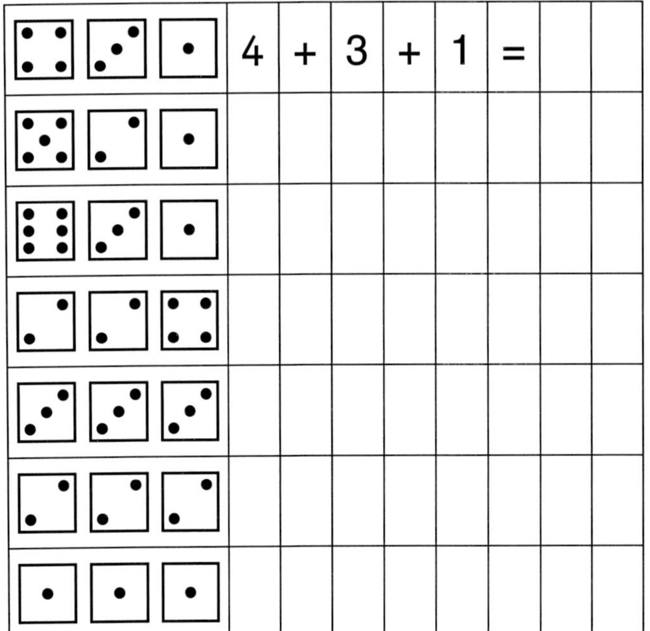

4	+	3	+	1	=		

4	+	3	+		=	1	0
2	+	2	+		=	1	0
5	+		+	3	=	1	0
4	+		+	2	=	1	0
	+	1	+	4	=	1	0
	+	6	+	2	=	1	0
6	+		+	3	=	1	0

② Wie rechnest du? Male deinen Rechenweg gelb an.

5 + 4 – 3 = ☐ oder 5 + 4 – 3 = ☐

9 – 3 = ☐ 5 + 1 = ☐

5	+	4	–	3	=					
3	+	4	–	5	=					
5	+	5	–	4	=					
5	+	3	–	3	=					

6	–	4	+	2	=			
9	–	6	+	3	=			
8	–	2	+	3	=			
9	–	7	+	3	=			

10 – 5 – 2 = ☐ oder 10 – 5 – 2 = ☐

5 – 2 = ☐ 10 – 7 = ☐

1	0	–	5	–	2	=	
1	0	–	4	–	0	=	
1	0	–	3	–	7	=	
1	0	–	6	–	1	=	

1	0	–	2	–	2	=	
1	0	–	5	–	5	=	
1	0	–	4	–	4	=	
1	0	–	3	–	3	=	

Knicke zuerst diesen Streifen um.

Aufgabe 1

4 + 3 + 1 = 8
5 + 2 + 1 = 8
6 + 3 + 1 = 10
2 + 2 + 4 = 8
3 + 3 + 3 = 9
2 + 2 + 2 = 6
1 + 1 + 1 = 3

3
6
2
4
5
2
1

Aufgabe 2

6	4
2	6
6	9
5	5

3	6
6	0
0	2
3	4

Name: ______________________________ Datum: ______________

Zehner und Einer

(1) Zehner Einer

Zehner	Einer									
●●●●●|●●●●●	○	elf	1	0	+	1	=	1	1	
●●●●●|●●●●●	○○	zwölf								
●●●●●|●●●●●	○○○	dreizehn								
●●●●●|●●●●●	○○○○	vierzehn								
●●●●●|●●●●●	○○○○○|	fünfzehn								
●●●●●|●●●●●	○○○○○|○	sechzehn								
●●●●●|●●●●●	○○○○○|○○	siebzehn								
●●●●●|●●●●●	○○○○○|○○○	achtzehn								
●●●●●|●●●●●	○○○○○|○○○○	neunzehn								
●●●●●|●●●●●	○○○○○|○○○○○	zwanzig								

Ich spreche: drei-zehn

Ich schreibe: 1 3

(2) Male weiter und zerlege.

12	●●●●●|●●●●● ○○	1	2	=	1	0	+	2
17	●●●●●|●●●●●							
13	●●●●●|●●●●●							
18	●●●●●|●●●●●							
11	●●●●●|●●●●●							
16	●●●●●|●●●●●							

10 + 2 = 20 –	10 + 0 = 20 –	10 + 3 = 20 – ....
10 + 8 = 20 –	10 + 1 = 20 –	10 + 6 = 20 – ....
10 + 4 = 20 –	10 + 10 = 20 –	10 + 7 = 20 – ....

Knicke zuerst diesen Streifen um.

Aufgabe 1
10 + 2 = 12
10 + 3 = 13
10 + 4 = 14
10 + 5 = 15
10 + 6 = 16
10 + 7 = 17
10 + 8 = 18
10 + 9 = 19
10 + 10 = 20

Male um deine Lieblingszahl ein rotes Herz.

Aufgabe 2
17 = 10 + 7
13 = 10 + 3
18 = 10 + 8
11 = 10 + 1
16 = 10 + 6

☆

8	10	7
2	9	4
6	0	3

Name: ______________________________ Datum: ____________

Verschiedene Zahlbilder

Male an.

11 grau	12 gelb	13 braun	14 orange	15 grün	16 rosa	17 blau	18 rot	19 lila	20 hellblau

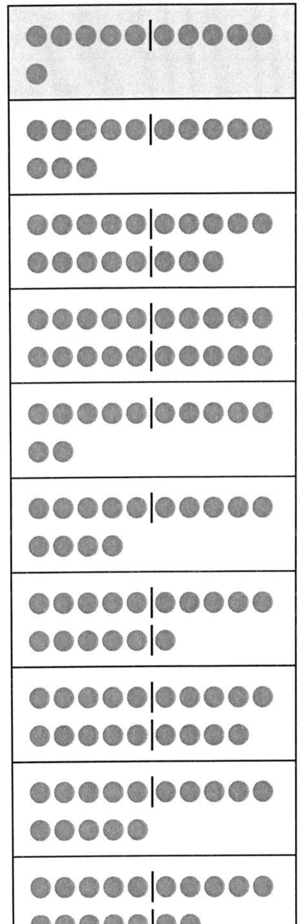

IIII IIII IIII I
IIII IIII II
IIII IIII I
IIII IIII IIII IIII
IIII IIII III
IIII IIII IIII IIII
IIII IIII IIII II
IIII IIII IIII III
IIII IIII IIII
IIII IIII IIII

zwanzig
neunzehn
achtzehn
siebzehn
sechzehn
fünfzehn
vierzehn
dreizehn
zwölf
elf

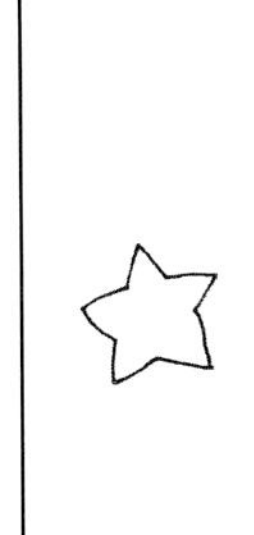

Ein Würfel fehlt. Male ihn dazu.

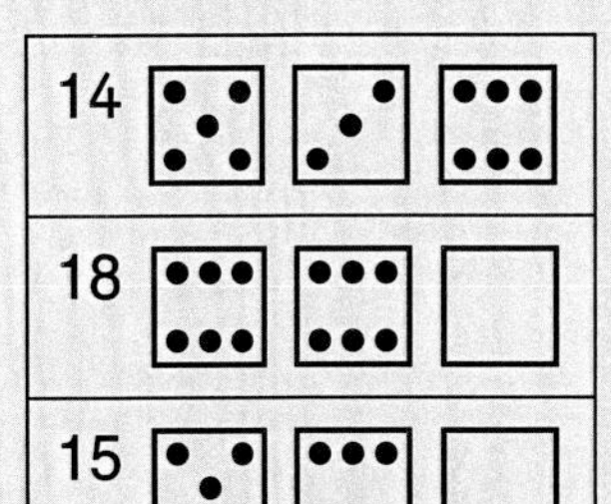

14	⚄	⚁	⚅	16	⚅	⚅	☐	12	⚃	⚄	☐
18	⚅	⚅	☐	17	⚅	⚄	☐	12	⚃	⚃	☐
15	⚄	⚅	☐	13	⚅	⚄	☐	12	⚅	⚀	☐

Knicke zuerst diesen Streifen um.

11 grau
13 braun
18 rot
20 hellblau
12 gelb
14 orange
16 rosa
19 lila
15 grün
17 blau

16 rosa
12 gelb
11 grau
19 lila
13 braun
20 hellblau
17 blau
18 rot
14 orange
15 grün

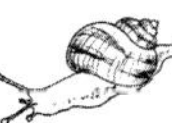

20 hellblau
19 lila
18 rot
17 blau
16 rosa
15 grün
14 orange
13 braun
12 gelb

14	16 ⚃	12 ⚂
18 ⚅	17 ⚅	12 ⚃
15 ⚃	13 ⚁	12 ⚄

Name: ______________________________ Datum: ______________

Kleiner – gleich – größer

① Schreibe: < lila  > rot 

1	1	<	1	3
1	3	>	1	1

② Setze ein: (<) lila oder (>) rot oder (=)

12 (<) 17	19 ◯ 19	11 ◯ 10	14 ◯ 17
20 ◯ 17	16 ◯ 19	11 ◯ 11	14 ◯ 13
12 ◯ 20	16 ◯ 16	20 ◯ 11	14 ◯ 12
12 ◯ 12	19 ◯ 16	12 ◯ 11	14 ◯ 15

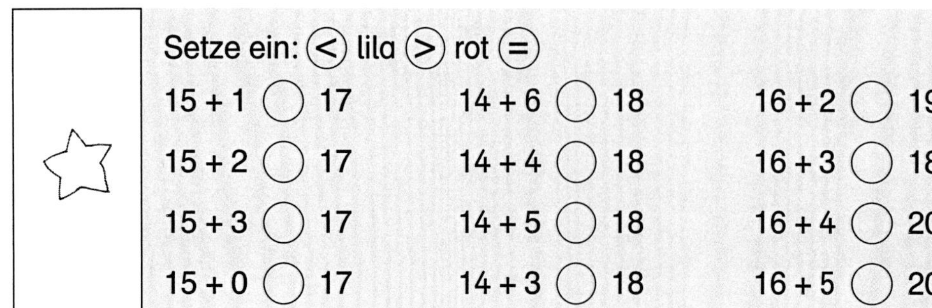

Setze ein: (<) lila (>) rot (=)

15 + 1 ◯ 17	14 + 6 ◯ 18	16 + 2 ◯ 19
15 + 2 ◯ 17	14 + 4 ◯ 18	16 + 3 ◯ 18
15 + 3 ◯ 17	14 + 5 ◯ 18	16 + 4 ◯ 20
15 + 0 ◯ 17	14 + 3 ◯ 18	16 + 5 ◯ 20

Knicke zuerst diesen Streifen um.

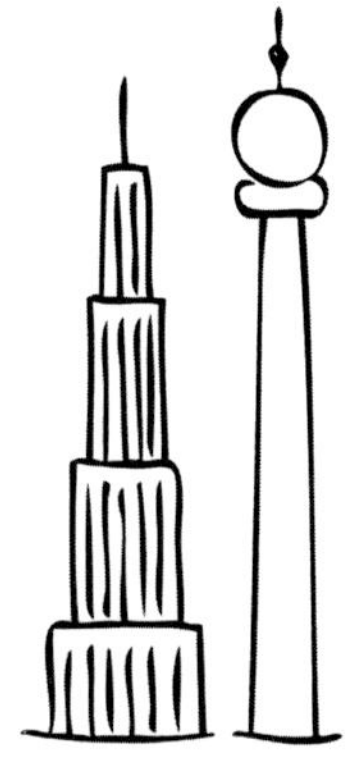

Aufgabe 1

12 < 17	17 > 12
19 < 20	20 > 19
16 > 14	14 < 16
15 < 16	16 > 15
18 > 13	13 < 18

Aufgabe 2

12 < 17 20 > 17 12 < 20 12 = 12
19 = 19 16 < 19 16 = 16 19 > 16
11 > 10 11 = 11 20 > 11 12 > 11
14 < 17 14 > 13 14 > 12 14 < 15

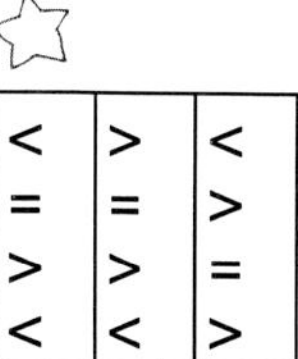

<	>	<
=	=	>
>	>	=
<	<	>

Silvia Regelein: Richtig rechnen lernen – so klappt's! · 1. Klasse · Best.-Nr. 335 · © Brigg Verlag KG, Friedberg

Name: ______________________ Datum: ____________

Zahlen bis 20 auf einen Blick erkennen

Wie viele ● sind es?
Rahme gleiche Zahlen mit der gleichen Farbe ein.

11

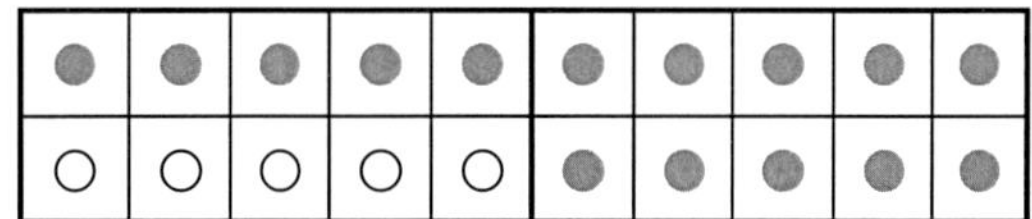

....

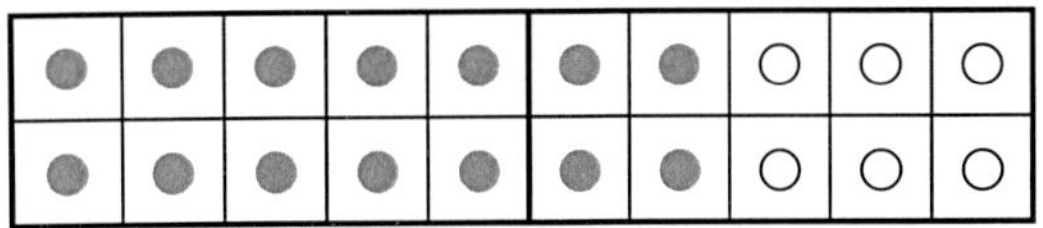

....

....

....

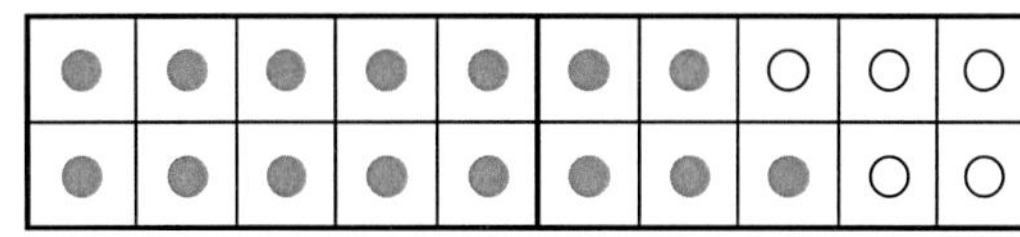

....

....

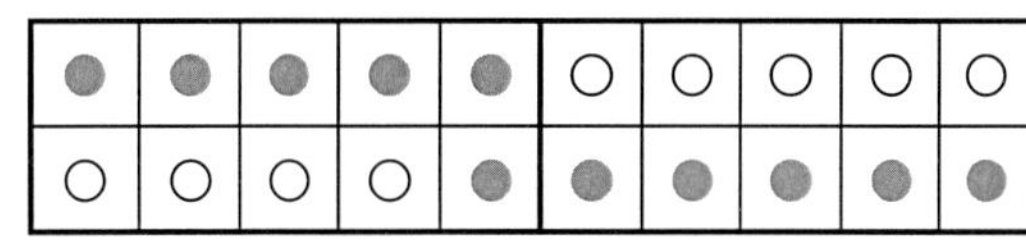

....

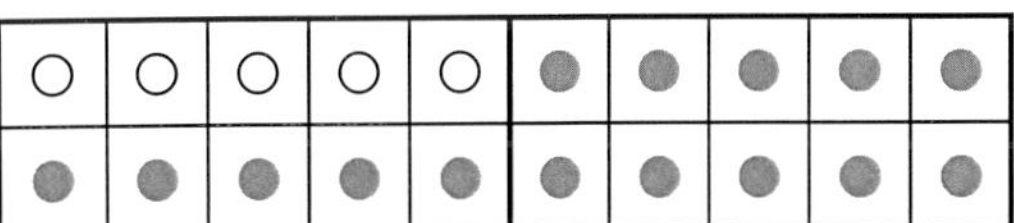

....

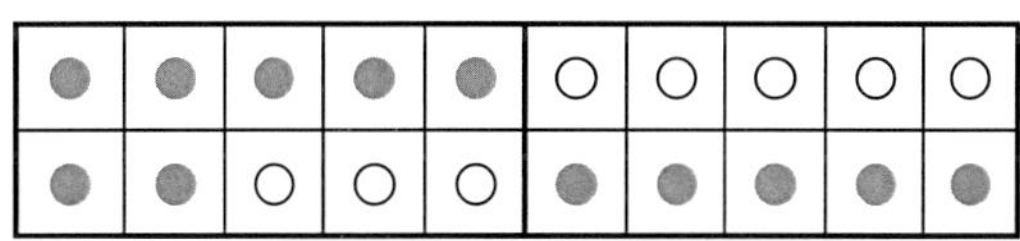

....

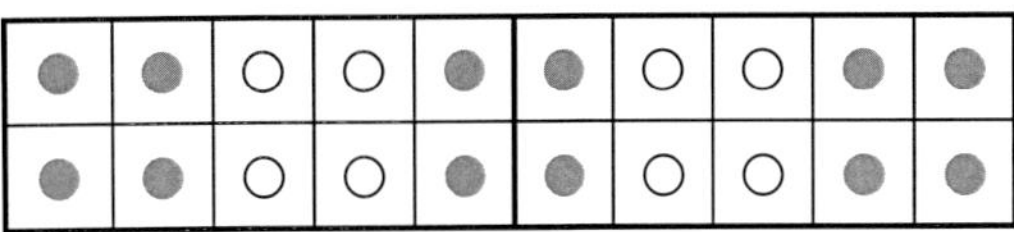

....

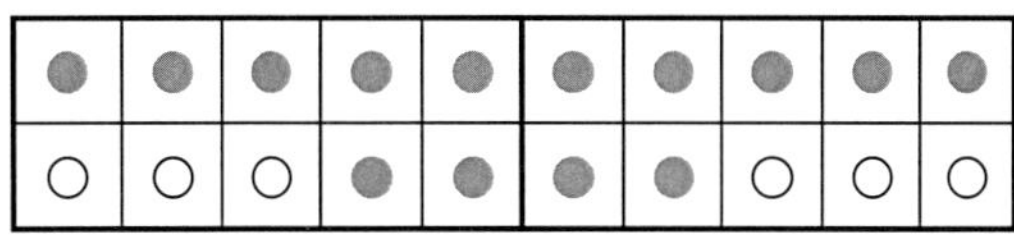

....

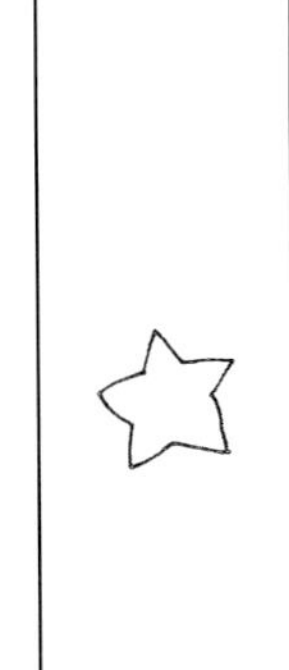

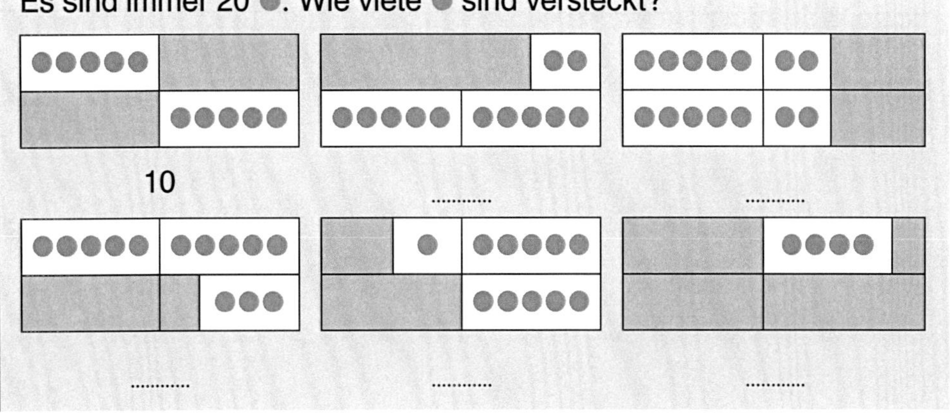

Es sind immer 20 ●. Wie viele ● sind versteckt?

10

....

....

....

....

....

Knicke zuerst diesen Streifen um.

Aufgabe

11	15 ○
14 ●	13 ▼
12	15 ○
13 ▼	11
15 ○	12
12	14 ●

10	8	6
7	9	16

Name: ____________________ Datum: __________

Nachbarzahlen – Vorgänger und Nachfolger

Nachbar davor: Vorgänger		Nachbar danach: Nachfolger

9	10	11

dazwischen

①

	15	
		20
	14	

	17	
10		
		16

		13
17		
		15

② Zähle vorwärts.

1	2								
11									

③ Zähle rückwärts.

20	19								
10									

④ Schreibe die Zahl dazu.

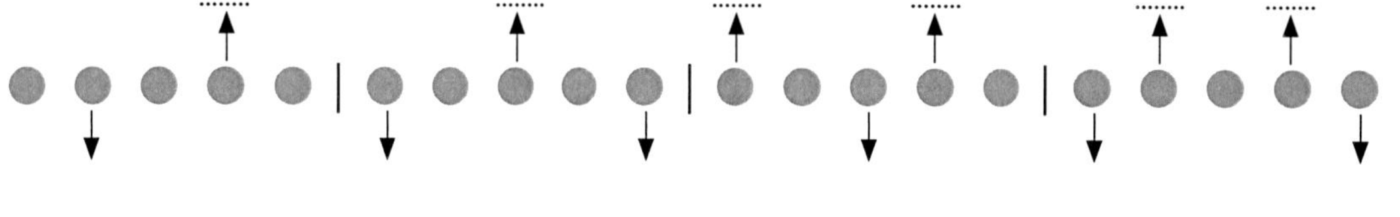

10 + 5 = 15	20 + 2 = ...	20 + 8 = ...	20 + 5 = ...
20 + 5 = 25	20 + 4 = ...	20 + 1 = ...	20 + 7 = ...
20 + 10 = ...	20 + 6 = ...	20 + 3 = ...	20 + 9 = ...

Knicke zuerst diesen Streifen um.

Aufgabe 1

14	15	16
18	19	20
13	14	15
16	17	18
10	11	12
14	15	16
11	12	13
17	18	19
13	14	15

Aufgabe 2

1	2	3	4
5	6	7	8
9	10	11	12
13	14	15	16
17	18	19	20

Aufgabe 3

20	19	18	17
16	15	14	13
12	11	10	9
8	7	6	5
4	3	2	1

Aufgabe 4

oben		4	8
11	14	17	19

unten		2	6
10	13	16	20

	22	28	25
	24	21	27
30	26	23	29

Silvia Regelein: Richtig rechnen lernen – so klappt's! · 1. Klasse · Best.-Nr. 335 · © Brigg Verlag KG, Friedberg

Name: ______________________ Datum: ____________

Die Zwanzigertafel

1				5					10
11				15					20

① Trage die Zahlen ein.

② Zähle in Schritten **vorwärts**.

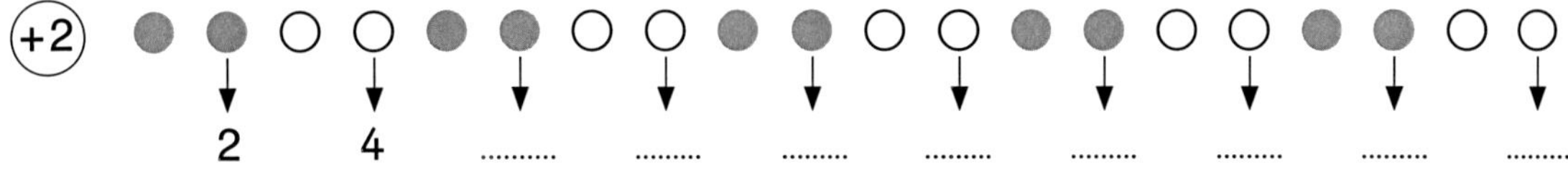

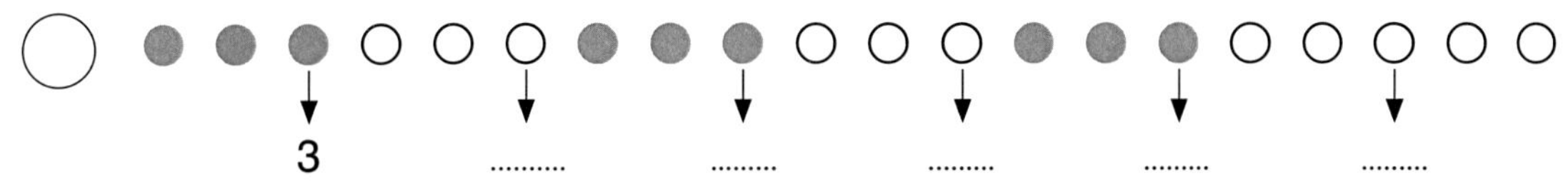

③ Zähle in Schritten **rückwärts**.

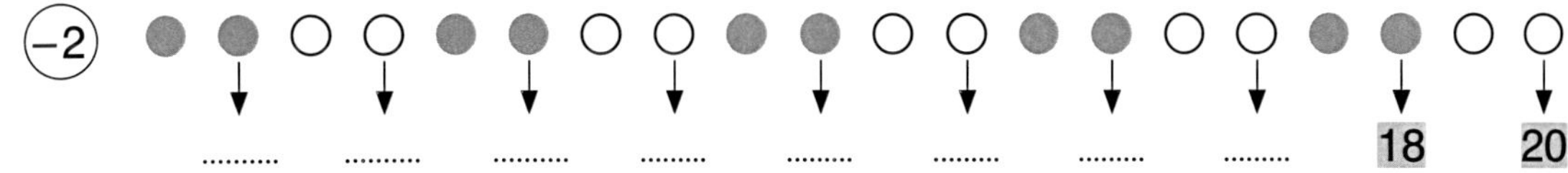

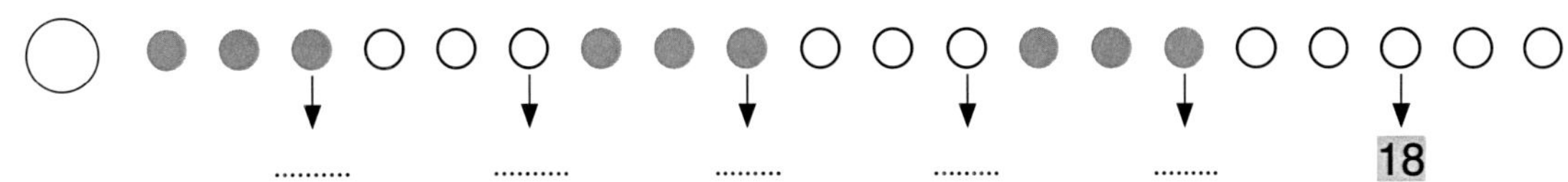

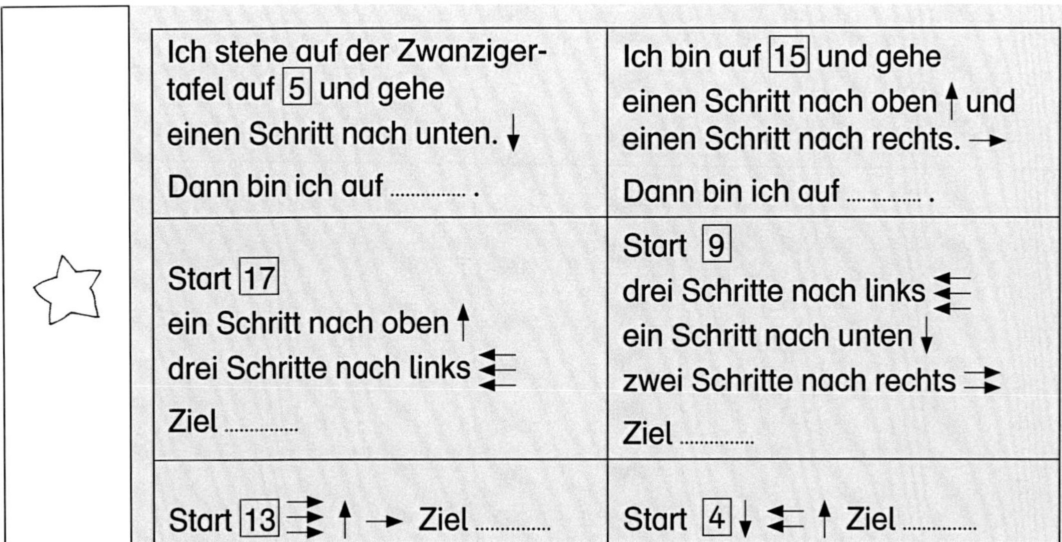

Ich stehe auf der Zwanzigertafel auf [5] und gehe einen Schritt nach unten. ↓ Dann bin ich auf	Ich bin auf [15] und gehe einen Schritt nach oben ↑ und einen Schritt nach rechts. → Dann bin ich auf ....
Start [17] ein Schritt nach oben ↑ drei Schritte nach links ⇇ Ziel	Start [9] drei Schritte nach links ⇇ ein Schritt nach unten ↓ zwei Schritte nach rechts ⇉ Ziel ....
Start [13] ⇉ ↑ → Ziel	Start [4] ↓ ⇇ ↑ Ziel ....

Knicke zuerst diesen Streifen um.

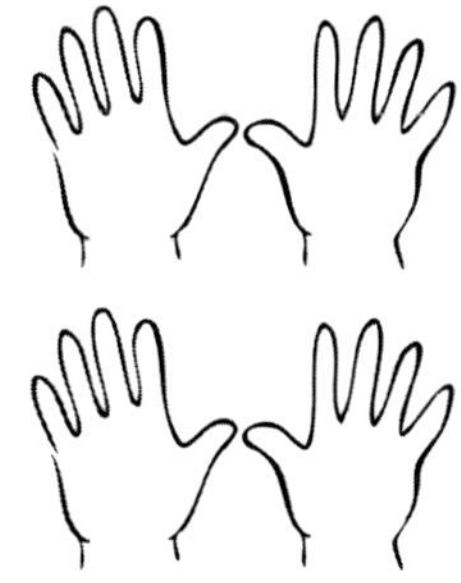

Aufgabe 1

1	2	3	4	5
11	12	13	14	15

6	7	8	9	10
16	17	18	19	20

Aufgabe 2
+ 2

2	4	6	8
10	12	14	16
18	20		

+ 4

4	8	12	16
20			

+ 3

3	6	9	12
15	18		

Aufgabe 3
− 2

20	18	16	14
12	10	8	6
4	2		

− 3

18	15	12	9
6	3		

☆

15	6
4	18
7	2

Name: ______________________ Datum: ____________

Knicke zuerst diesen Streifen um.

Verdoppeln

① Verdopple.

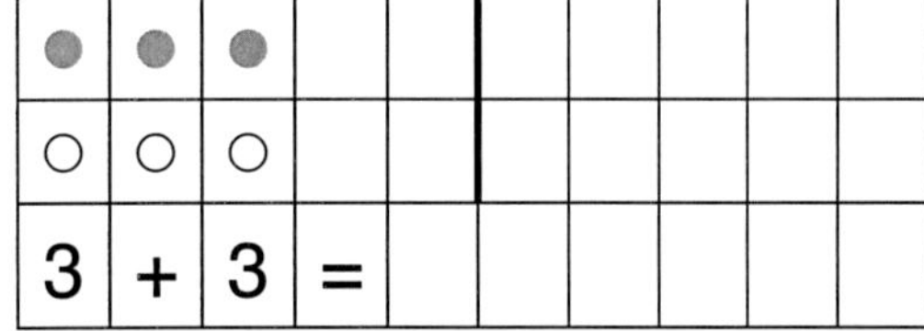

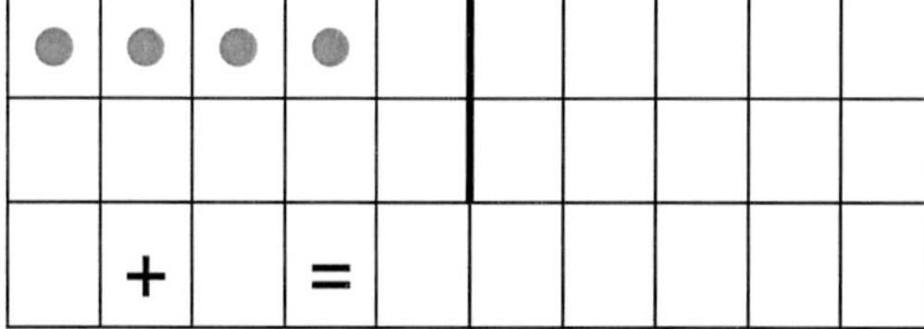

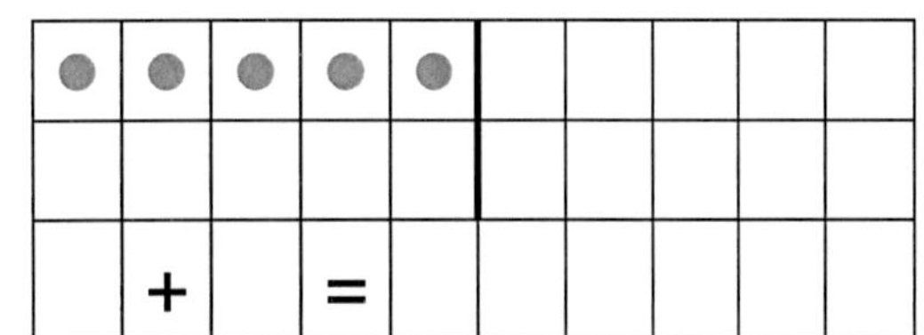

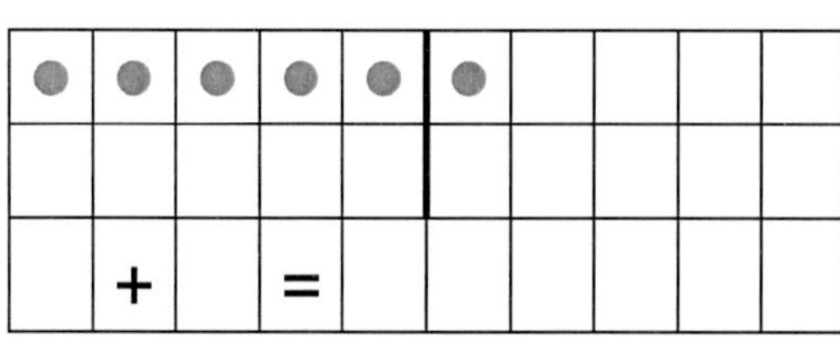

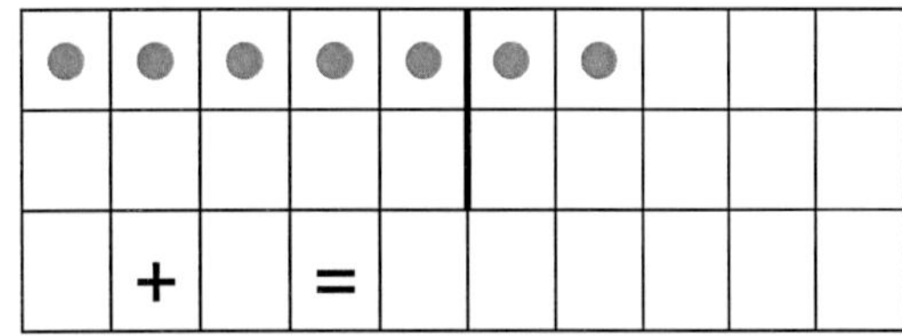

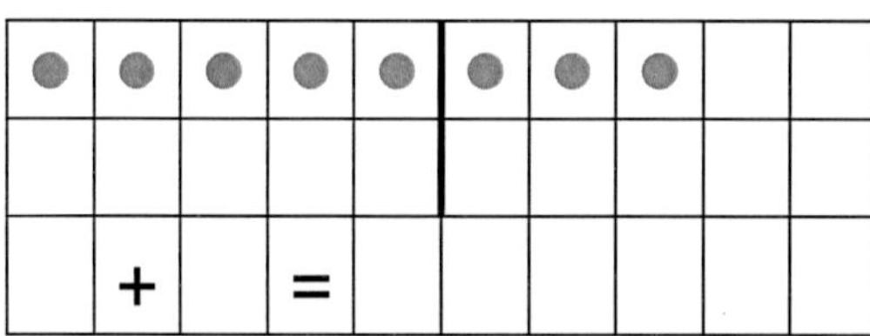

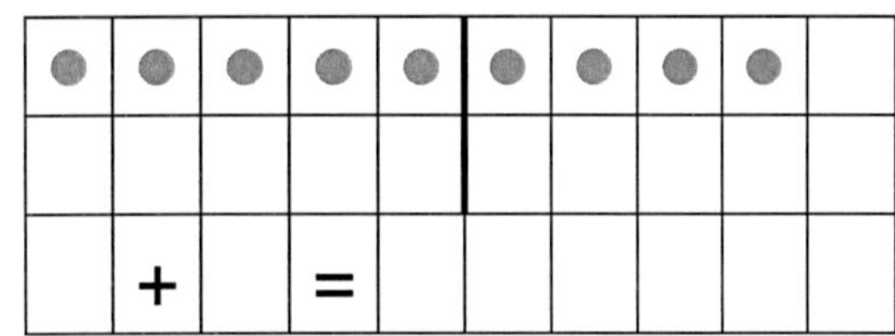

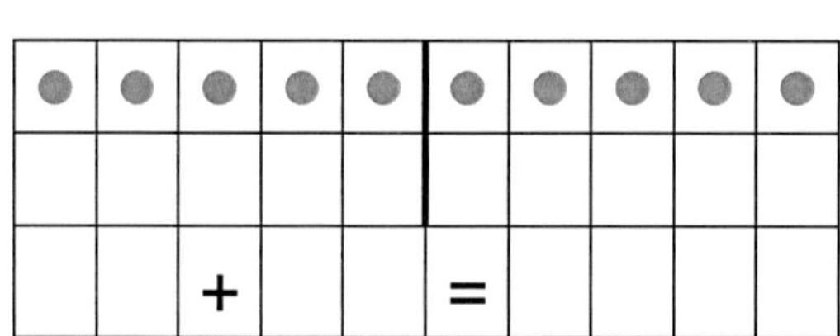

② Lerne auswendig.

2 + 2 = ...	5 + 5 = ...	3 + 3 = ...
4 + 4 = ...	10 + 10 = ...	6 + 6 = ...
8 + 8 = ...	9 + 9 = ...	7 + 7 = ...

③ Setze ein: < oder > oder =

7 + 7	○	17	19	○	9 + 9	9 + 9	○	20 – 3
7 + 7	○	16	16	○	9 + 9	6 + 6	○	18 – 4
7 + 7	○	14	20	○	9 + 9	8 + 8	○	16 + 2
7 + 7	○	13	14	○	9 + 9	7 + 7	○	17 – 3
7 + 7	○	12	18	○	9 + 9	8 + 8	○	18 – 3
7 + 7	○	15	17	○	9 + 9	6 + 6	○	19 – 3

Aufgabe 1

3 + 3 = 6
4 + 4 = 8
5 + 5 = 10
6 + 6 = 12
7 + 7 = 14
8 + 8 = 16
9 + 9 = 18
10 + 10 = 20

Aufgabe 2

4	10	6
8	20	12
16	18	14

Aufgabe 3

<	>	>
<	<	<
=	>	<
>	<	=
>	=	>
<	<	<

Name: ______________________ Datum: ____________

Halbieren – Gerade und ungerade Zahlen

① Halbiere mit einem Strich.

 10 = 5 + 5

 ....

....

....

....

....

②

2 = ... + ...	0 = ... + ...	6 = ... + ...
4 = ... + ...	10 = ... + ...	18 = ... + ...
8 = ... + ...	20 = ... + ...	14 = ... + ...
16 = ... + ...	12 = ... + ...	

③ Male die Zahlen, die du halbieren kannst, grün an.

1	2	3	4	5	6	7	8	9	10	11	12	13	14	15	16	17	18	19	20

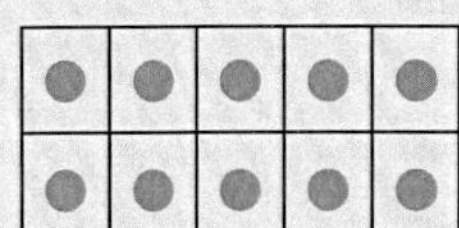 gerade Zahl 10 = 5 + 5

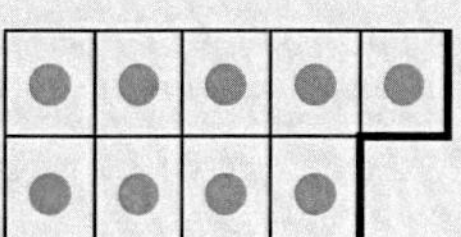 ungerade Zahl 9 = 4 + 4 + 1

Nur gerade Zahlen mit zwei gleich langen Reihen kann ich halbieren.

④ Trage ein und lerne auswendig.

gerade Zahl	2	4	6	8	10	12	14	16	18	20
die Hälfte	1									

Male bei der Hälfte die geraden Zahlen grün an.

Knicke zuerst diesen Streifen um.

Aufgabe 1

12 = 6 + 6
14 = 7 + 7
16 = 8 + 8
18 = 9 + 9
20 = 10 + 10

Aufgabe 2

2 = 1 + 1 4 = 2 + 2 8 = 4 + 4 16 = 8 + 8
0 = 0 + 0 10 = 5 + 5 20 = 10 + 10 12 = 6 + 6
6 = 3 + 3 18 = 9 + 9 14 = 7 + 7

Aufgabe 3

1	2	3	4
5	6	7	8
9	10	11	12
13	14	15	16
17	18	19	20

Aufgabe 4

2	3	4	5

6	7	8	9

10

Name: ____________________ Datum: __________

Welche Zahlen sind gleich weit weg?

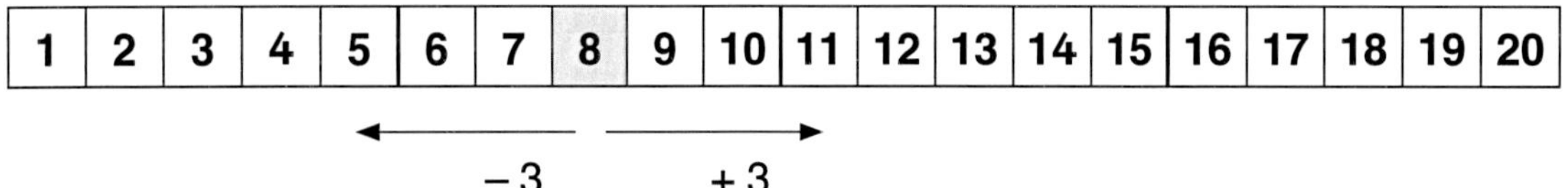

① Welche Zahlen sind gleich weit weg?

5 ←−3— 8 —+3→ 11	……… ←−— 12 —+→ 13	7 ←−— ……… —+→ 13
6 ←−— 8 —+→ ………	……… ←−— 12 —+→ 16	2 ←−— ……… —+→ 18
4 ←−— 8 —+→ ………	……… ←−— 12 —+→ 14	4 ←−— ……… —+→ 16
1 ←−— 8 —+→ ………	……… ←−— 12 —+→ 18	9 ←−— ……… —+→ 17
2 ←−— 8 —+→ ………	……… ←−— 12 —+→ 19	3 ←−— ……… —+→ 15
3 ←−— 8 —+→ ………	……… ←−— 12 —+→ 20	1 ←−— ……… —+→ 17

② So kannst du ohne Zahlenband rechnen:

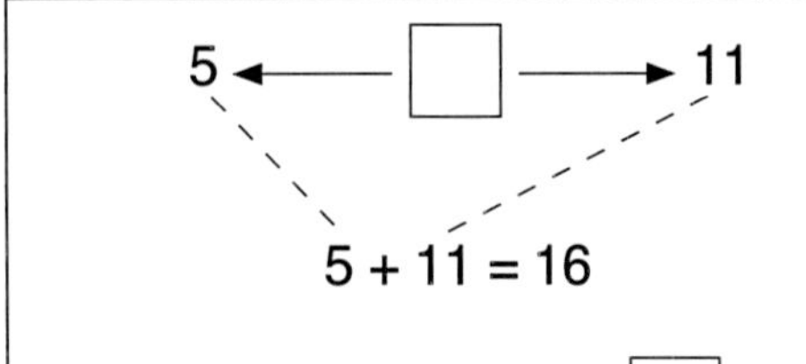

Halbiere: 16 = 8 + 8 □ = 8

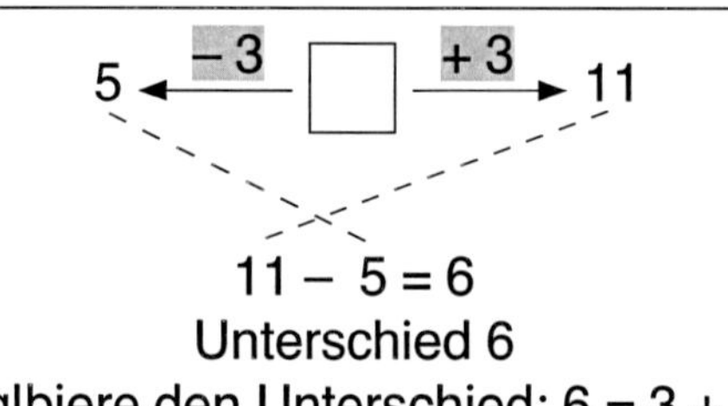

Unterschied 6

Halbiere den Unterschied: 6 = 3 + 3

3 ←— ……… —→ 15 15 + 3 = ……… ……… = ……… + ………	5 ←— ……… —→ 13 ……………… ………………	2 ←— ……… —→ 16 ……………… ………………
6 ←— ……… —→ 12 12 − 6 = ……… ……… = ……… + ………	0 ←— ……… —→ 18 ……………… ………………	2 ←— ……… —→ 16 ……………… ………………

Knicke zuerst diesen Streifen um.

Aufgabe 1

−3	+3	11
−2	+2	10
−4	+4	12
−7	+7	15
−6	+6	14
−5	+5	13

11	−1	+1
8	−4	+4
10	−2	+2
6	−6	+6
5	−7	+7
4	−8	+8

−3	10	+3
−8	10	+8
−6	10	+6
−4	13	+4
−6	9	+6
−8	9	+8

Aufgabe 2

15 + 3 = 18 18 = 9 + 9
13 + 5 = 18 18 = 9 + 9
16 + 2 = 18 18 = 9 + 9
12 − 6 = 6 6 = 3 + 3
18 − 0 = 18 18 = 9 + 9
16 − 2 = 14 14 = 7 + 7

Name: ______________________ Datum: ____________

Zahlen bis 20 zerlegen (1)

① Zerlege in zwei Zahlen.

●●●●●●●●●●|●● 12 = ... + ...	●●●●●●●|●●●●● 12 = ... + ...
●●●●●●●●●|●●● 12 = ... + ...	●●●●●|●●●●●●● 12 = ... + ...
●●●●●●●●|●●●● 12 = ... + ...	●●●●|●●●●●●●● 12 = ... + ...

② Zerlege mit Strichen in gleich große Zahlen.

●●●●●●|●●●●●● 12 = ... + ...

●●●|●●●|●●●●●● 12 = ... + ... + ... + ...

●●●●|●●●●●●●● 12 = ... + ... + ...

●●|●●●●●●●●●● 12 = ... + ... + ... + ... + ... + ...

③ Zerlege.

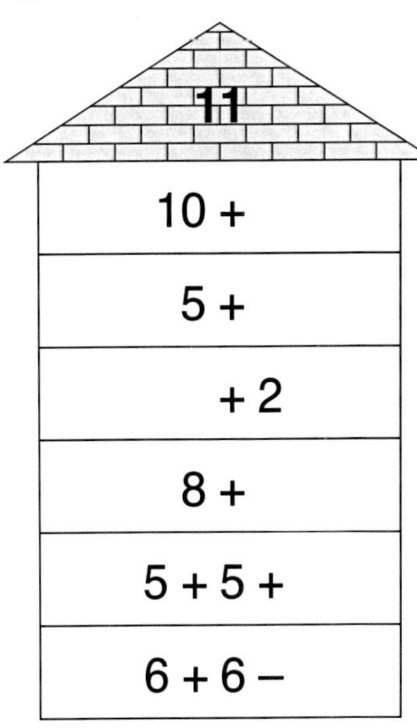

11
10 +
5 +
+ 2
8 +
5 + 5 +
6 + 6 −

13
10 +
5 +
+ 2
8 +
6 + 6 +
7 + 7 −

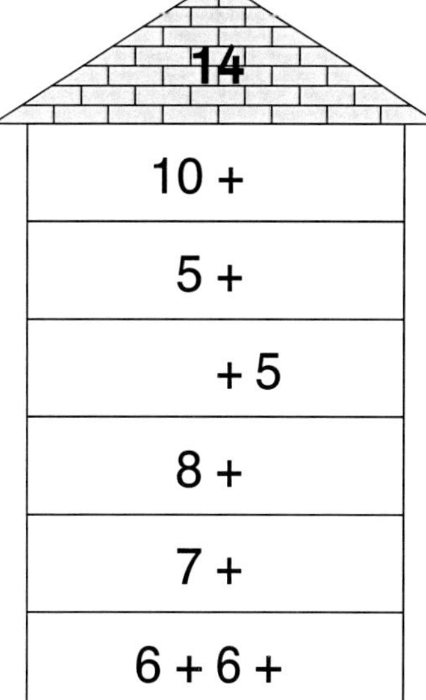

14
10 +
5 +
+ 5
8 +
7 +
6 + 6 +

12 = 20 −	14 = 20 −	11 = 20 − ......
12 = 15 −	14 = 15 −	11 = 15 − ......
12 = 18 −	14 = 18 −	11 = 18 − ......
12 = 16 −	14 = 16 −	11 = 16 − ......

Knicke zuerst diesen Streifen um.

Aufgabe 1

10 + 2	7 + 5
9 + 3	5 + 7
8 + 4	4 + 8

Aufgabe 2

6 + 6
3 + 3 + 3 + 3
4 + 4 + 4
2 + 2 + 2 + 2 + 2 + 2

Aufgabe 3

11	13	14
1	3	4
6	8	9
9	11	9
3	5	6
1	1	7
1	1	2

8	6	9
3	1	4
6	4	7
4	2	5

Name: ______________________________ Datum: ______________

Zahlen bis 20 zerlegen (2)

① Zerlege in zwei Zahlen.

●●●●●●●●●●|●●●●● 15 = ... + ...	●●●●●●●●●●●●|●●● 15 = ... + ...
●●●●●●●●●|●●●●●● 15 = ... + ...	●●●●●●|●●●●●●●●● 15 = ... + ...
●●●●●●●●|●●●●●●● 15 = ... + ...	●●●●●●●|●●●●●●●● 15 = ... + ...

② Zerlege mit Strichen in gleich große Zahlen.

●●●●●|●●●●●|●●●●● 15 = ... + ... + ...

●●●●|●●●●●●●●●●●● .... = ... + ... + ... + ...

●●●●●●|●●●●●●●●●●●● .... = ... + ... + ...

●●●|●●●|●●●●●●●●●●●● .... = ... + ... + ... + ... + ... + ...

③ Zerlege.

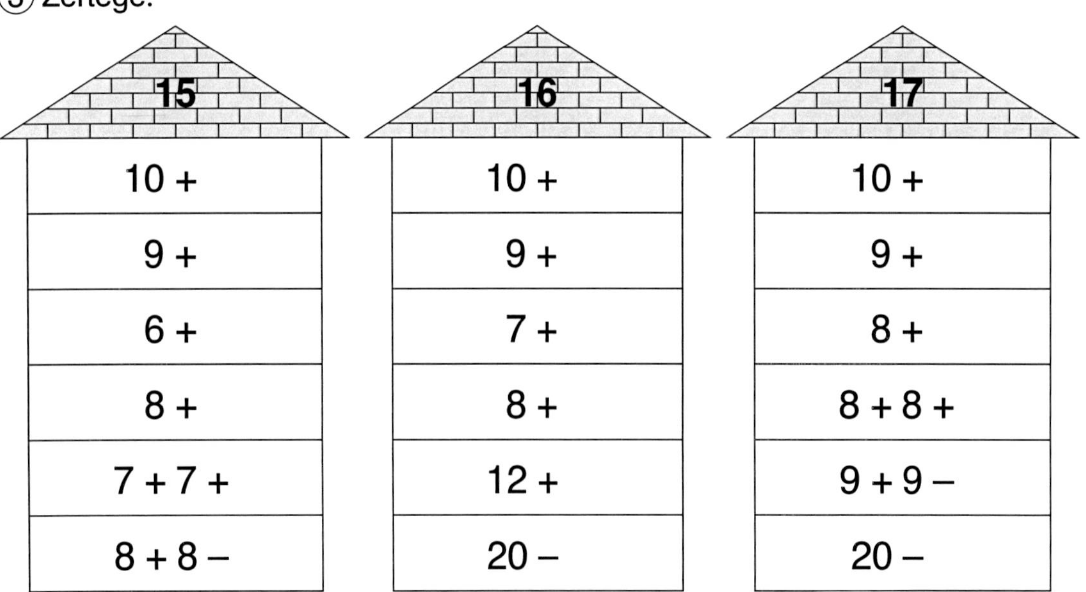

Zeichne die nächsten zwei Zahlenmuster.

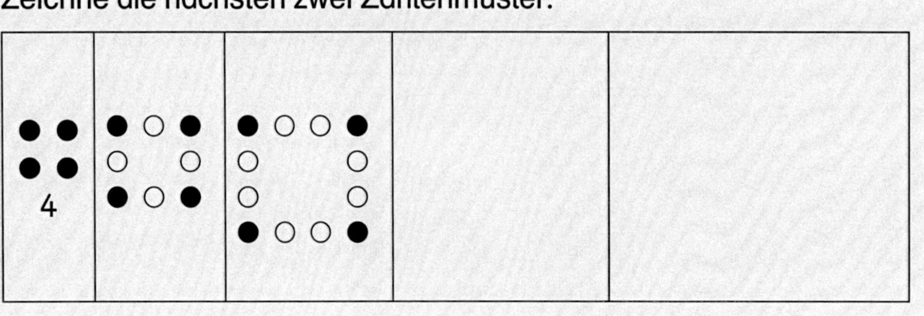

Knicke zuerst diesen Streifen um.

Aufgabe 1

10 + 5	12 + 3
9 + 6	6 + 9
8 + 7	7 + 8

Aufgabe 2

15 = 5 + 5 + 5
16 = 4 + 4 + 4 + 4
18 = 6 + 6 + 6
18 = 3 + 3 + 3 + 3 + 3 + 3

Aufgabe 3

15	16	17
5	6	7
6	7	8
9	9	9
7	8	1
1	4	1
1	4	3

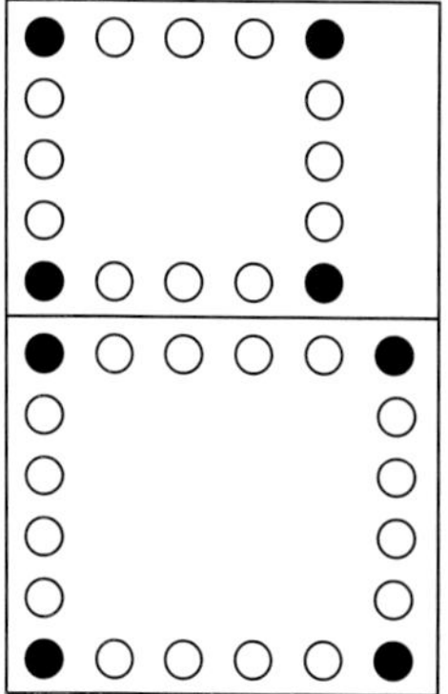

Name: ______________________ Datum: ______________

Kleine und große Aufgaben mit plus

① Kleine und große Aufgaben

6	+	4	=	1	0				

kleine Aufgabe im 1. Zehner

1	6	+	4	=	2	0			

große Aufgabe im 2. Zehner

3	+		=						

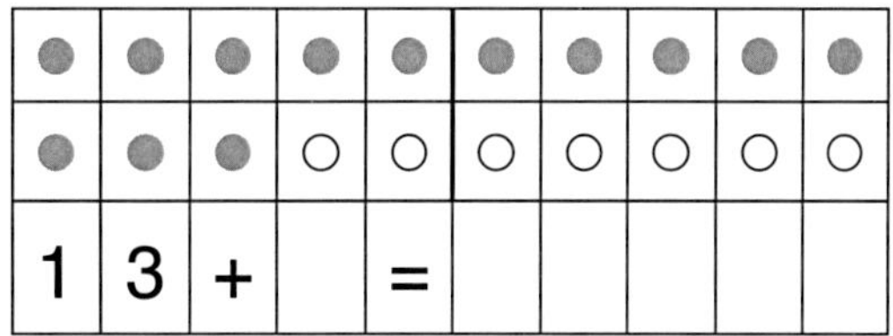

1	3	+		=					

	+		=						

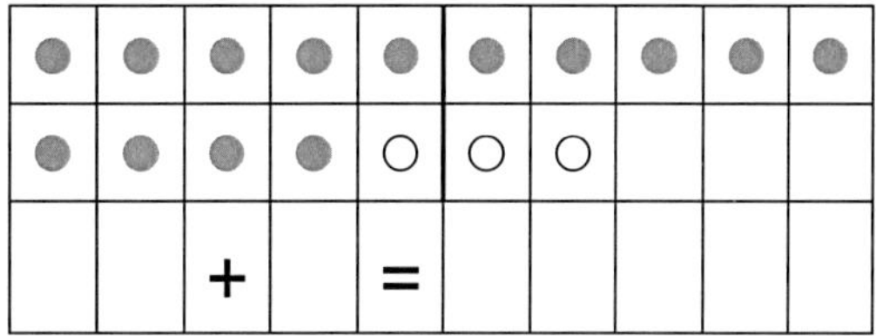

		+		=					

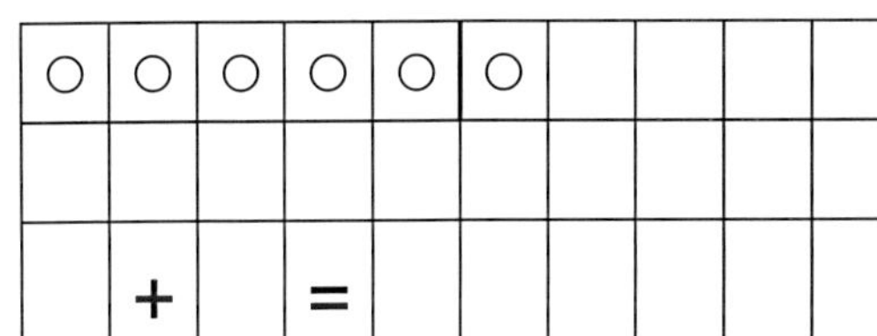

	+		=						

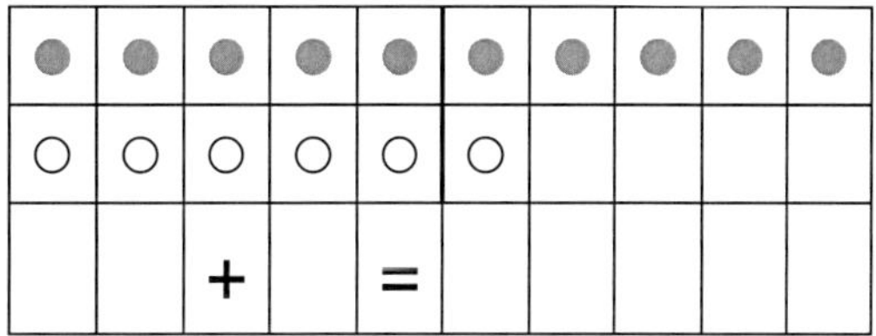

		+		=					

② Schreibe die große Aufgabe darunter.

	5	+	4	=		9		1	+	7	=				2	+	8	=		
1	5	+	4	=	1	9														

	3	+	5	=				6	+	3	=				0	+	5	=		

③ Schreibe die kleine Aufgabe darüber.

1	2	+	5	=			1	1	+	9	=			1	3	+	3	=		

1	4	+	6	=			1	0	+	4	=			1	2	+	6	=		

Knicke zuerst diesen Streifen um.

Aufgabe 1

3 + 7 = 10 13 + 7 = 20
4 + 3 = 7 14 + 3 = 17
0 + 6 = 6 10 + 6 = 16

Aufgabe 2

9 15 + 4 = 19
8 11 + 7 = 18
10 12 + 8 = 20
8 13 + 5 = 18
9 16 + 3 = 19
5 10 + 5 = 15

Aufgabe 3

2 + 5 = 7 17
1 + 9 = 10 20
3 + 3 = 6 16
4 + 6 = 10 20
0 + 4 = 4 14
2 + 6 = 8 18

Name: ______________________ Datum: ____________

Knicke zuerst diesen Streifen um.

Kleine und große Aufgaben mit minus

① Streiche weg und rechne.

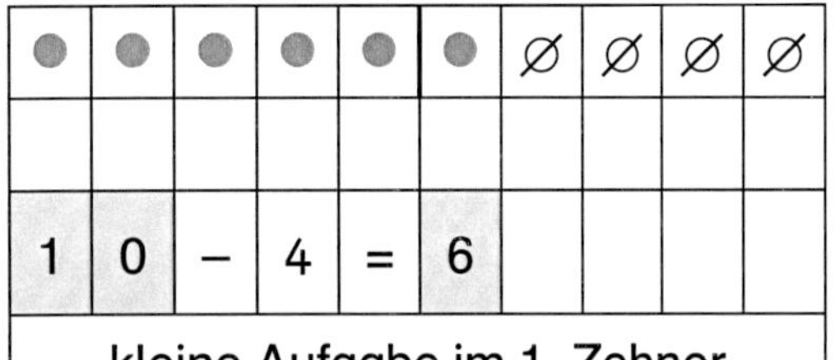

1	0	–	4	=	6				
kleine Aufgabe im 1. Zehner									

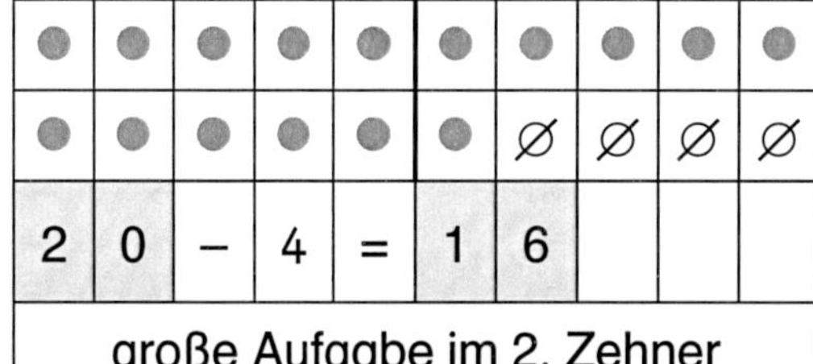

2	0	–	4	=	1	6			
große Aufgabe im 2. Zehner									

●	●	●	○	○	○	○	○	○	○
1	0	–		=					

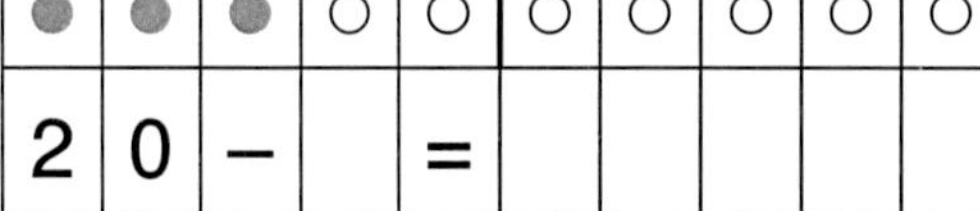

2	0	–		=					

●	●	●	●	○	○	○			
	–		=						

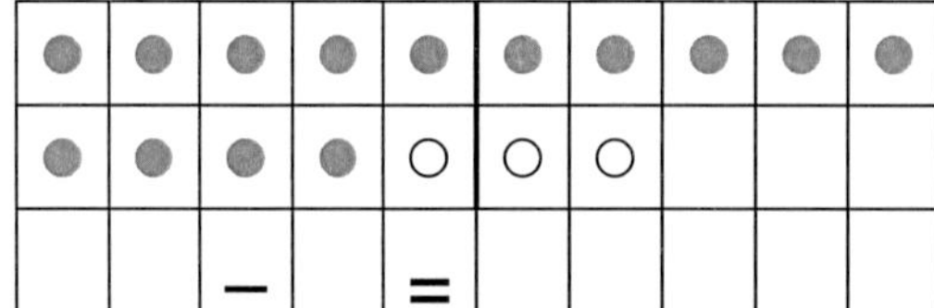

		–		=					

○	○	○	○	○	○				
	+		=						

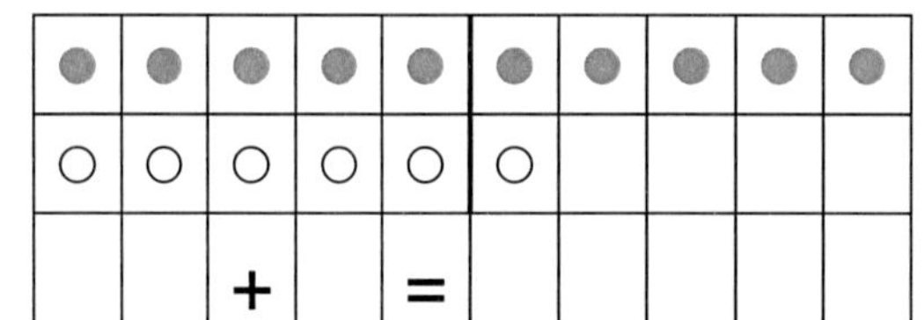

		+		=					

② Schreibe die große Aufgabe darunter.

	5	–	4	=		1		9	–	7	=			1	0	–	8	=		
1	5	–	4	=	1	1														

	7	–	4	=				9	–	3	=				5	–	0	=		

③ Schreibe die kleine Aufgabe darüber.

1	7	–	6	=			2	0	–	9	=			1	6	–	3	=		

2	0	–	4	=			1	4	–	4	=			1	8	–	6	=		

Aufgabe 1

10 – 7 = 3 20 – 7 = 13
7 – 3 = 4 17 – 3 = 14
6 – 6 = 0 16 – 6 = 10

Aufgabe 2

1 15 – 4 = 11
2 19 – 7 = 12
2 20 – 8 = 12
3 17 – 4 = 13
6 19 – 3 = 16
5 15 – 0 = 15

Aufgabe 3

7 – 6 = 1 11
10 – 9 = 1 11
6 – 3 = 3 13
10 – 4 = 6 16
4 – 4 = 0 10
8 – 6 = 2 12

Silvia Regelein: Richtig rechnen lernen – so klappt's! · 1. Klasse · Best.-Nr. 335 · © Brigg Verlag KG, Friedberg

Name: ______________________ Datum: ____________

Ergänzen (2)

① Ergänze bis 10 und 20. Male rote ○ dazu und rechne.

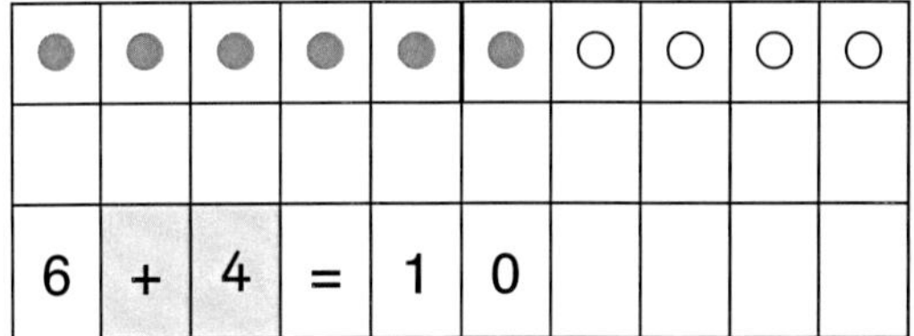

1	6	+	4	=	2	0			

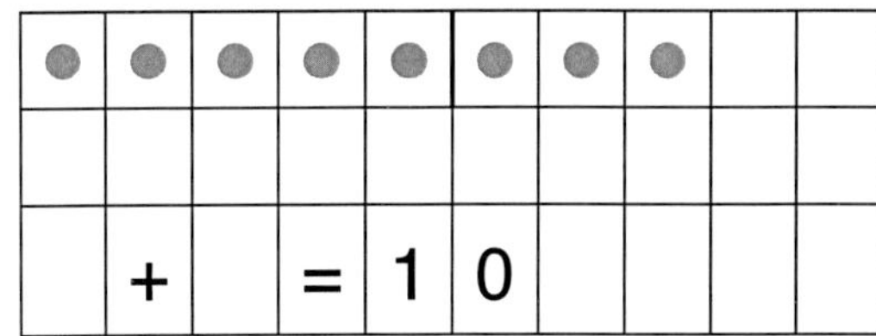

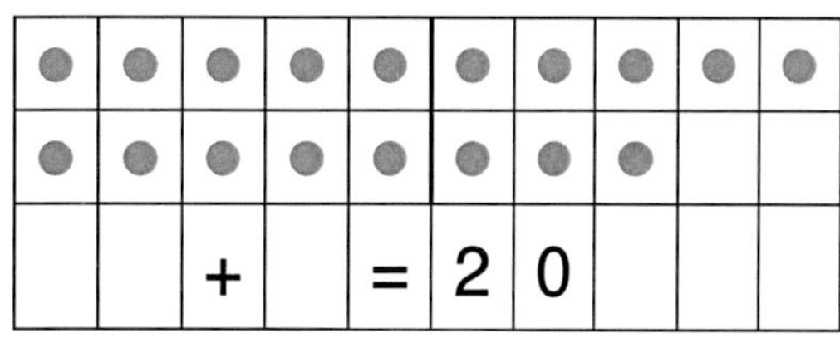

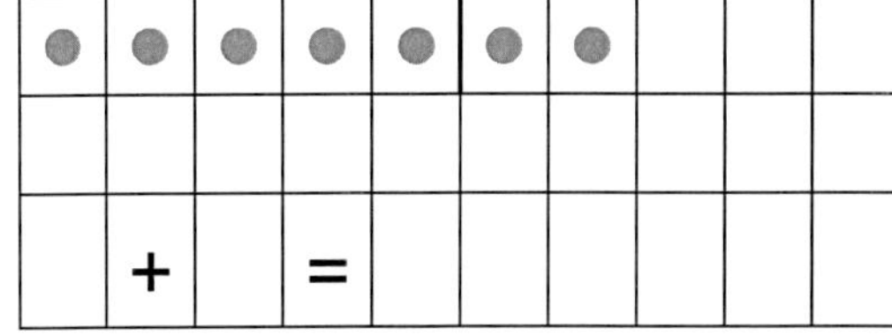

		+		=					

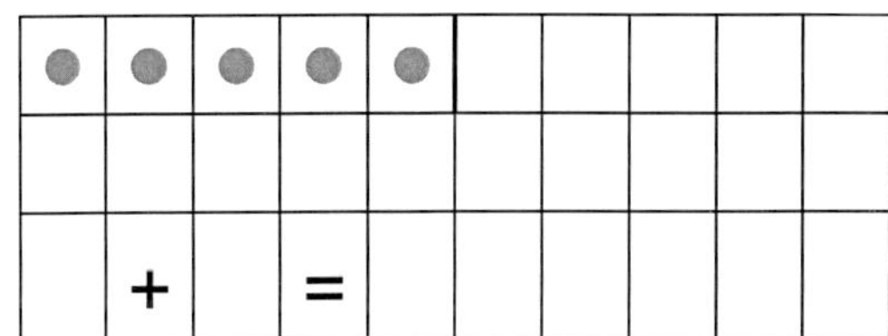

		+		=					

② Rechne weiter.

6 + ... = 10 16 + ... = 20	7 + ... = 10 17 + ... = 20	8 + ... = 10 18 + ... = 20	.... + ... = 10 .... + ... = 20
4 + ... = 10 14 + ... = 20	3 + ... = 10 13 + ... = 20	.... + ... = 10 .... + ... = 20	.... + ... = 10 .... + ... = 20

③

11 – .... = 10	17 – .... = 10	16 – .... = 10	18 – .... = 10
19 – .... = 10	13 – .... = 10	14 – .... = 10	12 – .... = 10

Knicke zuerst diesen Streifen um.

Aufgabe 1

8 + 2 = 10
18 + 2 = 20
7 + 3 = 10
17 + 3 = 20
5 + 5 = 10
15 + 5 = 20

Aufgabe 2

6 + 4 = 10
16 + 4 = 20
7 + 3 = 10
17 + 3 = 20
8 + 2 = 10
18 + 2 = 20
9 + 1 = 10
19 + 1 = 20

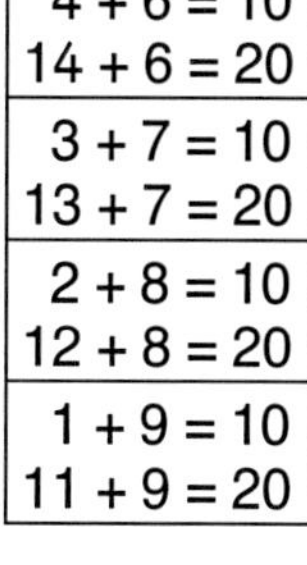
4 + 6 = 10
14 + 6 = 20
3 + 7 = 10
13 + 7 = 20
2 + 8 = 10
12 + 8 = 20
1 + 9 = 10
11 + 9 = 20

Aufgabe 3

11 – 1 = 10
17 – 7 = 10
16 – 6 = 10
18 – 8 = 10
19 – 9 = 10
13 – 3 = 10
14 – 4 = 10
12 – 2 = 10

Name: ______________________ Datum: ____________

Die Kraft der Fünf – Gleichungen

① Zerlegaufgaben mit 0, 5, 10 und 20

1 = 0 + ... 11 = 10 + ... 1 = 5 – ...... 11 = 15 –	2 = 0 + ... 12 = 10 + ... 2 = 5 – ...... 12 = 15 –	3 = ... + ... 13 = ... + ... 3 = ... – ...... 13 = ... –	4 = ... + ... 14 = ... + ... 4 = ... – ...... 14 = ... – ......

6 = 5 + ... 16 = 15 + ... 6 = 10 – ...... 16 = 20 –	8 = 5 + ... 18 = 15 + ... 8 = 10 – ...... 18 = 20 –	9 = 5 + ... 19 = ... + ... 9 = ... – ...... 19 = ... –	7 = 5 + ... 17 = ... + ... 7 = ... – ...... 17 = ... – ......

② Links und rechts vom = muss gleich viel sein. 1 = 1

8 + 2 = 6 + ... 10 = 10 18 + 2 = 16 + ... 20 = 20	5 + 5 = 7 + ... 15 + 5 = 17 + ...	7 + 3 = 9 + ... 17 + 3 = 19 + ...

6 + ... = 2 + 8 10 = 10 16 + ... = 12 + 8 20 = 20	1 + ... = 4 + 6 11 + ... = 14 + 6	0 + ... = 3 + 7 10 + ... = 13 + 7

5 + 2 = 10 – ...... 7 = 7 15 + 2 = 20 – ...... 17 = 17	5 + 4 = 10 – ...... 15 + 4 = 20 –	5 + 5 = 10 – ...... 15 + 5 = 20 – ......

Knicke zuerst diesen Streifen um.

Aufgabe 1

1	2
1	2
4	3
4	3

0 + 3	0 + 4
10 + 3	10 + 4
5 – 2	5 – 1
15 – 2	15 – 1

1	3
1	3
4	2
4	2

5 + 4	5 + 2
15 + 4	15 + 2
10 – 1	10 – 3
20 – 1	20 – 3

Aufgabe 2

4	3	1
4	3	1
4	9	10
4	9	10
3	1	0
3	1	0

Silvia Regelein: Richtig rechnen lernen – so klappt's! · 1. Klasse · Best.-Nr. 335 · © Brigg Verlag KG, Friedberg

Name: ______________________ Datum: ____________

Tauschaufgaben und Umkehraufgaben

Schreibe die Tauschaufgaben und Umkehraufgaben dazu.

15 + 4 = ...
4 + 15 = ...
19 − 4 = ...
19 − 15 = ...

1	3	+	4	=	

1	2	+	7	=		

12 + ... = 18
.... + 12 = 18
18 − .... = 12
18 − 12 = ...

1	1	+		=	1	6

1	4	+		=	2	0

.... + 2 = 19
2 + ... = 19
19 − 2 = ...
19 − .... = 2

1	7	−	5	=		

2	0	−	3	=		

Suche noch vier Familien und male sie an.

11 + 2 = 13	18 − 13 = ...	13 + 2 = ...	13 − 2 = 11
12 + 5 = ...	15 − 2 = ...	1 + 13 = ...	17 − 12 = ...
15 − 13 = ...	14 − 13 = ...	2 + 11 = 13	5 + 13 = ...
14 − 1 = ...	5 + 12 = ...	17 − 5 = ...	13 + 1 = ...
13 + 5 = ...	13 − 11 = 2	18 − 5 = ...	2 + 13 = ...

Knicke zuerst diesen Streifen um.

19	13 + 4 = 17
19	4 + 13 = 17
15	17 − 4 = 13
4	17 − 13 = 4

12 + 7 = 19
7 + 12 = 19
19 − 7 = 12
19 − 12 = 7

6	11 + 5 = 16
6	5 + 11 = 16
6	16 − 5 = 11
6	16 − 11 = 5

14 + 6 = 20
6 + 14 = 20
20 − 6 = 14
20 − 14 = 6

17	12 + 5 = 17
17	5 + 12 = 17
17	17 − 5 = 12
17	17 − 12 = 5

17 + 3 = 20
3 + 17 = 20
20 − 3 = 17
20 − 17 = 3

12 + 5 = 17 5 + 12 = 17 17 − 5 = 12 17 − 12 = 5	13 + 2 = 15 2 + 13 = 15 15 − 2 = 13 15 − 13 = 2
13 + 1 = 14 1 + 13 = 14 14 − 1 = 13 14 − 13 = 1	13 + 5 = 18 5 + 13 = 18 18 − 5 = 13 18 − 13 = 5

Name: ______________________ Datum: ____________

Knicke zuerst diesen Streifen um.

Nachbaraufgaben

① Immer 1 mehr bei der zweiten Zahl.

9	+	1	=		
9	+	2	=		
9	+	3	=		
9	+	4	=		
	+		=		
	+		=		
	+		=		

8	+	2	=		
8	+	3	=		
8	+	4	=		
8	+	5	=		
	+		=		
	+		=		
	+		=		

② Immer 1 mehr bei der ersten Zahl.

3	+	8	=		
4	+	8	=		
5	+	8	=		
6	+	8	=		
	+		=		
	+		=		
	+		=		

③ Rechne weiter.

11 – 1 = ...
11 – 2 = ...
11 – 3 = ...
11 – 4 = ...
....
....
....
....

12 – 2 = ...
12 – 3 = ...
12 – 4 = ...
12 – 5 = ...
....
....
....
....

18 – 7 = ...
17 – 7 = ...
16 – 7 = ...
15 – 7 = ...
....
....
....
....

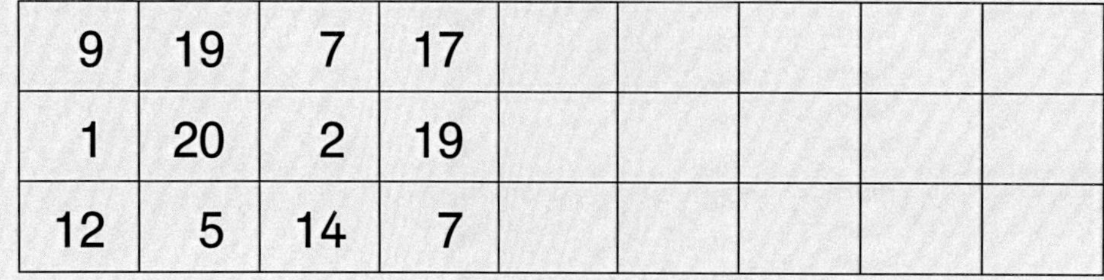

Setze fort.

9	19	7	17					
1	20	2	19					
12	5	14	7					

Aufgabe 1

10 11 12 13	9 + 5 = 14 9 + 6 = 15 9 + 7 = 16

10 11 12 13	8 + 6 = 14 8 + 7 = 15 8 + 8 = 16

Aufgabe 2

11 12 13 14	7 + 8 = 15 8 + 8 = 16 9 + 8 = 17

Aufgabe 3

10 9 8 7	11 – 5 = 6 11 – 6 = 5 11 – 7 = 4 11 – 8 = 3
10 9 8 7	12 – 6 = 6 12 – 7 = 5 12 – 8 = 4 12 – 9 = 3
11 10 9 8	14 – 7 = 7 13 – 7 = 6 12 – 7 = 5 11 – 7 = 4

5	15	3
13	1	
3	18	4
17	5	
16	9	18
11	20	

Name: ______________________ Datum: ____________

 Mit zwei Schritten über die 10 (1)

Ergänze zuerst bis 10.

So:

●	●	●	●	●					
○	○	○	○	○	○	○			
5	+	7	=	5	+	5	+	2	
5	+	7	=	10			+	2	
5	+	7	=	1	2				

Oder so:

●	●	●	●	●	○	○	○	○	○
○	○								
5	+	7	=	5	+	5	+	2	

Male rote ○ dazu und rechne.

●	●	●	●	●	●	●			
7	+	6	=	7	+		+		
7	+	6	=	1	0	+			
7	+	6	=						

●	●	●	●	●	●	●			
7	+	8	=	7	+		+		
7	+	8	=	1	0	+			
7	+	8	=						

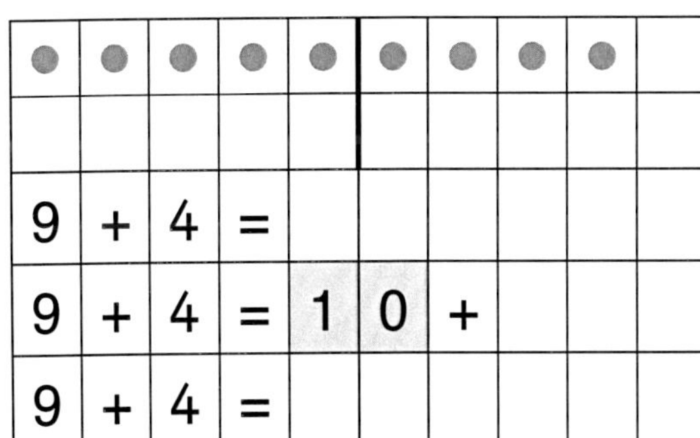

●	●	●	●	●	●	●	●	●	
9	+	4	=						
9	+	4	=	1	0	+			
9	+	4	=						

●	●	●	●	●	●	●	●	●	
9	+	6	=						
9	+	6	=	1	0	+			
9	+	6	=						

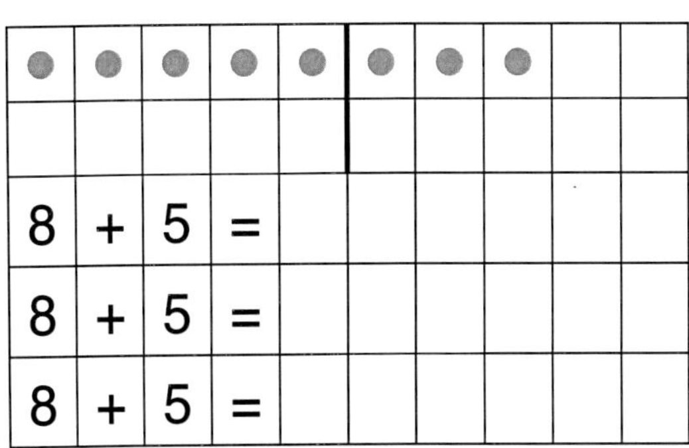

●	●	●	●	●	●	●	●		
8	+	5	=						
8	+	5	=						
8	+	5	=						

●	●	●	●	●	●	●	●		
8	+	9	=						
8	+	9	=						
8	+	9	=						

9 + 3 = ...	6 + 5 = ...	8 + 3 = ...	7 + 9 = ...
9 + 8 = ...	6 + 8 = ...	8 + 6 = ...	7 + 4 = ...
9 + 5 = ...	6 + 9 = ...	8 + 4 = ...	7 + 5 = ...

Knicke zuerst diesen Streifen um.

7 + 6 = 7 + 3 + 3 10 + 3 13
7 + 8 = 7 + 3 + 5 10 + 5 15
9 + 4 = 9 + 1 + 3 10 + 3 13
9 + 6 = 9 + 1 + 5 10 + 5 15
8 + 5 = 8 + 2 + 3 10 + 3 13
8 + 9 = 8 + 2 + 7 10 + 7 17

12 17 14	11 14 15	11 14 12	16 11 12

Name: ______________________ Datum: ______________

Knicke zuerst diesen Streifen um.

⊕ Mit zwei Schritten über die 10 (2)

① Trage die fehlenden Zahlen ein.

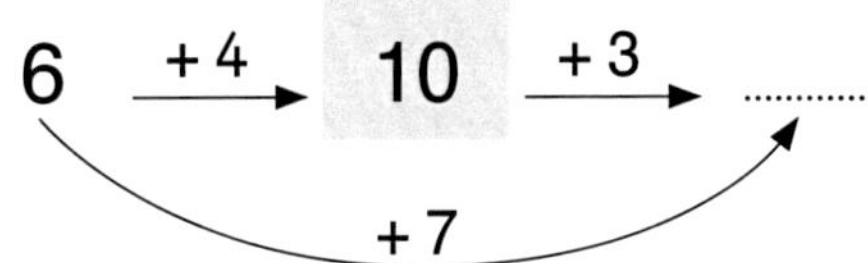

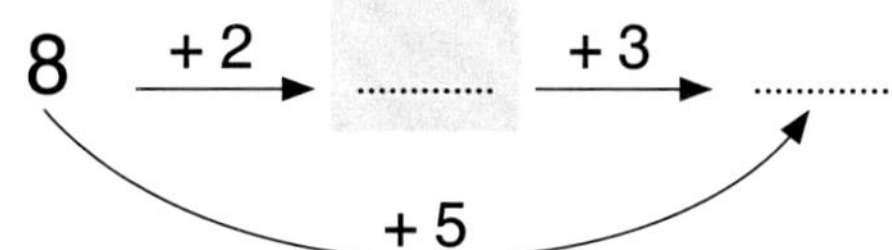

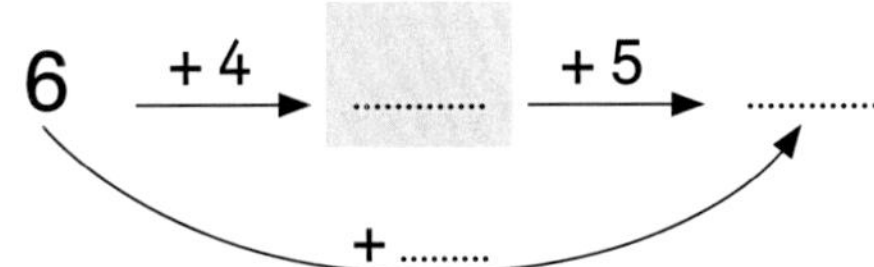

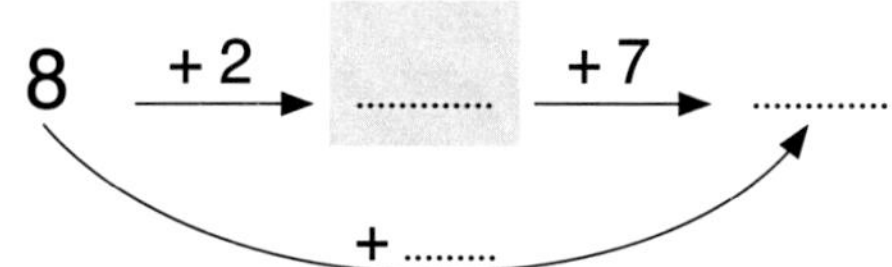

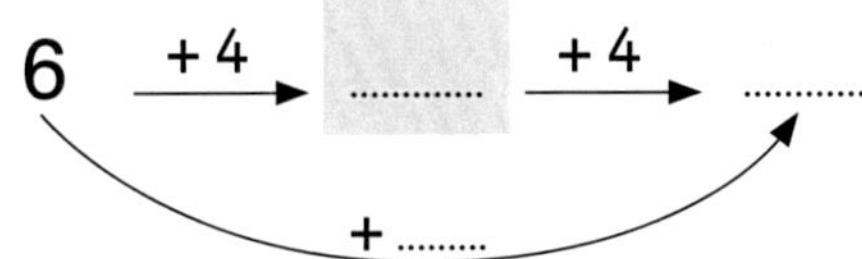

8 +2 → .... +5 → ....
+ ....

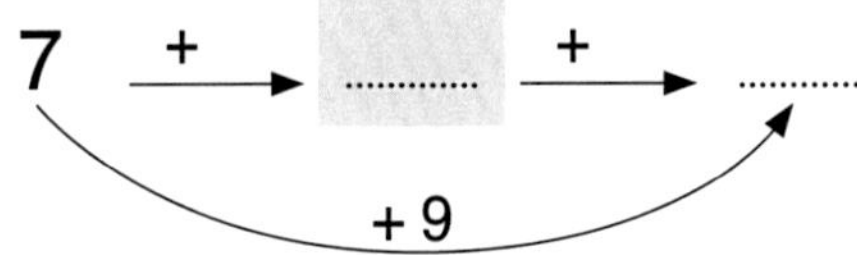

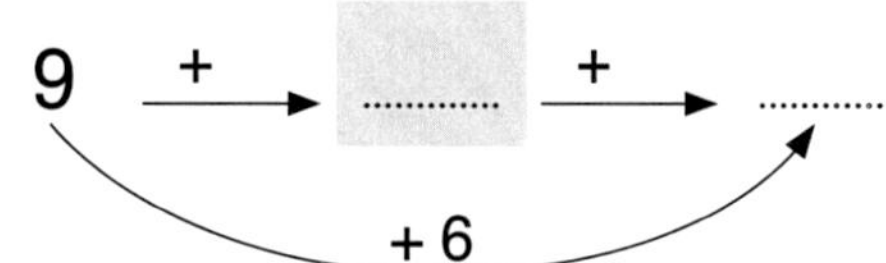

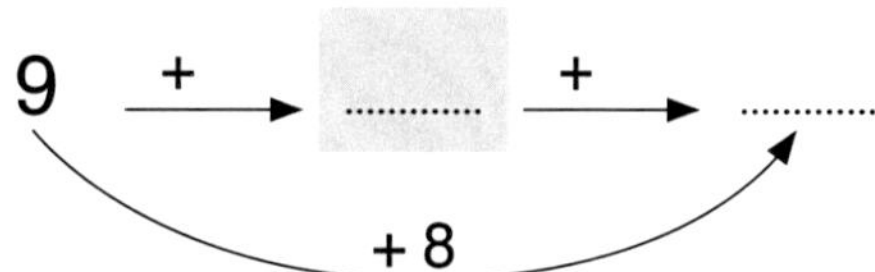

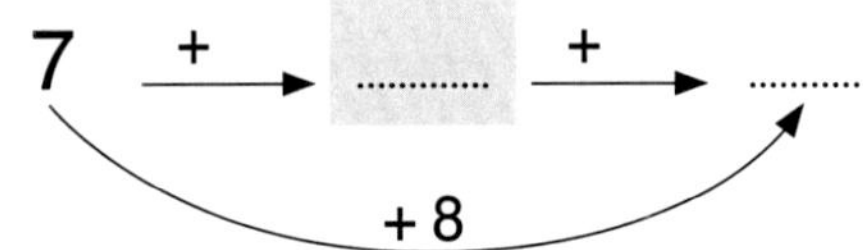

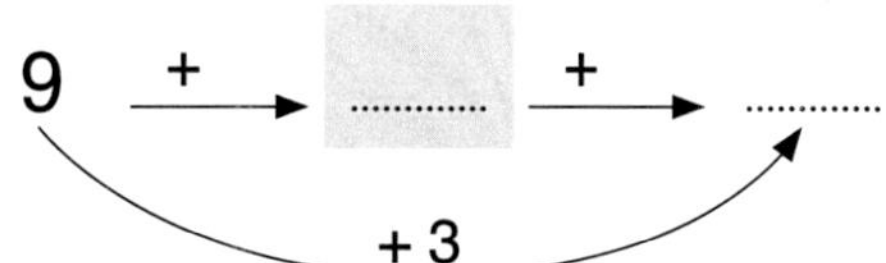

② Male das Zehnerpaar an.

5 + 8 + 5 = ... 10 + 8 = ...	6 + 7 + 4 = ... 10 + ... = ...	8 + 5 + 2 + 4 = ... 10 + ... = ...
5 + 9 + 5 = ... 10 + ... = ...	9 + 6 + 1 = ... 10 + ... = ...	7 + 4 + 4 + 3 = ... 10 + ... = ...
5 + 6 + 5 = ... 10 + ... = ...	8 + 4 + 2 = ... 10 + ... = ...	9 + 3 + 2 + 1 = ... 10 + ... = ...

Aufgabe 1

6 + 7 = 13 6 + 9 = 15 6 + 8 = 14
8 + 5 = 13 8 + 9 = 17 8 + 7 = 15
7 + 3 + 6 = 16 7 + 3 + 3 = 13 7 + 3 + 5 = 15
9 + 1 + 5 = 15 9 + 1 + 7 = 17 9 + 1 + 2 = 12

Aufgabe 2

10 + 8 = 18 10 + 7 = 17 10 + 9 = 19
10 + 9 = 19 10 + 6 = 16 10 + 8 = 18
10 + 6 = 16 10 + 4 = 14 10 + 5 = 15

Silvia Regelein: Richtig rechnen lernen – so klappt's! · 1. Klasse · Best.-Nr. 335 · © Brigg Verlag KG, Friedberg

Name: ______________________ Datum: __________

⊖ Mit zwei Schritten über die 10 (1)

Zuerst zurück zur 10. Streiche ○ weg und rechne.

●	●	●	●	●	∅	∅	∅	∅	∅
∅	∅								

12 – 7 =	12 – 2	–	5	
12 – 7 =	10	–	5	
12 – 7 =					

●	●	●	●	●	●	●	●	○	○
∅	∅	∅	∅						

14 – 6 =	14 – 4	–	2	
14 – 6 =	10	–	2	
14 – 6 =					

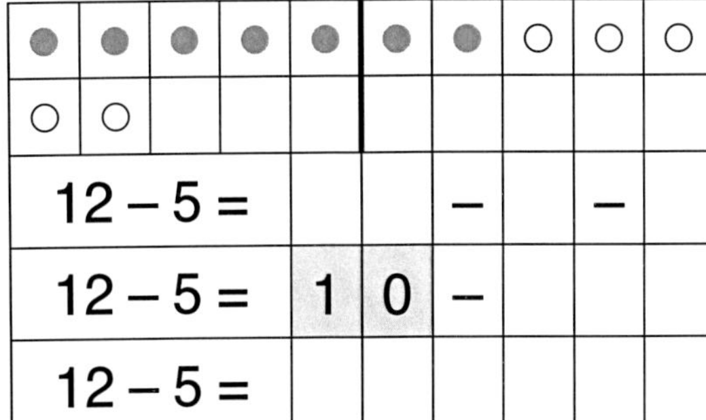

●	●	●	●	●	○	○	○	○	○
○	○	○	○						

14 – 9 =		–		–	
14 – 9 =	1	0			
14 – 9 =					

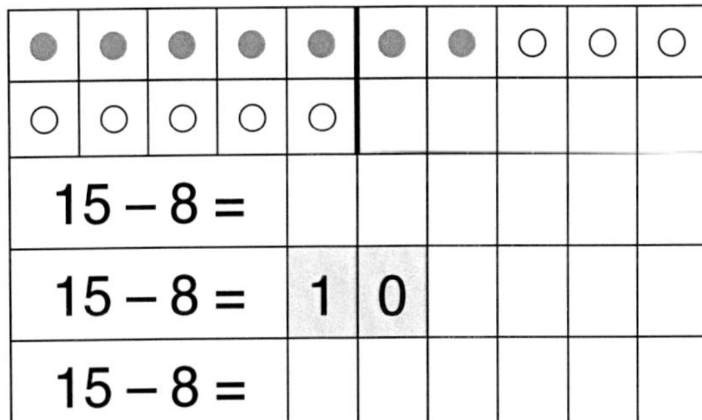

●	●	●	●	●	●	●	●	○	○
○	○	○	○	○					

15 – 7 =					
15 – 7 =	1	0			
15 – 7 =					

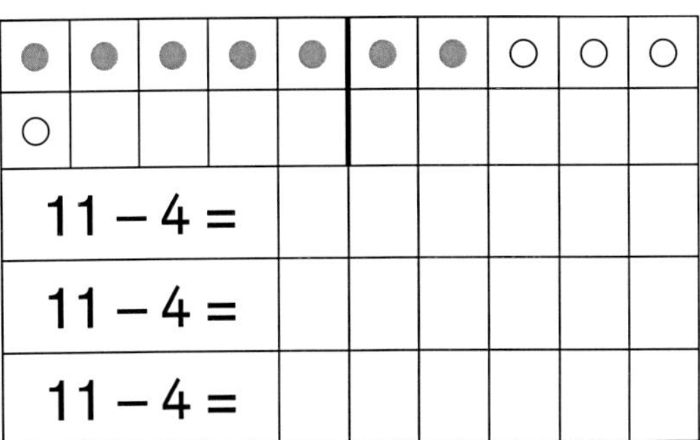

●	●	●	●	●	○	○	○	○	○
○									

11 – 6 =					
11 – 6 =					
11 – 6 =					

14 – 8 = ...	11 – 5 = ...	12 – 8 = ...	16 – 7 = ...
14 – 5 = ...	11 – 8 = ...	12 – 9 = ...	15 – 9 = ...
14 – 7 = ...	11 – 9 = ...	17 – 9 = ...	15 – 6 = ...

Knicke zuerst diesen Streifen um.

5	8

12 – 5 = 12 – 2 – 3 10 – 3 7
14 – 9 = 14 – 4 – 5 10 – 5 5
15 – 8 = 15 – 5 – 3 10 – 3 7
15 – 7 = 15 – 5 – 2 10 – 2 8
11 – 4 = 11 – 1 – 3 10 – 3 7
11 – 6 = 11 – 1 – 5 10 – 5 5

6	6	4	9
9	3	3	6
7	2	8	9

Name: ______________________ Datum: __________

⊖ Mit zwei Schritten über die 10 (2)

① Trage die fehlenden Zahlen ein.

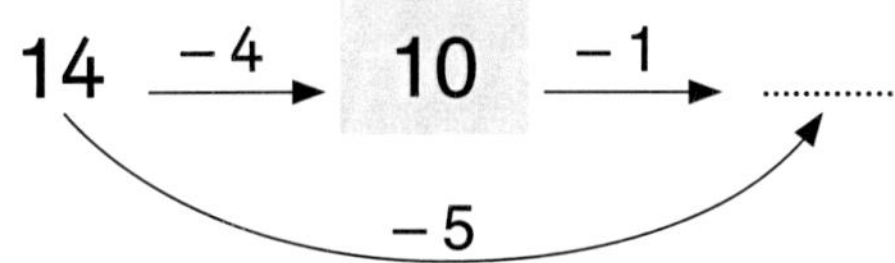

14 $\xrightarrow{-4}$ 10 $\xrightarrow{-1}$ .... (–5)

14 $\xrightarrow{-4}$ .... $\xrightarrow{-4}$ .... (– ....)

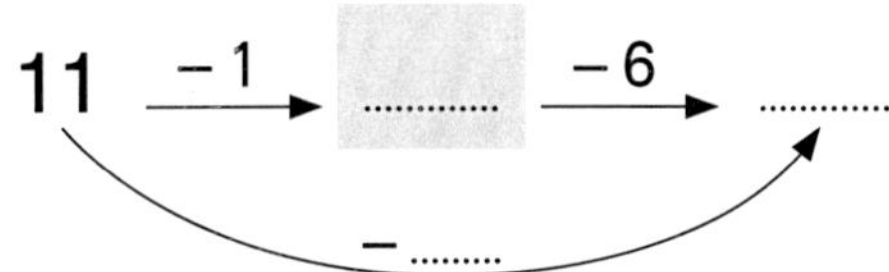

11 $\xrightarrow{-1}$ .... $\xrightarrow{-6}$ .... (– ....)

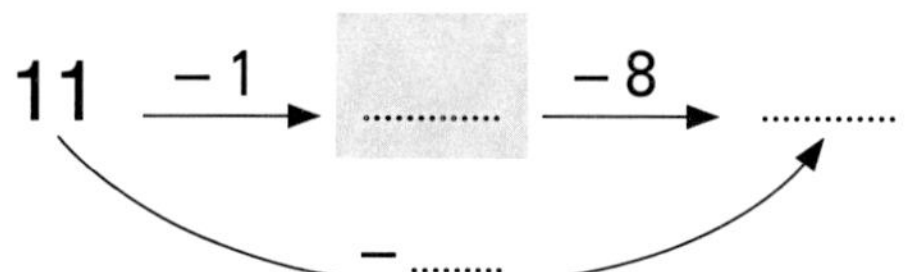

11 $\xrightarrow{-1}$ .... $\xrightarrow{-8}$ .... (– ....)

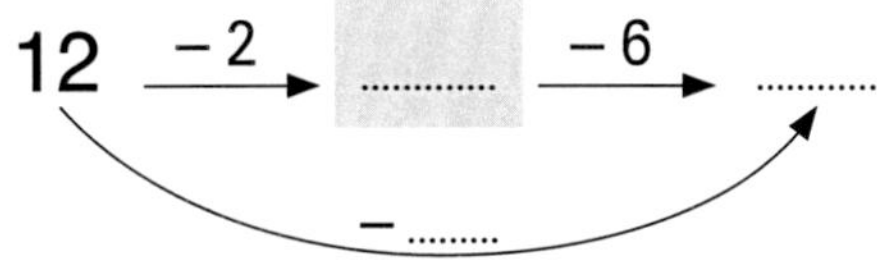

12 $\xrightarrow{-2}$ .... $\xrightarrow{-6}$ .... (– ....)

12 $\xrightarrow{-2}$ .... $\xrightarrow{-1}$ .... (– ....)

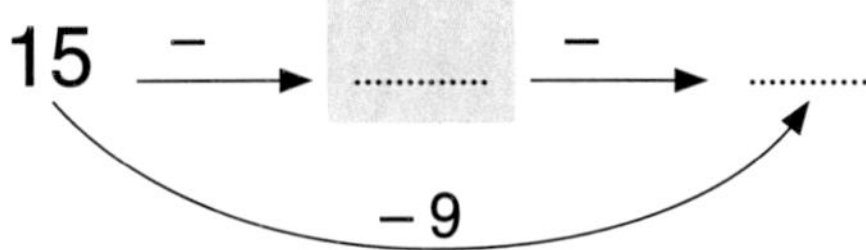

15 $\xrightarrow{-}$ .... $\xrightarrow{-}$ .... (–9)

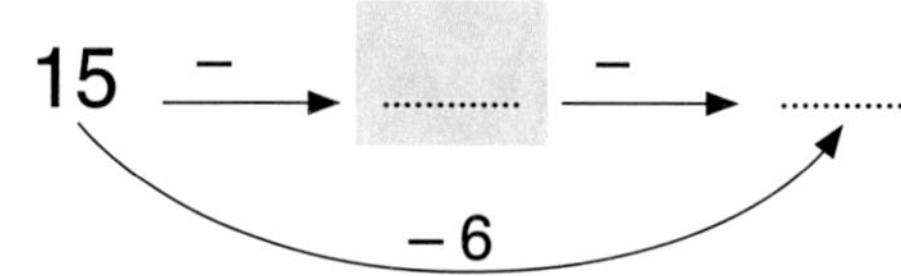

15 $\xrightarrow{-}$ .... $\xrightarrow{-}$ .... (–6)

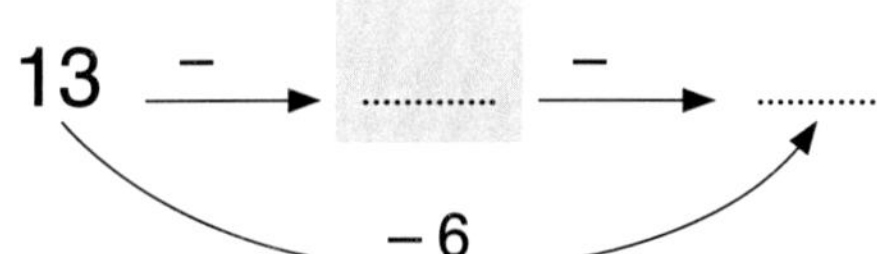

13 $\xrightarrow{-}$ .... $\xrightarrow{-}$ .... (–6)

13 $\xrightarrow{-}$ .... $\xrightarrow{-}$ .... (–8)

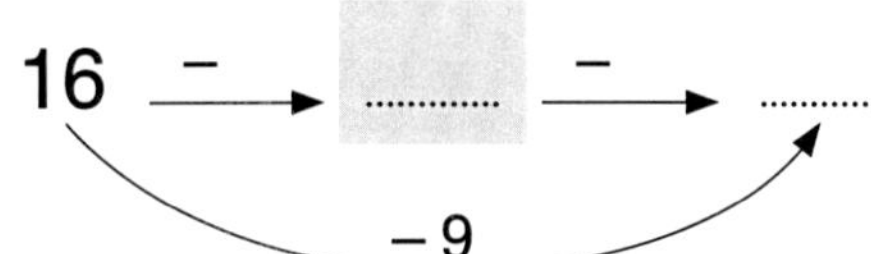

16 $\xrightarrow{-}$ .... $\xrightarrow{-}$ .... (–9)

16 $\xrightarrow{-}$ .... $\xrightarrow{-}$ .... (–7)

② Male das Zehnerpaar an.

11 – 5 – 1 = ... 10 – 5 = ...	14 – 7 – 4 = ... 10 – .... = ...	11 – 3 – 5 – 1 = ... 10 – .... = ...
12 – 4 – 2 = ... 10 – .... = ...	17 – 8 – 7 = ... 10 – .... = ...	13 – 4 – 3 – 5 = ... 10 – .... = ...
13 – 5 – 3 = ... 10 – .... = ...	15 – 9 – 5 = ... 10 – .... = ...	12 – 5 – 3 – 2 = ... 10 – .... = ...

Knicke zuerst diesen Streifen um.

Aufgabe 1

14 – 5 = 9 14 – 8 = 6
11 – 7 = 4 11 – 9 = 2
12 – 8 = 4 12 – 3 = 9
15 – 5 – 4 = 6 15 – 5 – 1 = 9
13 – 3 – 3 = 7 13 – 3 – 5 = 5
16 – 6 – 3 = 7 16 – 6 – 1 = 9

Aufgabe 2

10 – 5 = 5
10 – 7 = 3
10 – 8 = 2

10 – 4 = 6
10 – 8 = 2
10 – 9 = 1

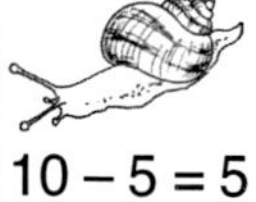

10 – 5 = 5
10 – 9 = 1
10 – 8 = 2

Name: ______________________ Datum: __________

Schnell und sicher bis 20 rechnen

Schnecke	Hund	Maus	Schaf	Fisch	Schmetterling	Schwein
10 + 2	9 + 2	8 + 2	7 + 2	6 + 2	5 + 2	4 + 2
10 + 3	9 + 3	8 + 3	7 + 3	6 + 3	5 + 3	4 + 3
10 + 4 14	9 + 4	8 + 4	7 + 4	6 + 4	5 + 4	4 + 4
10 + 5	9 + 5	8 + 5	7 + 5	6 + 5	5 + 5	4 + 5
10 + 6	9 + 6	8 + 6	7 + 6	6 + 6	5 + 6	4 + 6
10 + 7	9 + 7	8 + 7	7 + 7	6 + 7	5 + 7	4 + 7
10 + 8	9 + 8	8 + 8	7 + 8	6 + 8	5 + 8	4 + 8
10 + 9	9 + 9	8 + 9	7 + 9	6 + 9	5 + 9	4 + 9
10 + 10	9 + 10	8 + 10	7 + 10	6 + 10	5 + 10	4 + 10 14

① Suche Tauschaufgaben und schreibe das Ergebnis auf.

② Rechne die Aufgaben in den grauen Feldern ☐ aus.

③ Rechne und male an.
Ergebnis 10 rot   Ergebnis 15 blau   Ergebnis 12 gelb

④ Schreibe weiter und rechne.

11 – 2 = ...	12 – 9 = ...	18 – 9 = ...
11 – 3 = ...	12 – 8 = ...	16 – 8 = ...
11 – 4 = ...	12 – 7 = ...	14 – 7 = ...
....	....	....
....	....	....
....	....	....

Knicke zuerst diesen Streifen um.

Aufgabe 1 bis 3

Schnecke	Hund	Maus
12	11	10
13	12	11
14	13	12
15	14	13
16	15	14
17	16	15
18	17	16
19	18	17
20	19	18

Schaf	Fisch	Schmetterling	Schwein
9	8	7	6
10	9	8	7
11	10	9	8
12	11	10	9
13	12	11	10
14	13	12	11
15	14	13	12
16	15	14	13
17	16	15	14

Aufgabe 4

9 8 7
11 – 5 = 6
11 – 6 = 5
11 – 7 = 4

3 4 5
12 – 6 = 6
12 – 5 = 7
12 – 4 = 8

9 8 7
12 – 6 = 6
10 – 5 = 5
8 – 4 = 4

Name: ________________________ Datum: ______________

Gleichungen

① Schreibe Gleichungen zu den Pfeilaufgaben.

6 ⇄ (+7 / −7)	(+5 / −5) ⇄ 12	8 ⇄ (+ / −) 15
6 + 7 = ...	......	......
...... − 7 = 6	......	......
	Ich finde die erste Zahl mit der Umkehraufgabe.	Ich ergänze:
		8 + ... + ... = 15 10

② Schreibe als Pfeilaufgabe.

8 + 4 = ...	...... + 9 = 17	...... − 5 = 9
...... − 4 = 8	17 − 9 = ...	9 + 5 = ...
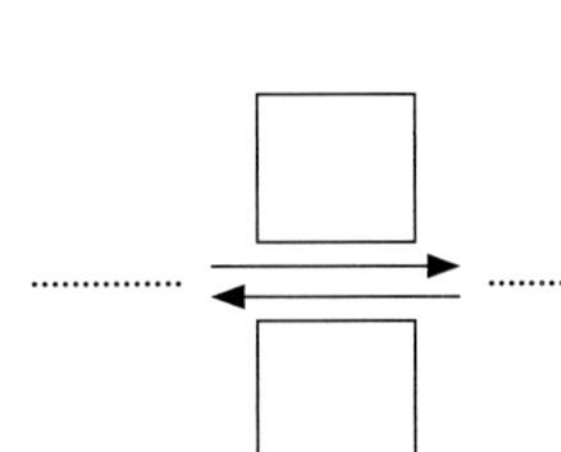	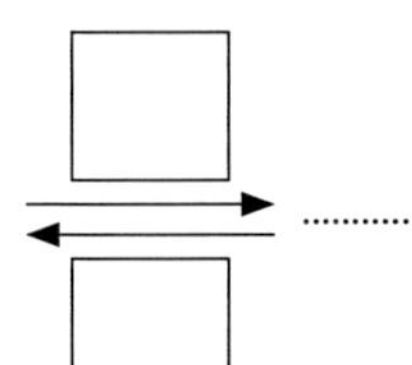	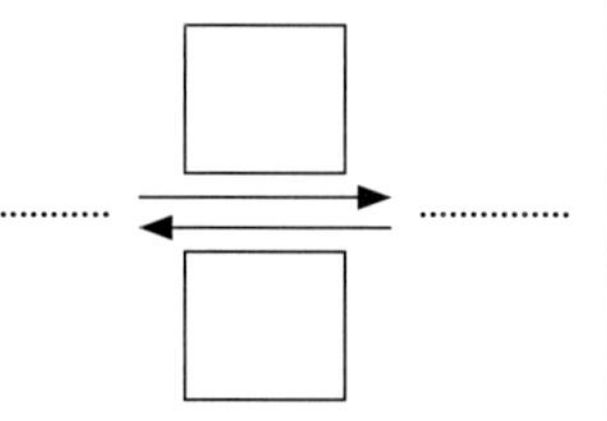

③

...... + 4 = 11	...... − 3 = 8	13 − ...... = 9
...... + 8 = 16	...... − 5 = 8	16 − ...... = 9
...... + 6 = 14	...... − 9 = 8	18 − ...... = 9
...... + 9 = 15	...... − 7 = 8	11 − ...... = 9

6 + 9 = 7 + ...	...... + 7 = 8 + 8	6 + ... = 4 + 7
5 + ... = 8 + 4	11 − ...... = 13 − 8	3 + 8 = 6 + ...
14 − 6 = 17 −	...... − 8 = 11 − 7	...... − 7 = 14 − 8
...... − 6 = 11 − 4	9 + 5 = ... + 8	15 − ...... = 13 − 6

Knicke zuerst diesen Streifen um.

Aufgabe 1

6 + 7 = 13   13 − 7 = 6
12 − 5 = 7   7 + 5 = 12
8 + 7 = 15   8 + 2 + 5 = 15

Aufgabe 2

8 ⇄ (+4 / −4) 12
8 ⇄ (+9 / −9) 17
9 ⇄ (+5 / −5) 14

Aufgabe 3

7	11	4
8	13	7
8	17	9
6	15	2

8	9	5
7	6	5
9	12	13
13	6	8

Name: ______________________ Datum: __________

Lange Plus- und Minusaufgaben bis 20

① Würfle mit vier Würfeln. Schreibe das Zehnerpaar zuerst auf und male es leicht an.

Würfel														
6, 4, 5, 1	6	+	4	+	5	+	1	=	1	0	+		=	
3, 5, 4, 5														
6, 4, 4, 5														
4, 3, 2, 6														
6, 3, 5, 5														
5, 3, 5, 5														

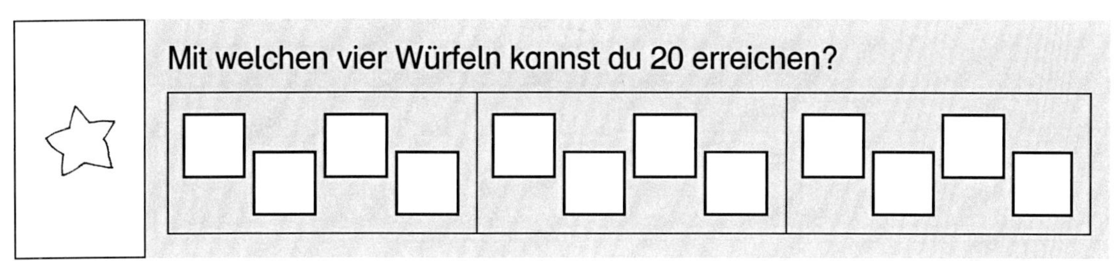
Mit welchen vier Würfeln kannst du 20 erreichen?

② Wie rechnest du?

15 + 4 – 3 = ? oder 15 + 4 – 3 =? 19 – 3 = ... 15 + 1 = ... oder 15 – 3 + 4 = 12 + 4	20 – 5 – 2 = ? oder 20 – 5 – 2 = ? 15 – 2 = ... 20 – 7 = ...

13 + 5 – 6 = ...	17– 5 + 3 = ...	20 – 3 – 7 = ...
19 + 5 – 5 = ...	19 – 6 + 3 = ...	20 – 7 – 7 = ...
20 + 0 – 8 = ...	18 – 2 + 4 = ...	20 – 6 – 8 = ...
17 + 2 – 7 = ...	19 – 7 + 3 = ...	20 – 8 – 5 = ...
16 – 4 + 8 = ...	17 – 9 + 8 = ...	20 – 4 – 9 = ...
18 – 9 + 8 = ...	20 – 9 + 7 = ...	20 – 9 – 9 = ...
15 – 8 + 9 = ...	15 – 7 + 8 = ...	20 – 6 – 6 = ...

Knicke zuerst diesen Streifen um.

Aufgabe 1

6 + 4 + 5 + 1 = 16
5 + 5 + 4 + 3 = 17
6 + 4 + 5 + 4 = 19
6 + 4 + 3 + 2 = 15
5 + 5 + 6 + 3 = 19
5 + 5 + 5 + 3 = 18

☆
5 + 5 + 5 + 5 = 20
6 + 4 + 6 + 4 = 20
6 + 6 + 6 + 2 = 20

Aufgabe 2

12	15	10
19	16	6
12	20	6
12	15	7
20	16	7
17	18	2
16	16	8

Name: ______________________ Datum: __________

Knicke zuerst diesen Streifen um.

Sachrechnen bis 10: Die richtige Reihenfolge

Male zu jedem Bild den passenden Würfel.

[1] zuerst [2] dann [3] nachher

① [2] 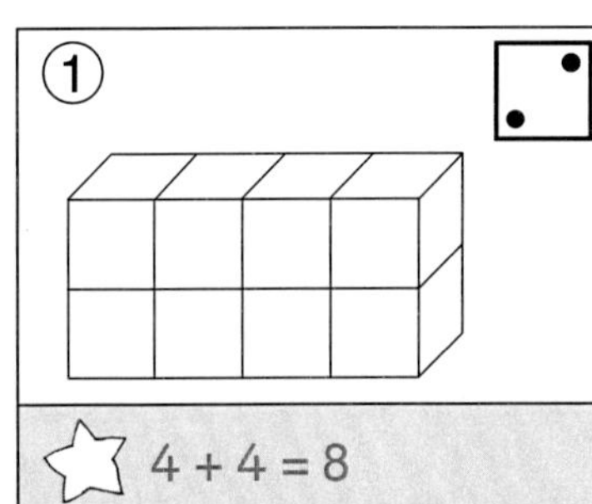	[3] 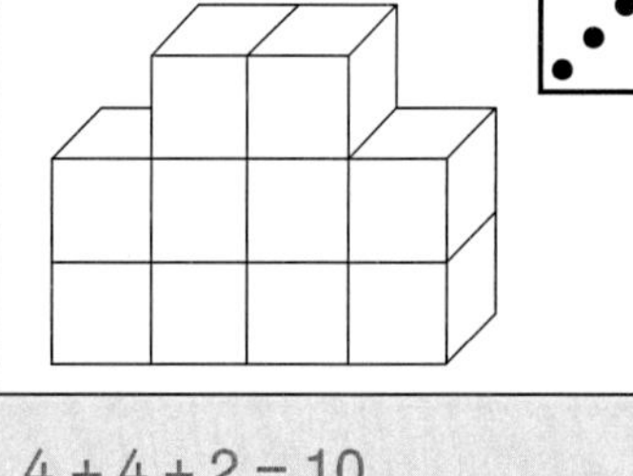	[1] 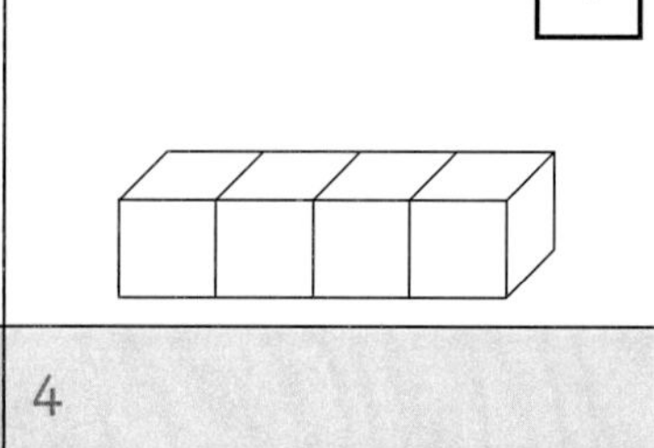
☆ 4 + 4 = 8	4 + 4 + 2 = 10	4
② 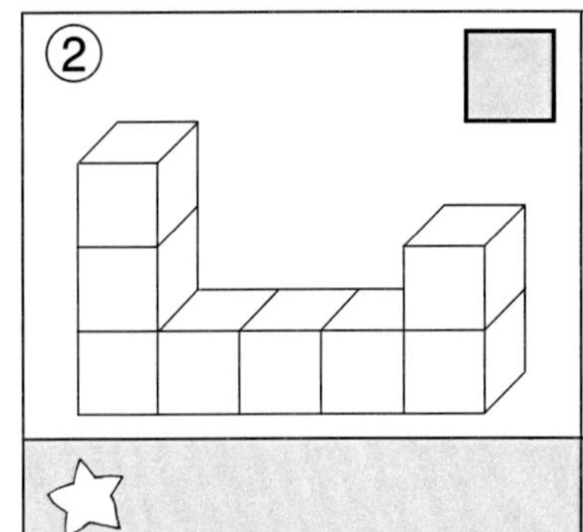	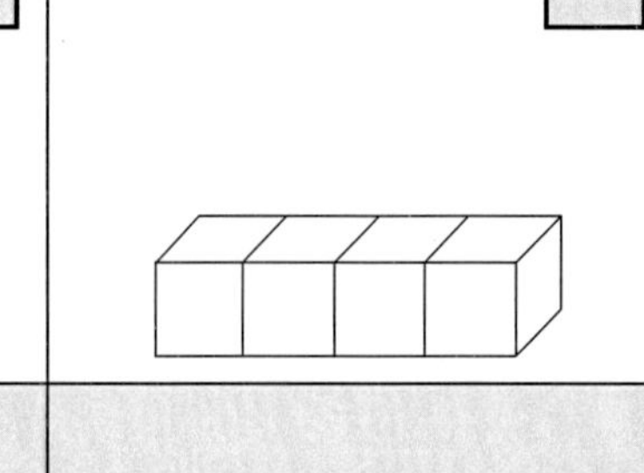	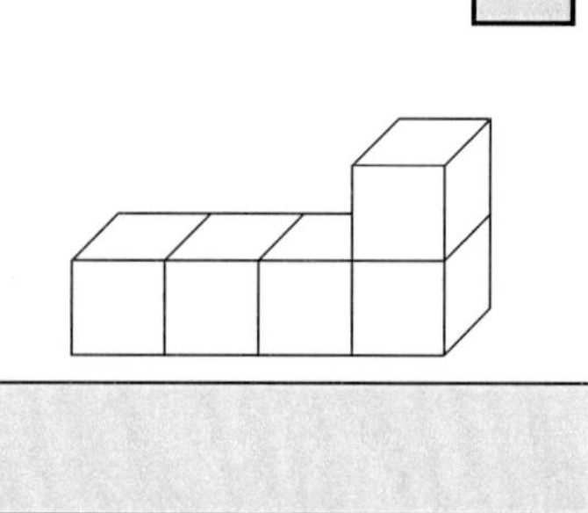
☆		
③ 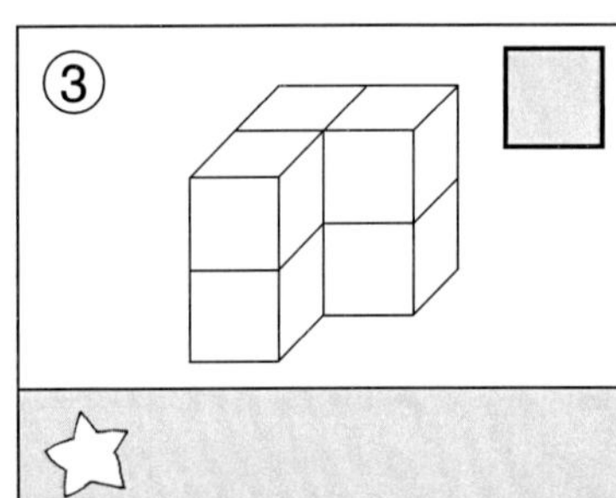	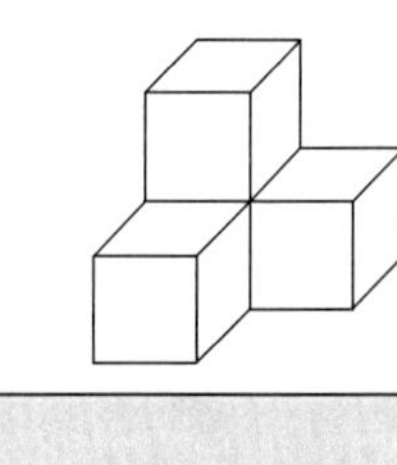	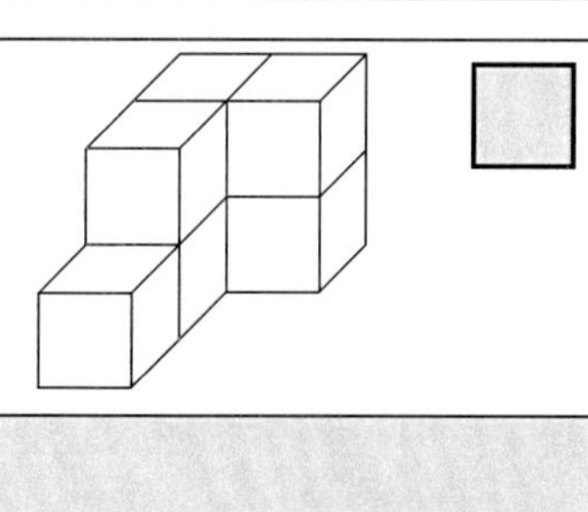
☆		
④ 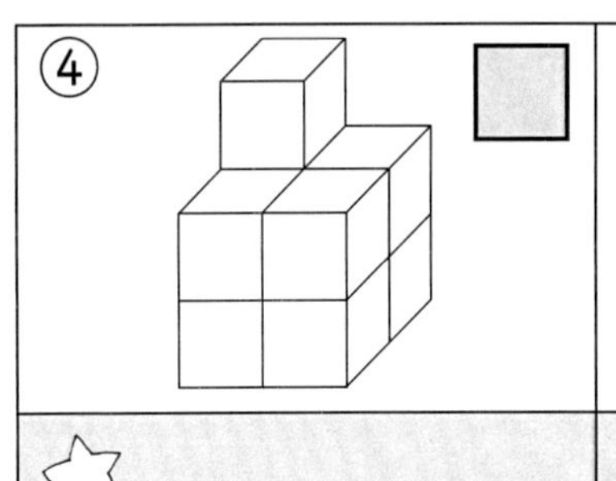	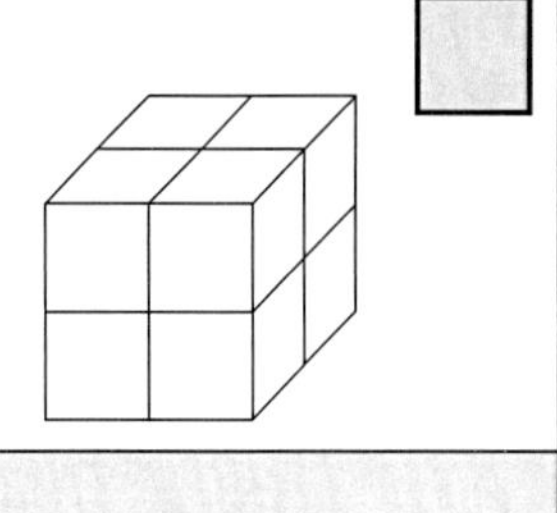	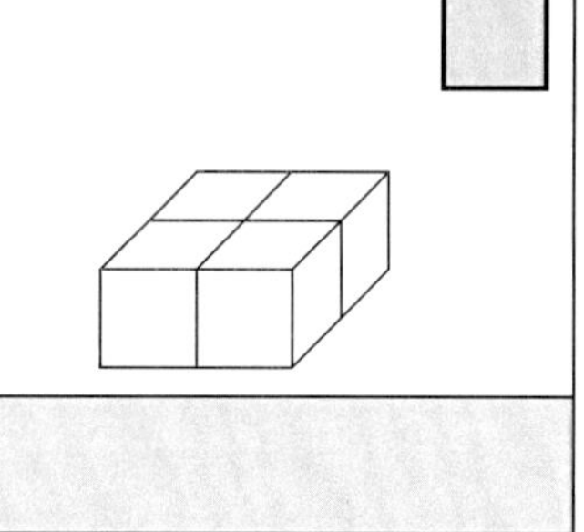
☆		
⑤ 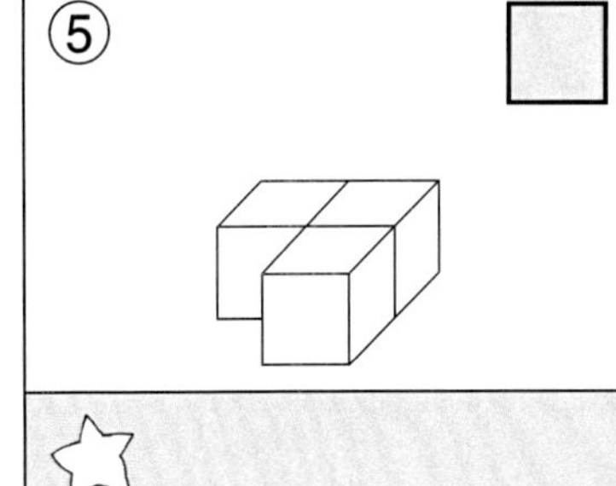	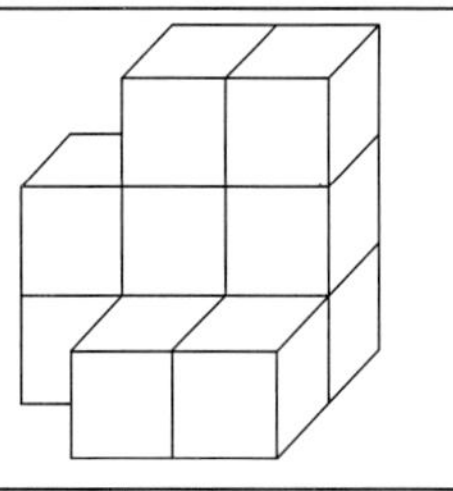	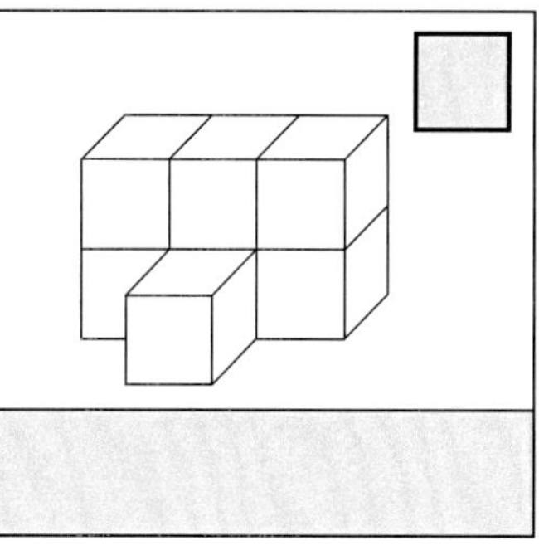
☆		

Aufgabe 2

[3] [1] [2]

4 + 1 + 3 = 8
4
4 + 1 = 5

Aufgabe 3

[2] [1] [3]

4 + 2 = 6
4
4 + 2 + 1 = 7

Aufgabe 4

[3] [2] [1]

4 + 4 + 1 = 9
4 + 4 = 8
4

Aufgabe 5

[1] [3] [2]

3
3 + 4 + 3 = 10
3 + 4 = 7

Silvia Regelein: Richtig rechnen lernen – so klappt's! · 1. Klasse · Best.-Nr. 335 · © Brigg Verlag KG, Friedberg

Name: ______________________ Datum: ______________

Sachrechnen bis 20: Welche Aufgabe passt?

Male die richtige Aufgabe an und rechne alle Aufgaben aus.

① zuerst 9

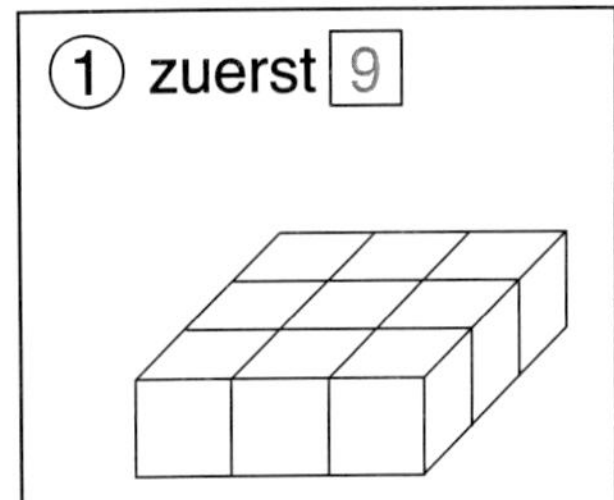

nachher 15

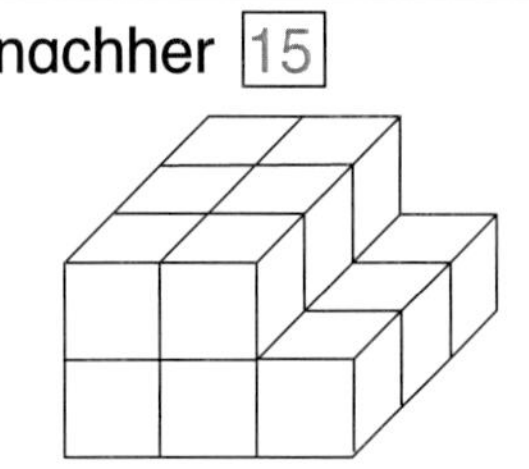

6 + 9 = ...	10 + 5 = ...
15 – 9 = ...	9 + 6 = ...
9 – 6 = ...	15 – 6 = ...

② zuerst ....

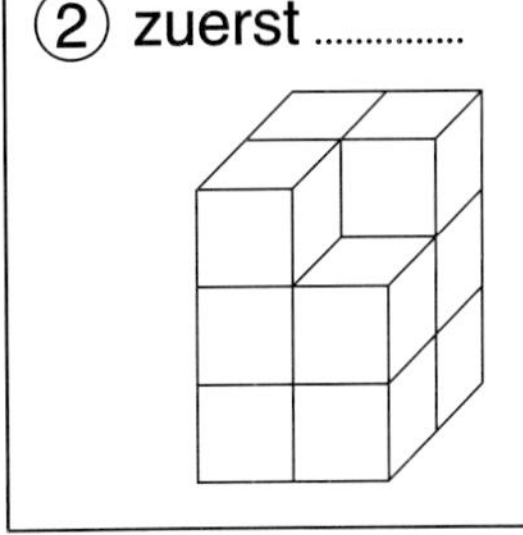

nachher ....

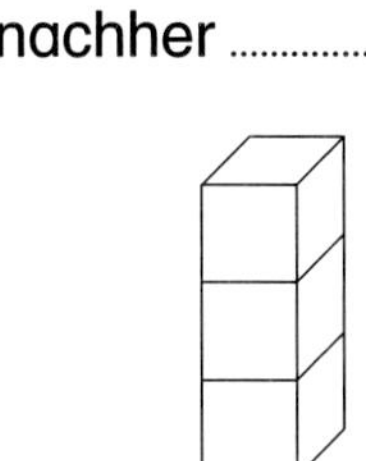

12 + 3 = ...	8 + 3 = ...
11 – 3 = ...	12 – 8 = ...
11 + 3 = ...	11 – 8 = ...

③ zuerst ....

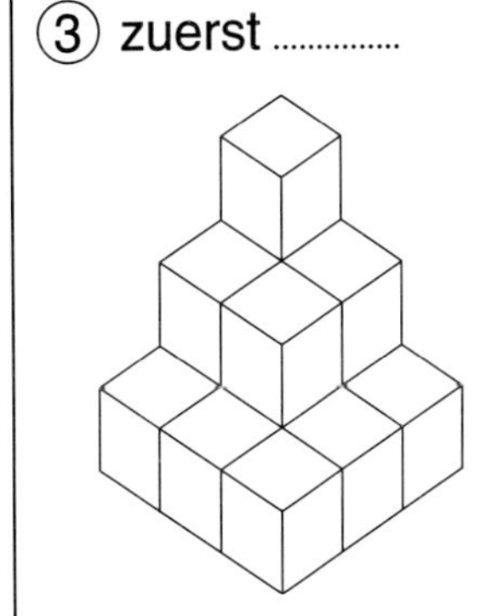

nachher ....

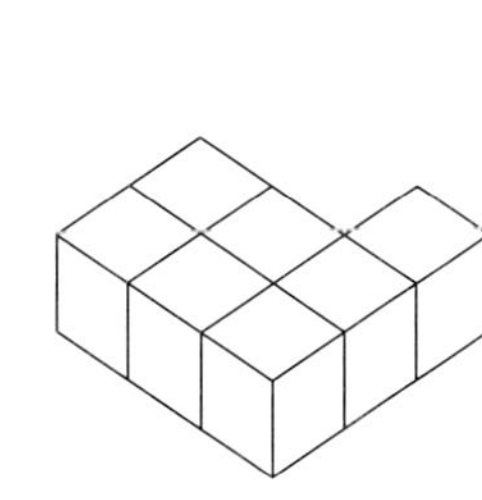

13 – 7 = ...	13 – 6 = ...
7 + 7 = ...	14 – 6 = ...
14 – 7 = ...	14 – 8 = ...

④ zuerst ....

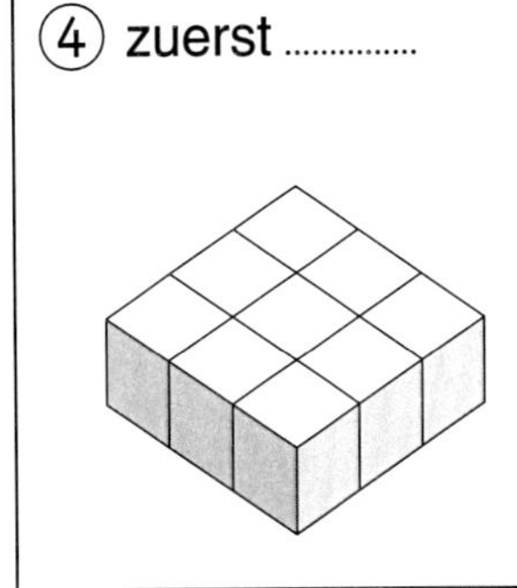

nachher ....

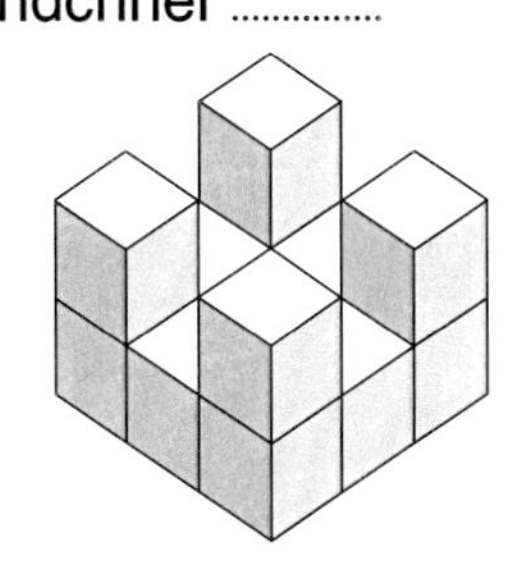

9 + 5 = ...	9 + 4 = ...
13 – 5 = ...	13 – 4 = ...
8 + 4 = ...	14 – 4 = ...

⑤ zuerst ....

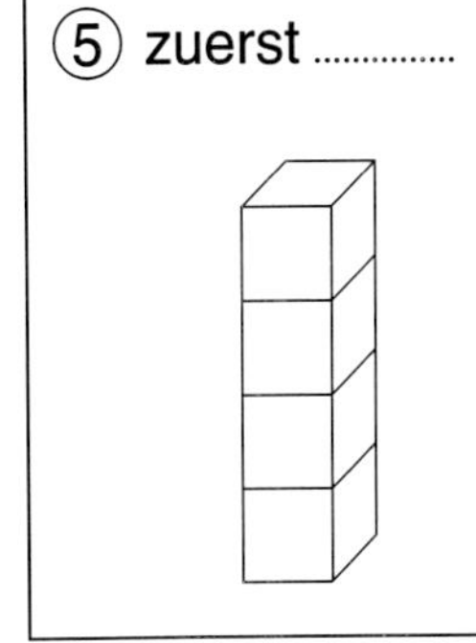

nachher ....

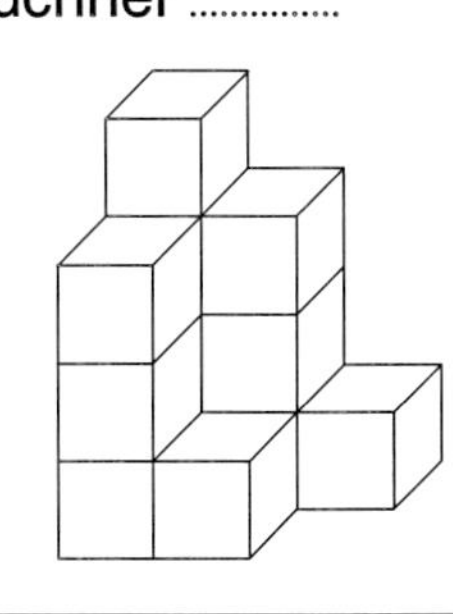

4 + 9 = ...	12 – 9 = ...
4 + 8 = ...	3 + 8 = ...
11 – 8 = ...	5 + 8 = ...

Knicke zuerst diesen Streifen um.

Aufgabe 1

9 15

15	15
6	9 + 6 = 15
3	9

Aufgabe 2

11 3

15	11
8	4
14	11 – 8 = 3

Aufgabe 3

14 7

6	7
14	8
14 – 7 = 7	6

Aufgabe 4

9 13

14	9 + 4 = 13
8	9
12	10

Aufgabe 5

4 12

13	3
4 + 8 = 12	11
3	13

Name: ______________________ Datum: ____________

Knicke zuerst diesen Streifen um.

Geld zählen und wechseln bis 10 Cent

① Eine Münze fehlt. Male sie dazu.

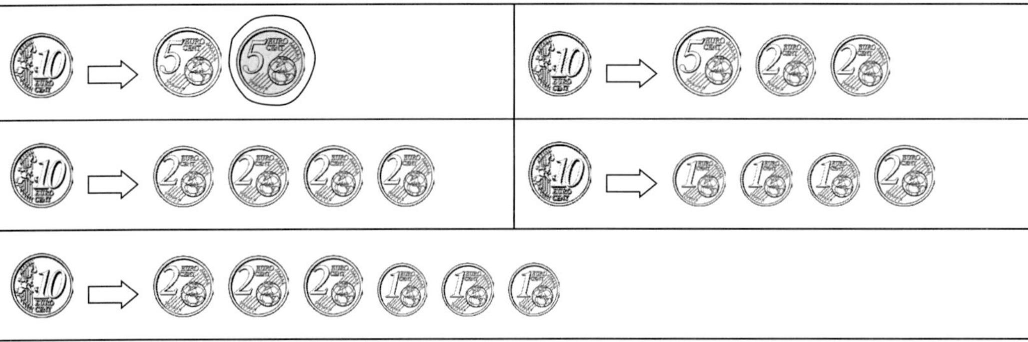

② Zwei Münzen fehlen. Male sie dazu.

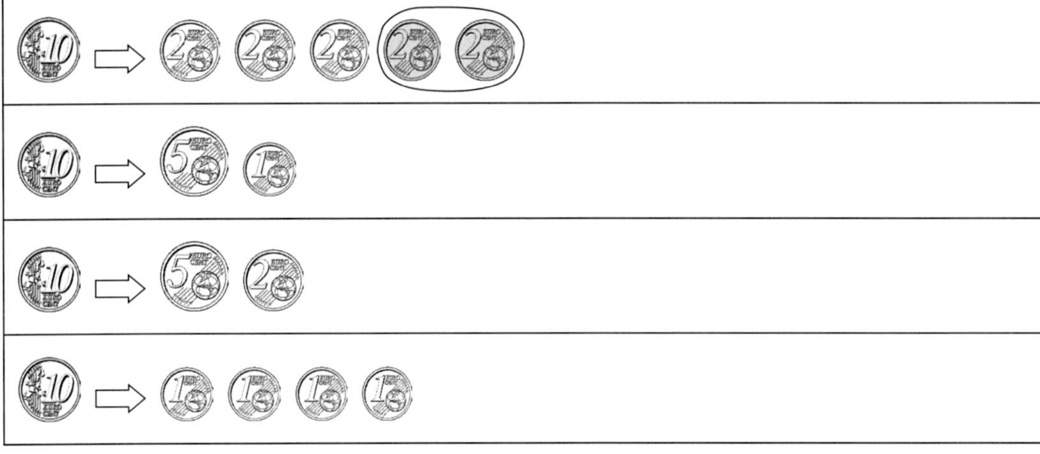

③ Wechsle in eine Münze um und male.

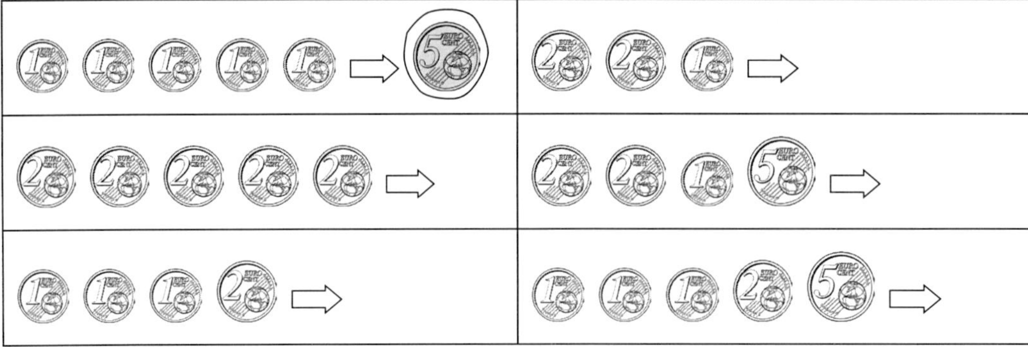

④ Wechsle in zwei Münzen um und male.

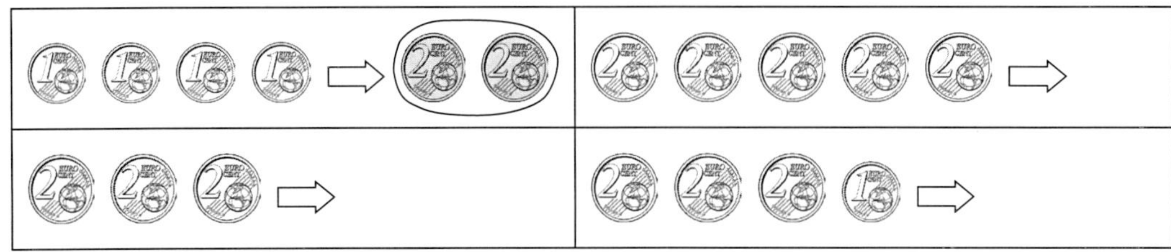

Aufgabe 1

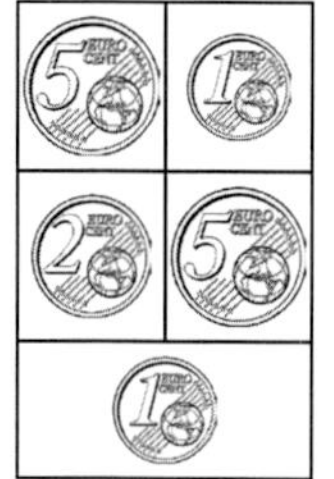

Aufgabe 2

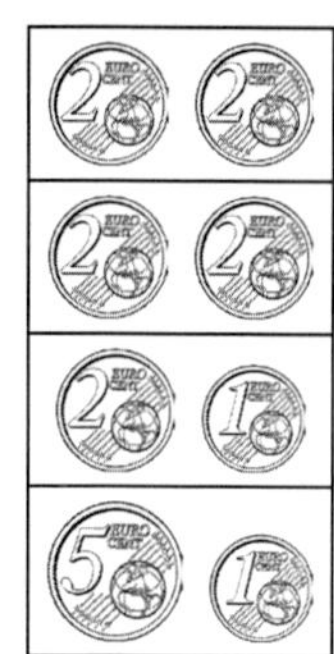

Aufgabe 3

Aufgabe 4

Silvia Regelein: Richtig rechnen lernen – so klappt's! · 1. Klasse · Best.-Nr. 335 · © Brigg Verlag KG, Friedberg

Name: ______________________ Datum: ____________

Knicke zuerst diesen Streifen um.

Geld zählen und wechseln bis 20 Cent

① Zwei Münzen fehlen. Male sie dazu.

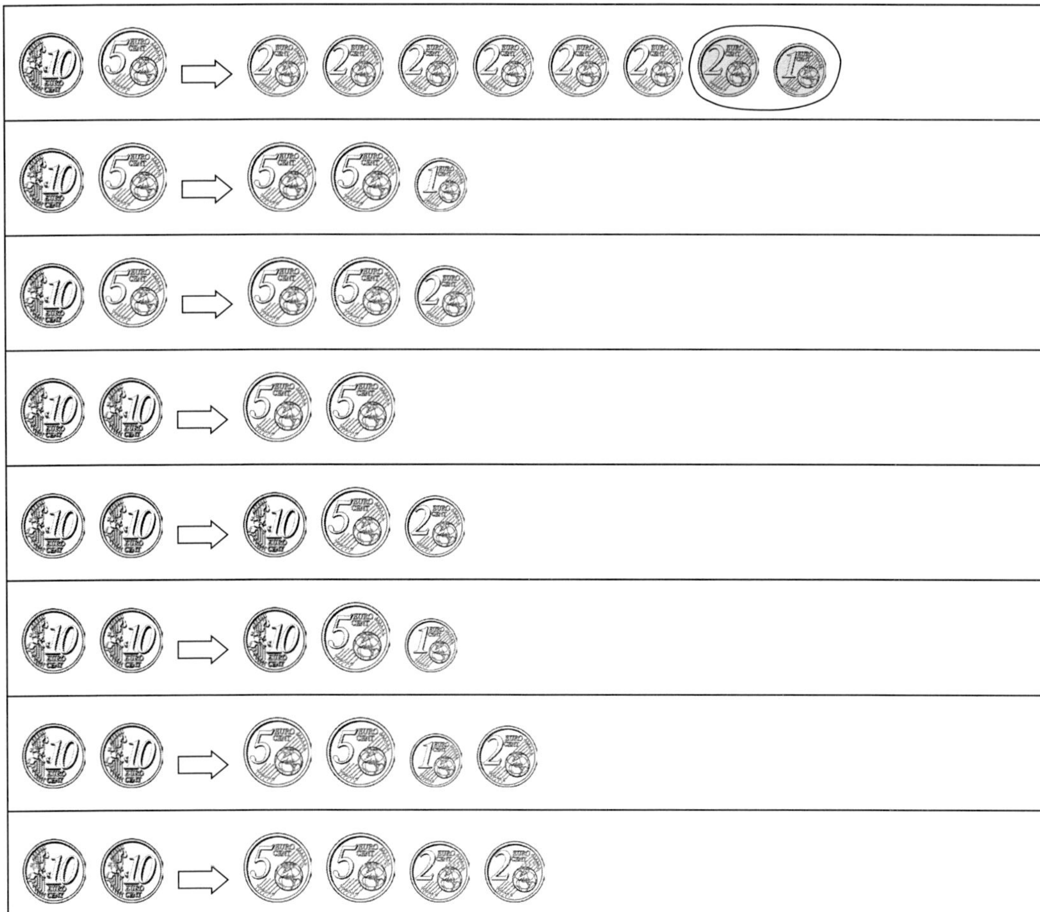

Aufgabe 1

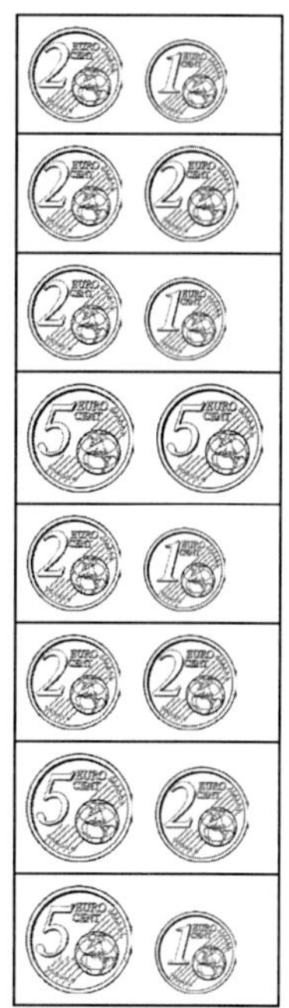

② Wechsle in zwei Münzen um und male.

Aufgabe 2

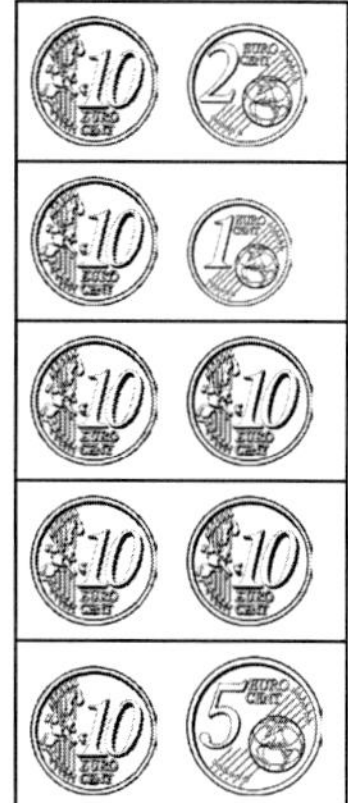

Name: ______________________ Datum: ____________

Geld zählen und wechseln bis 10 Euro

① Rahme gleich viele Euro mit gleicher Farbe ein.

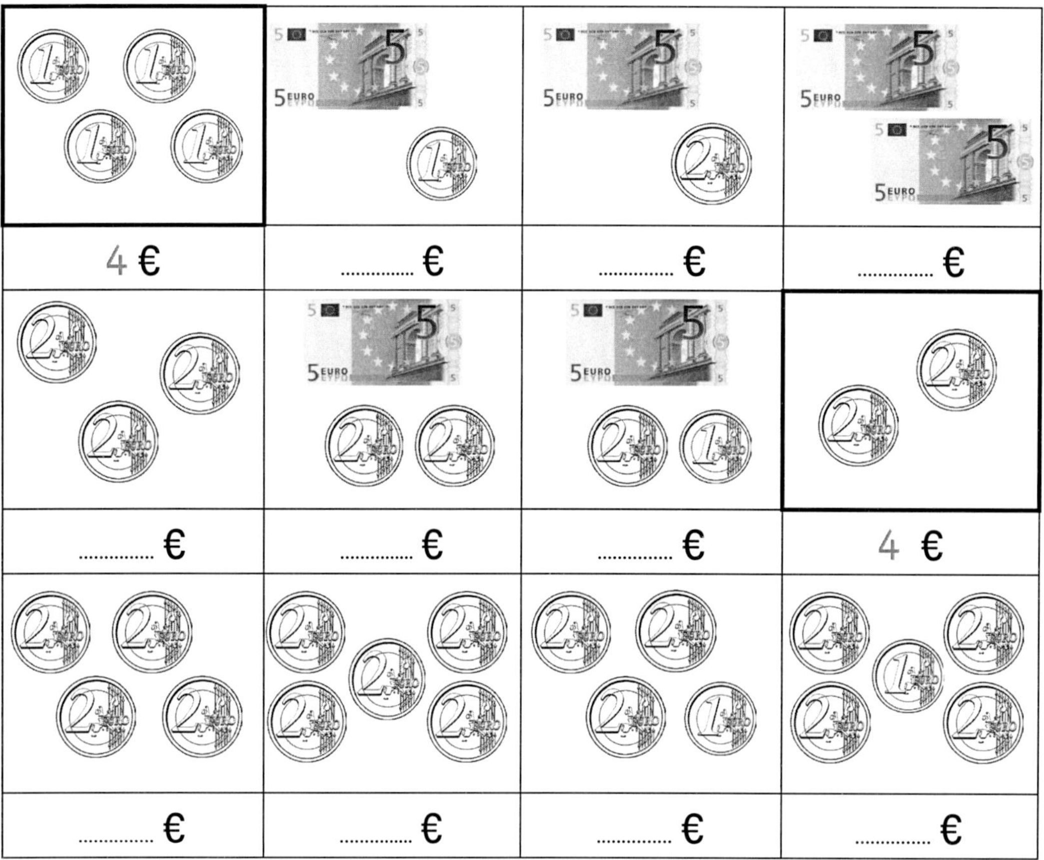

② Wie viel fehlt auf 10 Euro? Male dazu.

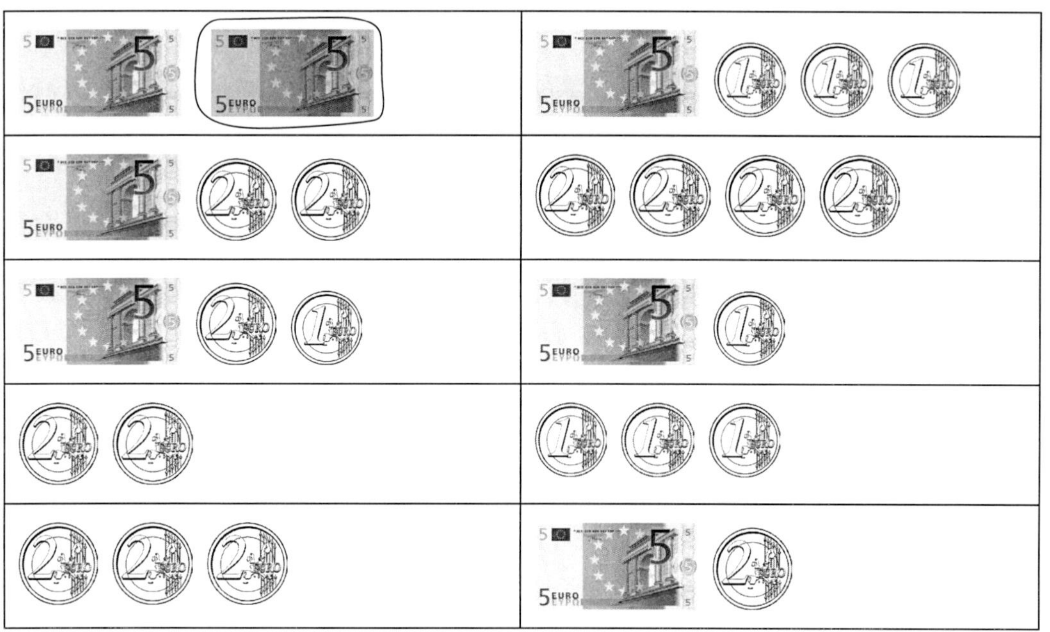

Lege oder male 10 € auf verschiedene Weise.

Wie viele Möglichkeiten gibt es? ....

Knicke zuerst diesen Streifen um.

Aufgabe 1

4	⑥	7	*10*
⑥	9*	8•	4
8•	*10*	7	9*

Aufgabe 2

5 €	2 €
1 €	2 €
2 €	4 €
6 €	7 €
4 €	3 €

10

10
1 8
2 6
3 4
4 2

2

1 5

1 2
1

1 1
3

1

Silvia Regelein: Richtig rechnen lernen – so klappt's! · 1. Klasse · Best.-Nr. 335 · © Brigg Verlag KG, Friedberg

Name: ______________________ Datum: ____________

Geld zählen und wechseln bis 20 Euro

① Kreise 10  rot ein und wechsle in einen .

Wie viele Münzen bleiben übrig?

	10 €	1 €
zusammen 13 € ⇨	1	3
.... €		
.... €		
.... €		
.... €		

② Was fehlt? Male dazu.

16 €	
13 €	
11 €	
19 €	
17 €	

Knicke zuerst diesen Streifen um.

Aufgabe 1

13 €	1	3
16 €	1	6
12 €	1	2
14 €	1	4
11 €	1	1

Aufgabe 2

5 €
2 €
5 €, 1 €
10 €
5 €, 2 €

Name: ______________________ Datum: ____________

Einkaufen

① Rechne im Kopf.

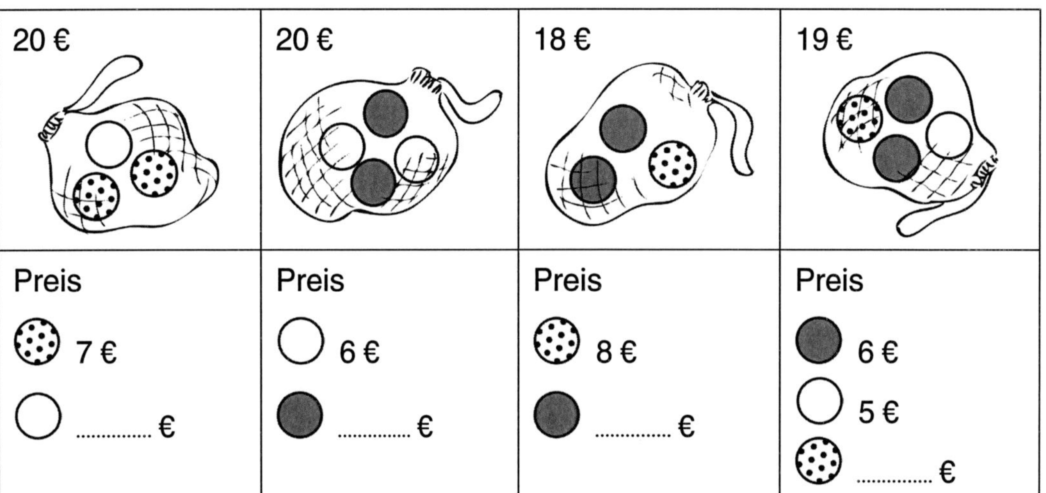

20 €	20 €	18 €	19 €
Preis (gepunktet) 7 € (weiß) .... €	Preis (weiß) 6 € (dunkel) .... €	Preis (gepunktet) 8 € (dunkel) .... €	Preis (dunkel) 6 € (weiß) 5 € (gepunktet) .... €

②

Ich kaufe ...	Ich gebe ...	zurück
Märchen 12 €	10 €, 5 €	15 € – 12 € = ... €
Vögel 14 €	20 €	....
Fische 11 €	10 €, 5 €	....
Technik 16 €	10 €, 5 €, 2 €	....

☆ Ein Leuchtstift kostet 2 € 50 ct. Wie viel kosten 3 Stifte?

....

....

Knicke zuerst diesen Streifen um.

Aufgabe 1

7 € + 7 € = 14 € 20 € – 14 € = 6 €
6 € + 6 € = 12 € 20 € – 12 € = 8 € 8 € = 4 € + 4 €
18 € – 8 € = 10 € 10 € = 5 € + 5 €
6 € + 6 € = 12 € 19 € – 12 € = 7 € 7 € – 5 € = 2 €

Aufgabe 2

3 €
20 € – 14 € = 6 €
15 € – 11 € = 4 €
17 € – 16 € = 1 €

☆

2 € 50 ct +
2 € 50 ct +
2 € 50 ct =
7 € 50 ct
3 Stifte kosten
7 € 50 ct.

Silvia Regelein: Richtig rechnen lernen – so klappt's! · 1. Klasse · Best.-Nr. 335 · © Brigg Verlag KG, Friedberg

Dominospiel: Wie viel Geld ist das?

Schneide die Karten an den dicken Linien aus und lege richtig an.

START		5 € + 5 € = ? **10 €**	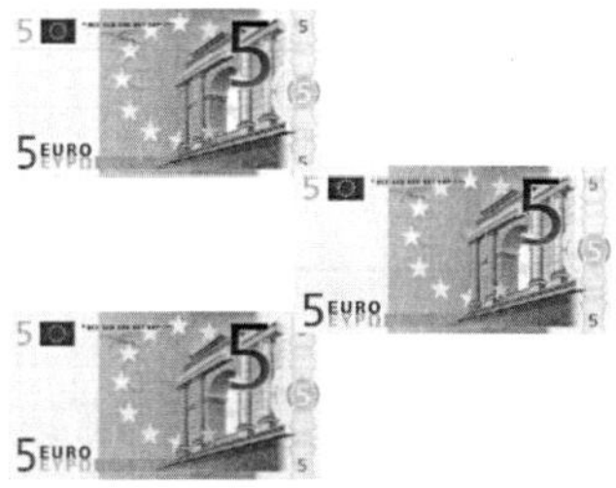
5 € + 5 € + 5 € = ? **15 €**	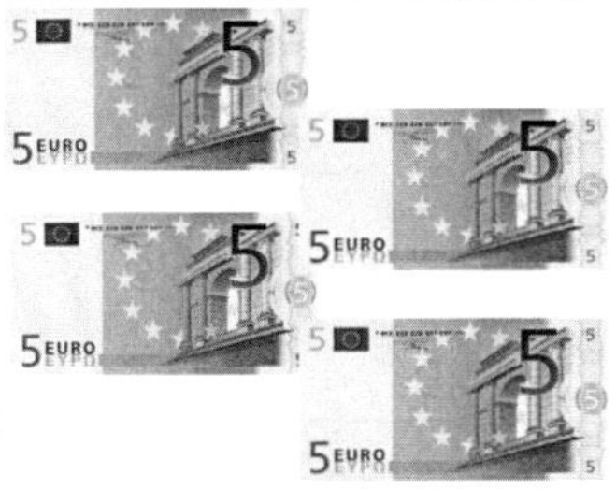	5 € + 5 € + 5 € + 5 € =? **20 €**	
10 € + 10 € = ? **20 €**	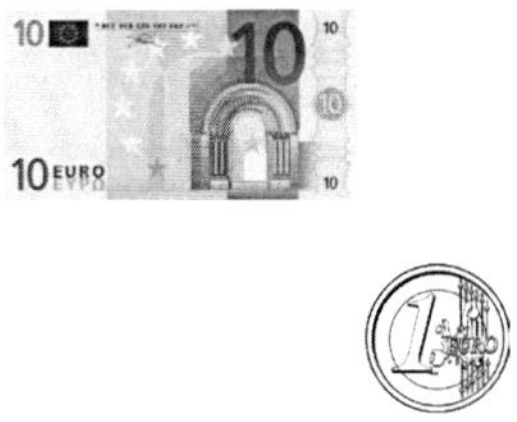	10 € + 1 € = ? **11 €**	
10 € + 5 € + 1 € = ? **16 €**	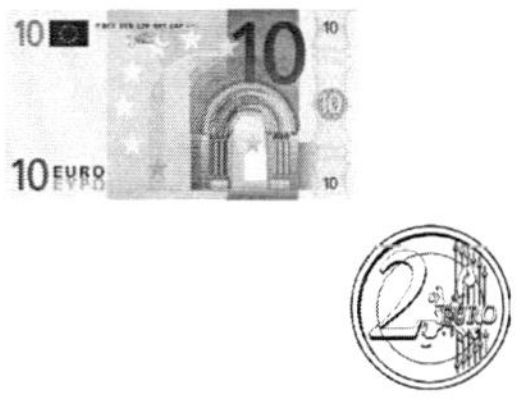	10 € + 2 € = ? **12 €**	
10 € + 5 € + 2 € = ? **17 €**	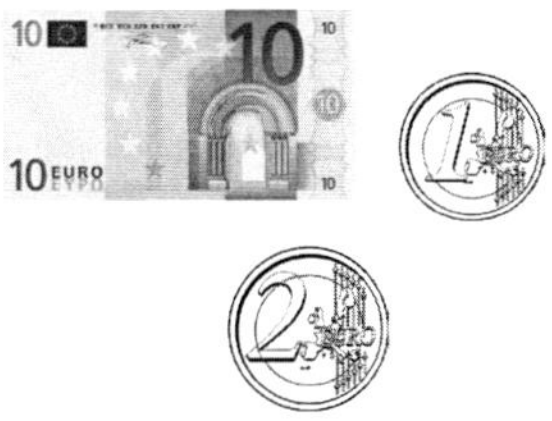	10 € + 2 € + 1 € = ? **13 €**	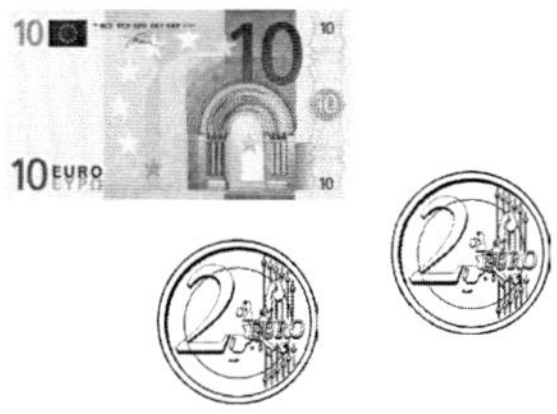
10 € + 2 € + 2 € = ? **14 €**		10 € + 5 € + 2 € + 2 € = ? **19 €**	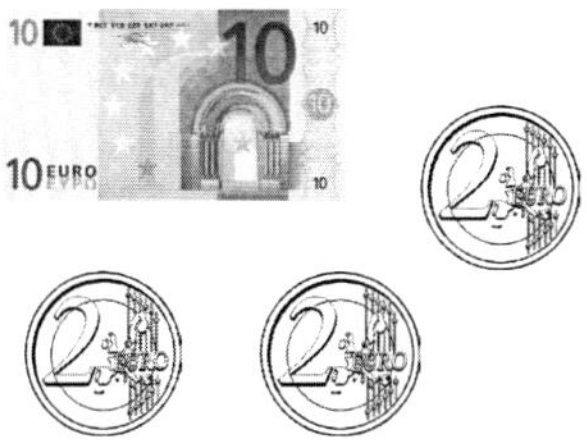
10 € + 2 € + 2 € + 2 € = ? **16 €**	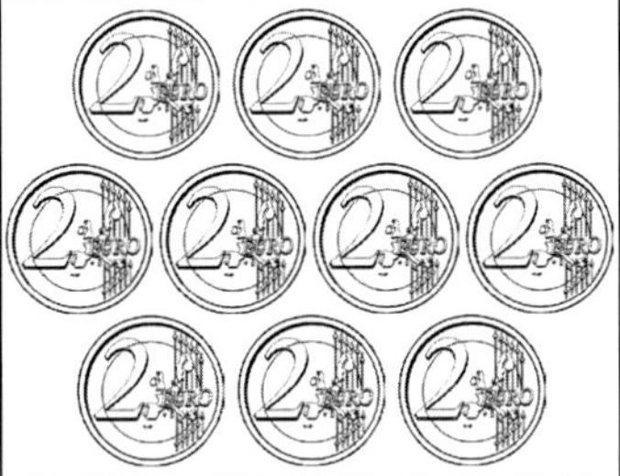	2 € + 2 € + 2 € + 2 € + 2 € + 2 € + 2 € + 2 € + 2 € + 2 € =? **20 €**	**ZIEL**

Name: ______________________ Datum: ____________

Geburtstagskinder – eine Tabelle lesen

Die Tabelle zeigt: So viele Kinder haben in Florinas Klasse 1a in jeder Jahreszeit Geburtstag.

 steht für 

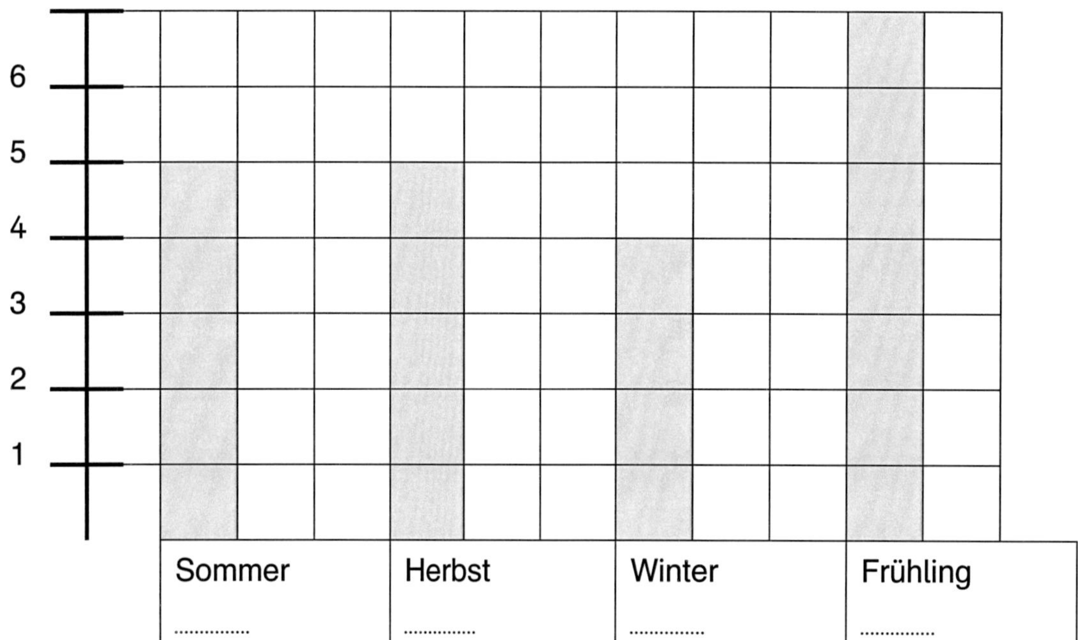

① Schreibe auf.

In welcher Jahreszeit haben die meisten Kinder Geburtstag?

....

In welcher Jahreszeit haben die wenigsten Kinder Geburtstag?

....

In welchen zwei Jahreszeiten haben gleich viele Kinder Geburtstag?

....

② Schreibe zu jeder Jahreszeit die Anzahl der Kinder.

③ Wie viele Kinder sind in dieser Klasse? ....

Es kommen zwei neue Schüler in die Klasse.
Wie viele Kinder sind jetzt in der Klasse? ....
Balduin hat im Oktober Geburtstag, Konrad im Januar.
Zeichne die neue Tabelle in dein Heft.

Knicke zuerst diesen Streifen um.

Aufgabe 1
Frühling
Winter
Sommer, Herbst

Aufgabe 2
5
5
4
7

Aufgabe 3
5 + 5 + 4 + 7 = 21

21 + 2 = 23
Balduin: Herbst
Konrad: Winter

 Silvia Regelein: Richtig rechnen lernen – so klappt's! · 1. Klasse · Best.-Nr. 335 · © Brigg Verlag KG, Friedberg

Name: ______________________ Datum: ____________

Die Uhrzeit in vollen Stunden

Der Tag ist zu Ende: 24 Uhr	0 Uhr: Der neue Tag beginnt.

① Trage die Ziffern 2 bis 11 ein.

②

erste Tageshälfte von Mitternacht 0 Uhr bis 12 Uhr Mittag 12 Stunden 0 Uhr ⟶ 12 Uhr	zweite Tageshälfte von 12 Uhr Mittag bis 24 Uhr Mitternacht 12 Stunden 12 Uhr ⟶ 24 Uhr
Ein Tag hat .... Stunden	

Trage die Stunden der zweiten Tageshälfte an der Uhr ein.

③ Wie spät ist es?
Unterstreiche grün 1. Tageshälfte, rot 2. Tageshälfte.

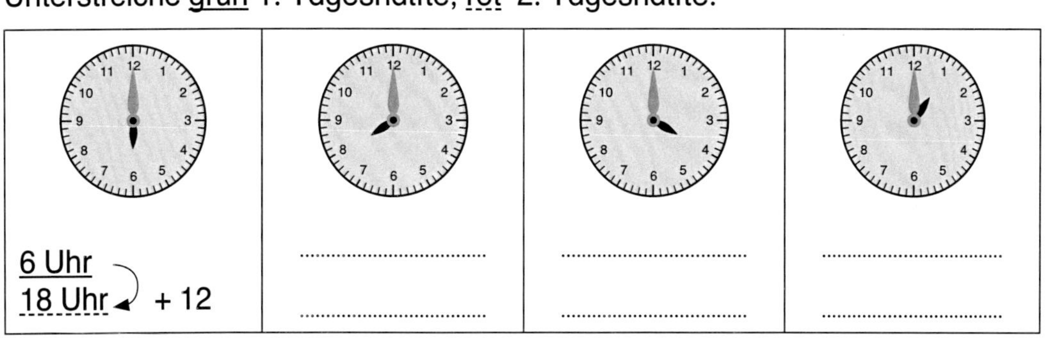

6 Uhr 18 Uhr +12	....	....	....

Knicke zuerst diesen Streifen um.

Aufgabe 1

Aufgabe 2

24

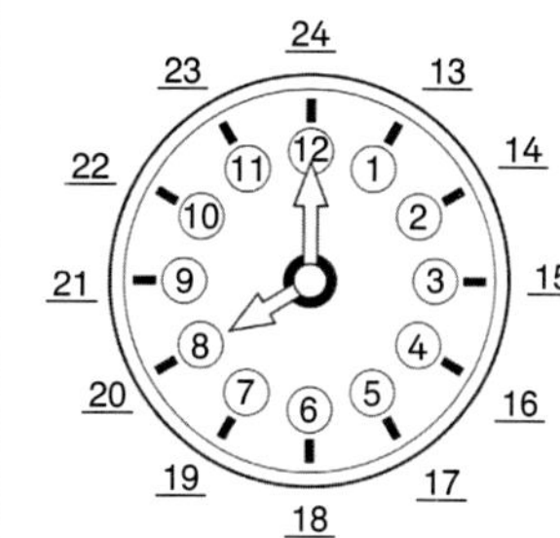

Aufgabe 3

6 Uhr 18 Uhr
8 Uhr 20 Uhr
4 Uhr 16 Uhr
1 Uhr 13 Uhr

Name: ______________________ Datum: ____________

Zeitdauer – eine Tabelle bearbeiten

① Florinas Tagesplan
erste Tageshälfte

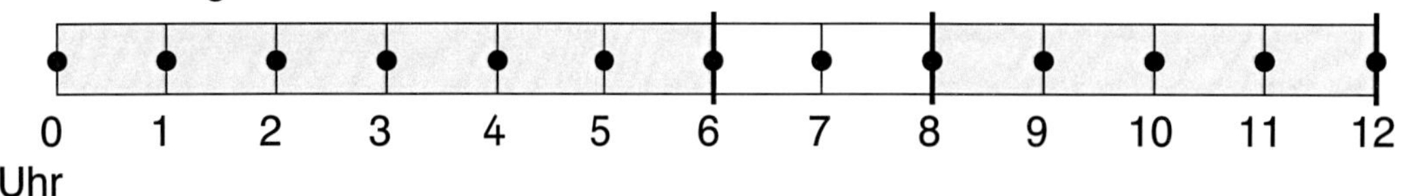

zweite Tageshälfte

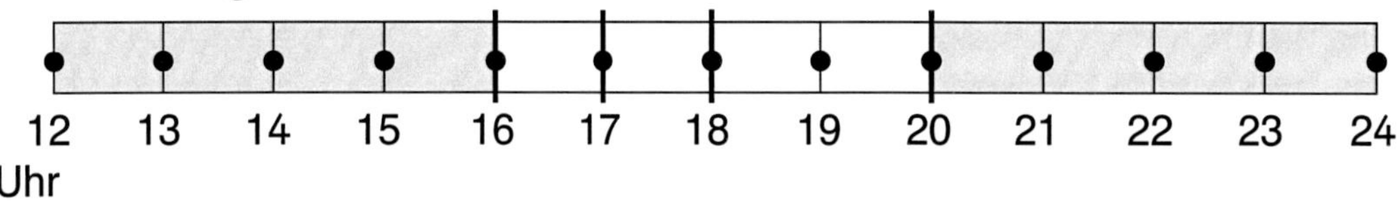

Wann … ? Zeitpunkt ● Male den Stundenstrich farbig an.	Wie lange … ? Zeitdauer □ Male die Stundenkästchen an.
blau Florina steht um 6 Uhr auf. grün Schulbeginn 8 Uhr orange Schulschluss 12 Uhr	Sie schläft von 20 Uhr bis 6 Uhr. blau .... Stunden 20 Uhr ⟶ 6 Uhr
lila Um 16 Uhr geht sie heim. rosa Kindersendung 17 Uhr rot Abendessen 18 Uhr	Sie ist von 8 bis 12 Uhr in der Schule. grün .... Stunden 8 Uhr ⟶ 12 Uhr
blau Um 20 Uhr geht sie ins Bett.	Sie ist von 12 bis 16 Uhr im Hort. gelb .... Stunden 12 Uhr ⟶ 16 Uhr

Zeichne deinen Tagesplan.

② Wie spät ist es?
Unterstreiche grün 1.Tageshälfte, rot 2. Tageshälfte.

Knicke zuerst diesen Streifen um.

Aufgabe 1

blau

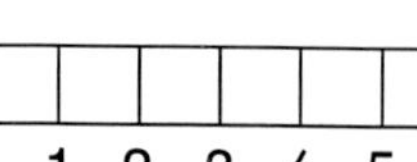

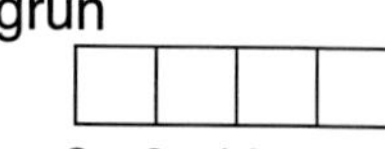

grün

8 9 10 11 12

gelb

12 13 14 15 16

20 ⟶ 6 (10)

8 ⟶ 12 (4)

12 ⟶ 16 (4)

Aufgabe 2

7 Uhr 19 Uhr
2 Uhr 14 Uhr
5 Uhr 17 Uhr
3 Uhr 15 Uhr

Silvia Regelein: Richtig rechnen lernen – so klappt's! · 1. Klasse · Best.-Nr. 335 · © Brigg Verlag KG, Friedberg

Name: ______________________ Datum: __________

Herbst: Äpfel und Birnen

① Male alle  Äpfel rot an, alle  Birnen gelb.

② Sind es mehr Äpfel als Birnen? Zähle mit Strichen.

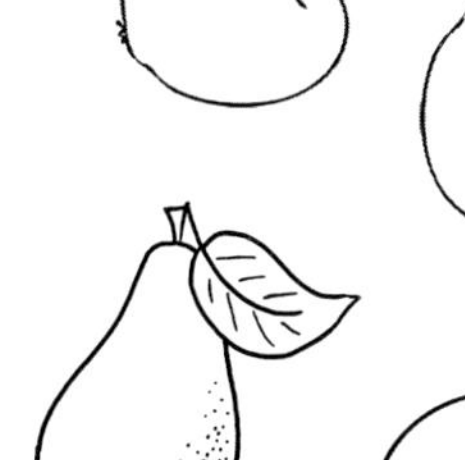

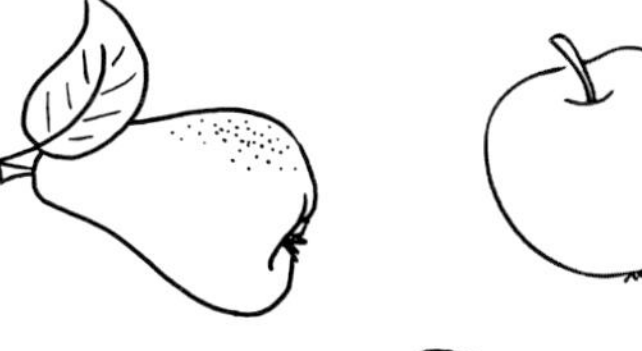

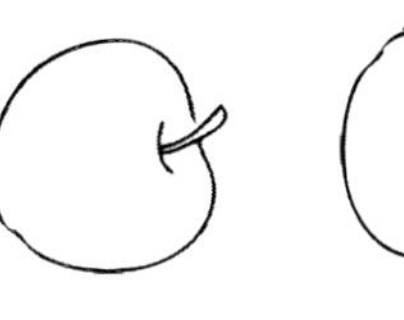
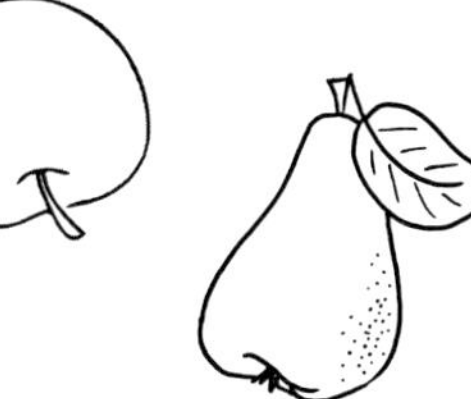
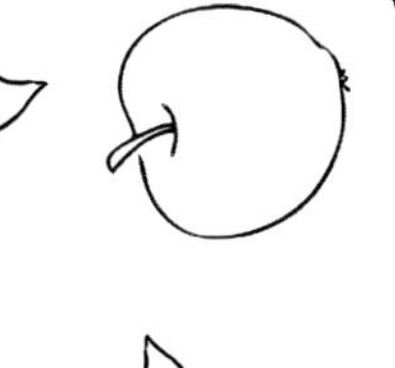

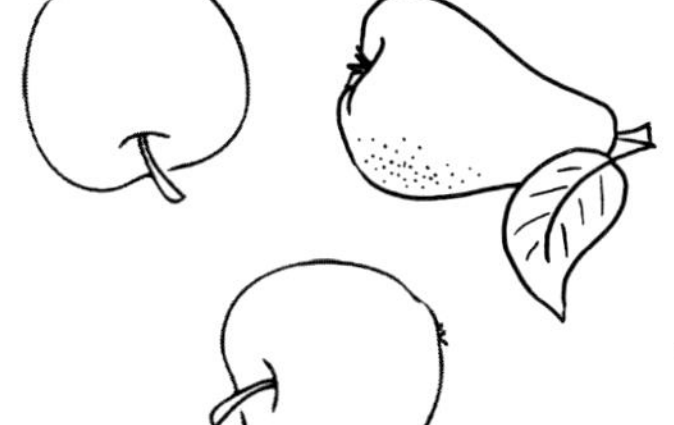

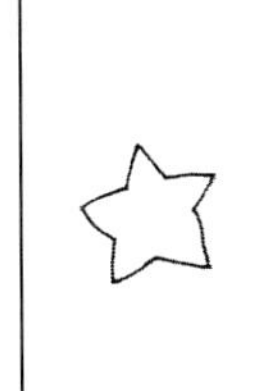

Wohin zeigt der Stiel? Mache einen farbigen Punkt.

links • 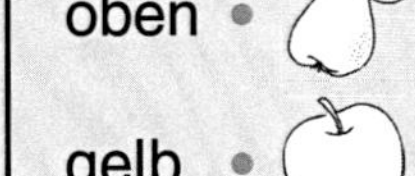	oben •	unten • 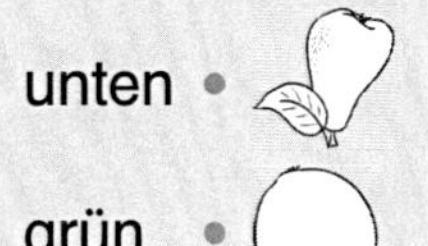	rechts • 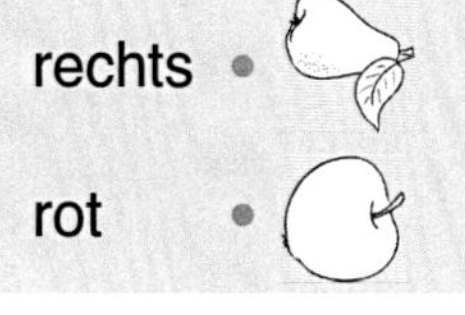
lila •	gelb •	grün •	rot •

Knicke zuerst diesen Streifen um.

Aufgabe 2

IIII IIII
IIII II 17

IIII IIII
IIII III 18

lila	10
gelb	7
grün	9
rot	9

Name: ______________________________ Datum: ______________

Mein Adventskalender – Wochentage

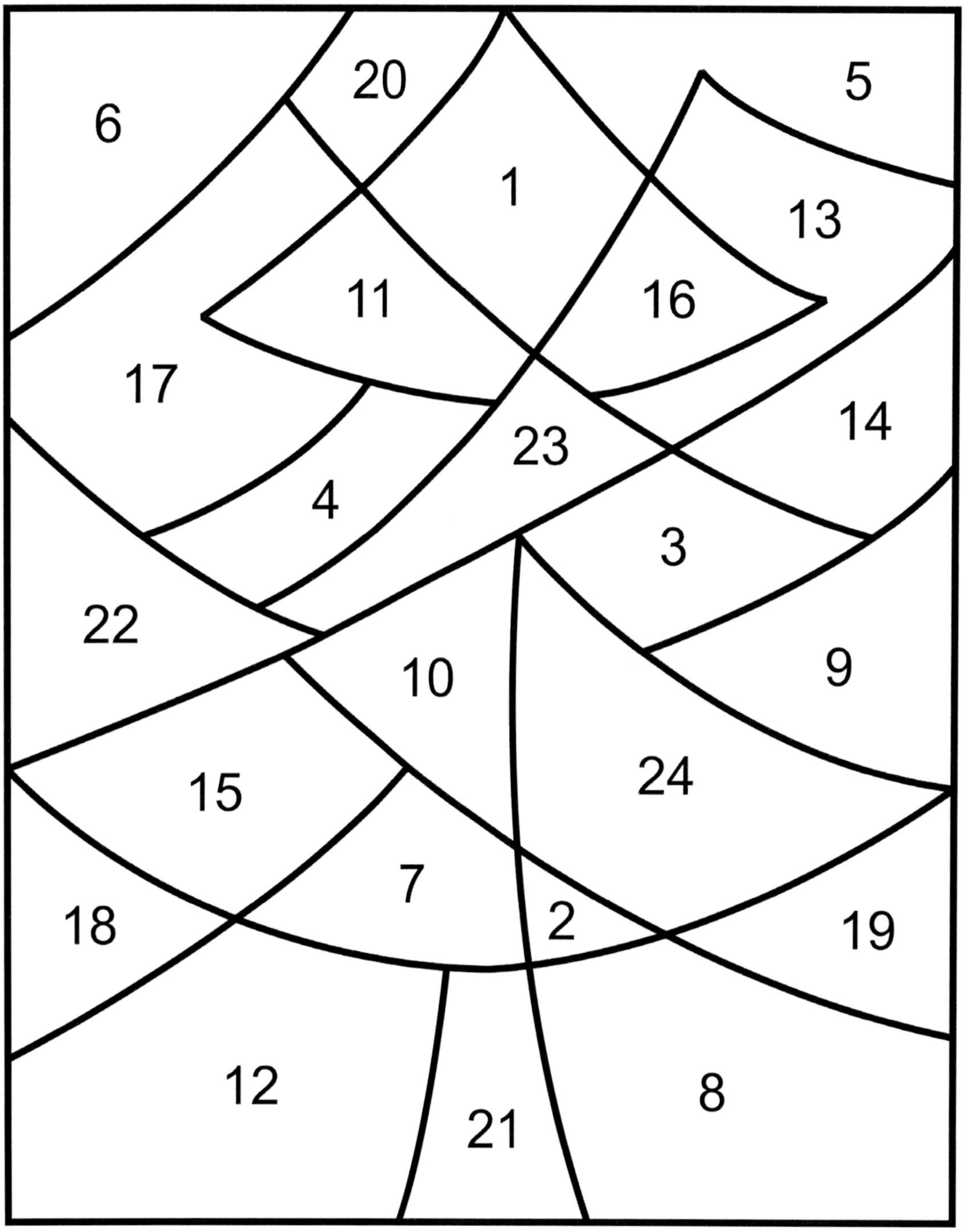

6 20 1 5 13 11 16 17 23 14 4 3 22 10 9 15 24 7 18 2 19 12 21 8

① Schreibe kurz den Wochentag dazu.

Mo Montag	Di Dienstag	Mi Mittwoch	Do Donnerstag	Fr Freitag	Sa Samstag	So Sonntag

② Suche den Weihnachtsbaum. Male die Felder leicht grün an.

Knicke zuerst diesen Streifen um.

Aufgabe 1
Nimm einen Kalenc
Schreibe in jedes Feld kurz den Wochentag dazu.

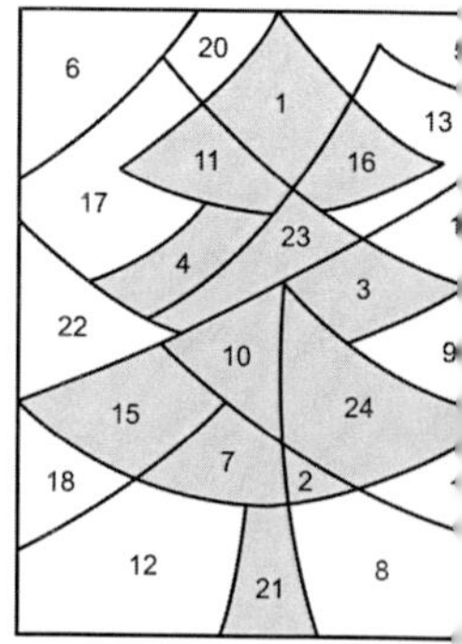

Bei der täglichen Datumsansage den Wochentag eintragen, z. B.: Heute ist Montag, der 1. Dezember. Gestern war Sonntc der 30. November. Morgen ist Dienstaç der 2. Dezember.

Name: ______________________ Datum: __________

Frühlingsblumen

① Wie viele Blütenblätter hat eine Blüte?

Schneeglöckchen ....

Krokus ....

Tulpe ....

Narzisse ....

Anemone ....

Primel ....

Veilchen ....

② Male an. Bei zwei Blumen bleiben die Blüten weiß.

Male eine Frühlingsblume genau ab.

③ Welche Frühlingsblume kann das sein?

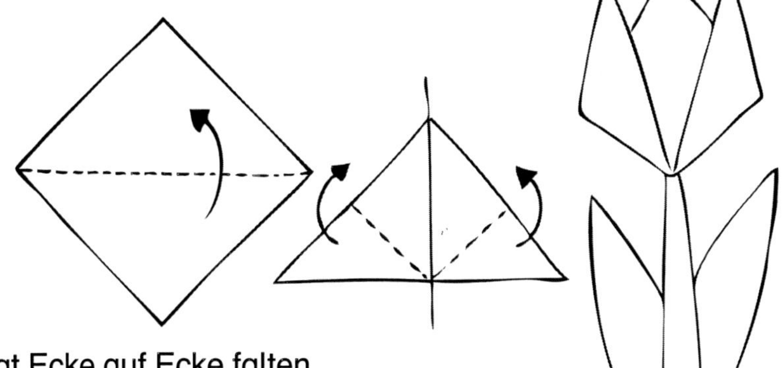

1) Ein Quadrat Ecke auf Ecke falten.
2) Das Dreieck in der Mitte falten und wieder auffalten.
3) Die linke und rechte Ecke wie in Bild 3 nach oben falten.

Knicke zuerst diesen Streifen um.

Gänseblümchen

Aufgabe 1 und 2

Schneeglöckchen 3 weiß
Krokus 6 gelb, lila oder weiß
Tulpe 6 gelb, rot oder weiß
Osterglocke 6 gelb
Anemone 6 weiß
Veilchen 5 blau
Primel 5 gelb, lila, rosa oder weiß

Die Faltlinie mit dem stumpfen Ende des Bleistifts kniffen.

Name: ______________________ Datum: ______________

Ostereier

① Wie viele Eier haben die Kinder gegessen?

am Anfang | dann | nachher

10 – ☐ = 6

②

10 – ☐ = ☐	10	10

15	15	15

12	14	13

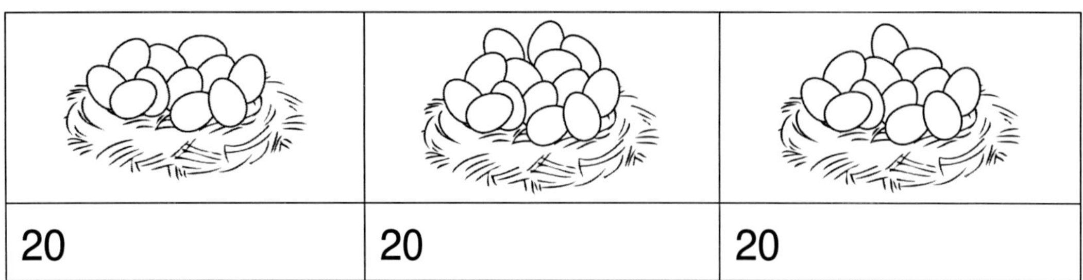

20	20	20

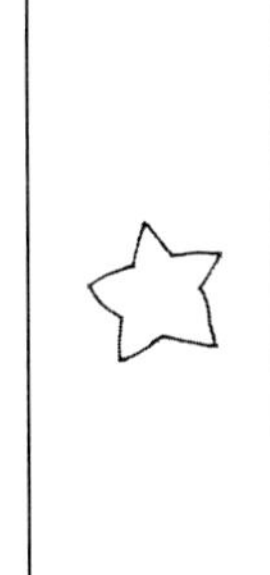

25	21	23

Knicke zuerst diesen Streifen um.

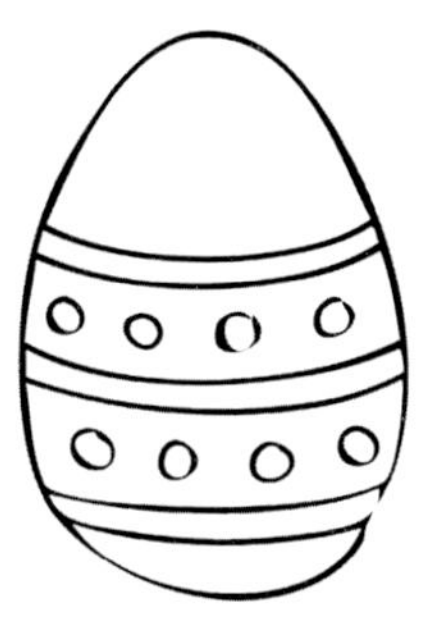

Aufgabe 1

10 – 4 = 6

Aufgabe 2

10 – 6 = 4
10 – 7 = 3
10 – 2 = 8

15 – 8 = 7
15 – 6 = 9
15 – 9 = 6

12 – 4 = 8
14 – 7 = 7
13 – 8 = 5

20 – 9 = 11
20 – 6 = 14
20 – 8 = 12

25 – 10 = 15
21 – 9 = 12
23 – 8 = 15

Name: ______________________________ Datum: ______________

Sommerblumen

① Wie viele Blütenblätter hat eine Blüte?

Hahnenfuß ....

Margerite ....

Johanniskraut ....

Glockenblume ....

Heckenrose ....

Mohnblume ....

Kornblume ....

② Male an. Bei einer Blumen bleiben die Blüten weiß.

Male eine Sommerblume genau ab.

③ Bastle aus bunten Kreisen Fantasieblumen.

Knicke zuerst diesen Streifen um.

Aufgabe 1 und 2

Hahnenfuß 5 gelb
Margerite hier 16 weiß
Johanniskraut 5 gelb
Glockenblume 6 blau
Heckenrose 5 rosa
Mohnblume 4 rot
Kornblume hier 8 blau

Name: ______________________ Datum: ____________

Ich bin fit für die 2. Klasse

①

○ ○ ○ ○ ○ ○ ○ ○ ○	● ● ● ● ● ●
● ● ● ● ● ● ● ●	○ ○ ○ ○ ○ ○ ○

oben links	oben rechts	oben zusammen ....
unten links	unten rechts	unten zusammen ....
links zusammen	rechts zusammen	☆ alle zusammen ....

②

4 + 3 = ... 14 + 3 = ...	.... 15 + 4 = ...	8 − 2 = ... 18 − 2 = ...	.... 15 − 4 = ...

③

11 − 1 − 3 = ... 11 − 4 = ...	13 − .... − .... = ... 13 − 8 = ...	15 − .... − .... = ... 15 − 9 = ...

④

5 + 5 + 5 = ... 4 + 4 + 4 = ... 6 + 6 + 6 = ...	12 − 2 − 2 = ... 16 − 4 − 4 = ... 15 − 3 − 3 = ...	5 + 5 + 5 + 5 = ... 3 + 3 + 3 + 3 = ... 4 + 4 + 4 + 4 = ...

⑤ Setze ein: ⊕ oder ⊖

13 ◯ 6 = 19 13 ◯ 6 = 7	14 ◯ 6 = 8 14 ◯ 6 = 20	13 ◯ 6 ◯ 2 = 17 13 ◯ 6 ◯ 2 = 9

⑥

8 + 3 + ... = 19 6 + ... + 7 = 19 .... + 8 + 4 = 19	13 − 5 − 4 = ... 14 − 6 − .... = 5 15 − .... − 7 = 3	6 + 8 − 5 = ... 7 + 8 − .... = 9 7 + ... − 8 = 4

Knicke zuerst diesen Streifen um.

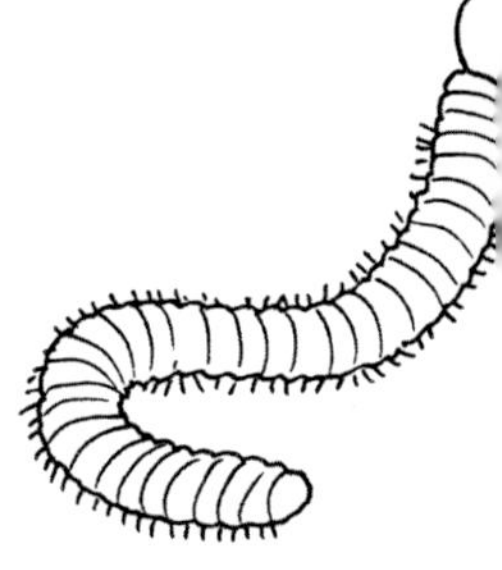

Aufgabe 1

9	6	15
8	7	15
17	13	30

Aufgabe 2

7 17	5 + 4 = 9 19
6 16	5 − 4 = 1 11

Aufgabe 3

12 12	15 15	14 14
7 7	5 5	6 6

Aufgabe 4

15 12 18	8 8 9	20 12 16

Aufgabe 5

+ −	− +	+ − − +

Aufgabe 6

8 6 7	4 3 5	9 6 5

Notizen

Ihr Pädagogik-Partner!

Jörg Krampe / Rolf Mittelmann

Abwechslungsreiche Rechenspiele für die 1. Klasse

40 Rechenspiele zu den wesentlichen Lerninhalten

88 S., DIN A4,
Kopiervorlagen mit Lösungen
Best.-Nr. 339

Erprobte, **differenzierte Übungsmaterialien**, die lehrbuchunabhängig jederzeit und sofort einsetzbar sind! Die **Spielangebote der 1. Klasse** mit besonderem Schwerpunkt auf der Zehnerüberschreitung liegen in sechs verschiedenen Spielformen vor, die die Kinder schnell beherrschen. Das selbstständige Arbeiten mit einfacher Selbstkontrolle motiviert kleine Rechenkünstler zum Üben und Festigen ihrer Kenntnisse!

Bernd Wehren

Rechnenlernen mit Sudoku

Plus- und Minus-Sudokus von 0 bis 20 in drei Differenzierungsstufen

1./2. Klasse

68 S., DIN A4,
Kopiervorlagen mit Lösungen
Best.-Nr. 154

Mithilfe der dreifach differenzierten Rechen-Sudokus üben die Schüler zum einen Plus- und Minus-Aufgaben im Zahlenraum von 0 bis 10 (= leicht), von 10 bis 20 (= mittel) und von 0 bis 20 (= schwer). Zum anderen trainieren sie bei den 4·4-Sudokus besonders ihre **Konzentration und ihr logisches Denkvermögen**. Neben dem normalen Mathematikunterricht können Sie die Arbeitsblätter sehr gut auch in der Freiarbeit, im Wochenplan oder im Förderunterricht einsetzen.

Bernd Wehren

Der Einmaleins-Führerschein

Kleines Einmaleins

Verstehen – Üben – Festigen

2./3. Klasse

Buch mit 32 Führerscheinen
88 S., DIN A4,
Kopiervorlagen mit Lösungen
Best.-Nr. 097

Klassensatz farbiger Führerscheine

8 Bögen mit je 4 Führerscheinen
Best.-Nr. 103

Das Einmaleins gehört zu den wichtigsten Lerninhalten des Mathematikunterrichts. Mithilfe diesen Kopiervorlagen lernen die Kinder **Schritt für Schritt** das kleine und große Einmaleins von der konkreten Bildebene über die ikonische Darstellung in Punkten zur symbolischen Ebene.

Brunhilde Lehmann

Ruck-Zuck-Rechenspiele

Sicher kopfrechnen im Zahlenraum bis 20

48 Rechenplättchen,
Anleitung in DIN A4, 1 Würfel
Best.-Nr. 150

Das Spiel besteht aus insgesamt **48 stabilen Rechenkärtchen**, die farbig markiert sind. Die Schüler/-innen würfeln mit einem Farbwürfel, wählen eine Karte in der entsprechenden Farbe aus und rechnen die Aufgabe laut vor. Ist die Aufgabe richtig gelöst, darf die Karte behalten werden und gibt **je nach Schwierigkeitsgrad** einen, zwei oder drei Punkte. Die Lösungen auf der Rückseite der Karten dienen der **Selbstkontrolle**.

Bestellcoupon

Ja, bitte senden Sie mir / uns mit Rechnung

_____Expl. Best.-Nr. ____________________

_____Expl. Best.-Nr. ____________________

_____Expl. Best.-Nr. ____________________

Meine Anschrift lautet:

Name / Vorname

Straße

PLZ / Ort

E-Mail

Datum/Unterschrift Telefon (für Rückfragen)

Bitte kopieren und einsenden/faxen an:

Brigg Verlag
Franz-Josef Büchler KG
Beilingerstr. 21
86316 Friedberg

Bequem bestellen per Telefon / Fax:
Tel.: 0 89/61 38 71 27
Fax: 0 89/61 38 71 20
Online: www.brigg-verlag.de

Ihr Pädagogik-Partner!

Arbeitskreis Leistung im Sachunterricht

Moderne Leistungsbewertung im Sachunterricht

Zeitgemäße Unterrichtsmethoden einsetzen – Schülerleistungen sicher bewerten

3./4. Klasse

104 S., DIN A4,
Kopiervorlagen mit Lösungen
Best.-Nr. 088

Im ersten Teil des Buches werden die Methoden und ihre Bewertung vorgestellt, wobei das jeweilige **Methodenblatt** für die Schüler und der dazugehörige **Bewertungsbogen** für Sie kopierfertig vorliegen.
Im zweiten Teil finden Sie **praxiserprobte Arbeitsaufträge** mit passenden Bewertungsbögen zur sofortigen Verwendung in ausgewählten Themenbereichen des Sachunterrichts.

Melanie Scheidweiler

Lernwerkstatt Eichhörnchen

1. bis 3. Klasse

56 S., DIN A4,
Kopiervorlagen mit Lösungen
Best.-Nr. 351

Diese **fächerübergreifende Lernwerkstatt** zu dem beliebten kleinen Nagetier liefert Ihnen vielfältige Arbeitsaufträge aus den Bereichen Sprache, Mathematik, Englisch, Musik und Kunst sowie Materialien zur Freiarbeit. Die Kinder werden zum selbstständigen Arbeiten angehalten. **Das Besondere:** Der Einsatz der Arbeitsmaterialien ist auf jeden Schüler individuell zugeschnitten.

Wolfgang Wertenbroch

Mit Kindern ein Herbarium anlegen

Arbeitsblätter, Steckbriefe und praktische Tipps

64 S., DIN A4,
Kopiervorlagen mit Lösungen
Best.-Nr. 095

Kindgerechte Arbeitsblätter zur Anlage eines Herbariums und zu den **20 häufigsten Pflanzen aus der Schulumgebung**! Die Kinder lernen mit allen Sinnen heimische Pflanzen kennen und finden auf motivierende Weise Zugang zu erstem wissenschaftlichen Arbeiten.

Juliane Linker

Musikalische Meisterwerke für Kinder

Antonio Vivaldi

Die vier Jahreszeiten

Ein musikalisches Märchen für Kinder

36 S., DIN A4,
Kopiervorlagen mit Lösungen
Best.-Nr. 078

Dieser **Projektband für den fächerübergreifenden Musikunterricht** führt Ihre Schüler/-innen behutsam und handlungsorientiert in die Welt der klassischen Musik ein und helfen ihnen, Antonio Vivaldis „Die vier Jahreszeiten“ ganzheitlich zu erfassen, zu verstehen und zu erleben. Durch Hören und Lesen nehmen die Kinder die Werke intensiv auf; die **abwechslungsreichen Arbeitsaufträge und Übungen** vertiefen das Gelernte.

Weitere Infos, Leseproben und Inhaltsverzeichnisse unter
www.brigg-verlag.de

Bestellcoupon

Ja, bitte senden Sie mir / uns mit Rechnung

_____Expl. Best.-Nr. ____________________

_____Expl. Best.-Nr. ____________________

_____Expl. Best.-Nr. ____________________

Meine Anschrift lautet:

Name / Vorname

Straße

PLZ / Ort

E-Mail

Datum/Unterschrift   Telefon (für Rückfragen)

Bitte kopieren und einsenden/faxen an:

Brigg Verlag
Franz-Josef Büchler KG
Beilingerstr. 21
86316 Friedberg

Bequem bestellen per Telefon / Fax:
Tel.: 0 89/61 38 71 27
Fax: 0 89/61 38 71 20
Online: www.brigg-verlag.de